老科学家学术成长资料采集工程丛书

杨承宗传

没有勋章的功臣

刘培 张志辉◎著

中国科学技术出版社

图书在版编目（CIP）数据

没有勋章的功臣：杨承宗传 / 刘培，张志辉著 . —北京：中国
科学技术出版社，2020.9（2024.7 重印）

（老科学家学术成长资料采集工程丛书）

ISBN 978-7-5046-8751-7

Ⅰ.①没… Ⅱ.①刘… ②张… Ⅲ.①杨承宗（1911—2011）—传
记 Ⅳ.① K826.13

中国版本图书馆 CIP 数据核字（2020）第 144208 号

责任编辑	余 君
责任校对	焦 宁
责任印制	李晓霖
版式设计	中文天地

出　　版	中国科学技术出版社
发　　行	中国科学技术出版社有限公司
地　　址	北京市海淀区中关村南大街 16 号
邮　　编	100081
发行电话	010-62173865
传　　真	010-62173081
网　　址	http://www.cspbooks.com.cn

开　　本	787mm×1092mm　1/16
字　　数	250 千字
印　　张	16.75
彩　　插	2
版　　次	2020 年 9 月第 1 版
印　　次	2024 年 7 月第 2 次印刷
印　　刷	德富泰（唐山）印务有限公司
书　　号	ISBN 978-7-5046-8751-7 / K·279
定　　价	92.00 元

老科学家学术成长资料采集工程
领导小组专家委员会

主　任：韩启德
委　员：（以姓氏拼音为序）

　　　　陈佳洱　　方　新　　傅志寰　　李静海　　刘　旭
　　　　齐　让　　王礼恒　　徐延豪　　赵沁平

老科学家学术成长资料采集工程
丛书组织机构

特邀顾问（以姓氏拼音为序）

　　　　樊洪业　　方　新　　谢克昌

编委会

主　编：老科学家学术成长资料采集工程领导小组办公室
编　委：（以姓氏拼音为序）

　　　　定宜庄　　董庆九　　郭　哲　　胡宗刚　　胡化凯
　　　　刘晓堪　　吕瑞花　　秦德继　　任福君　　王扬宗
　　　　熊卫民　　姚　力　　张大庆　　张　藜　　张　剑
　　　　周大亚　　周德进

编委会办公室

主　任：孟令耘　　杨志宏
副主任：许　慧　　刘佩英
成　员：（以姓氏拼音为序）

　　　　冯　勤　　高文静　　韩　颖　　李　梅　　刘如溪
　　　　罗兴波　　王传超　　余　君　　张佳静

老科学家学术成长资料采集工程简介

　　老科学家学术成长资料采集工程（以下简称"采集工程"）是根据国务院领导同志的指示精神，由国家科教领导小组于 2010 年正式启动，中国科协牵头，联合中组部、教育部、科技部、工信部、财政部、文化部、国资委、解放军总政治部、中国科学院、中国工程院、国家自然科学基金委员会等 11 部委共同实施的一项抢救性工程，旨在通过实物采集、口述访谈、录音录像等方法，把反映老科学家学术成长历程的关键事件、重要节点、师承关系等各方面的资料保存下来，为深入研究科技人才成长规律，宣传优秀科技人物提供第一手资料和原始素材。

　　采集工程是一项开创性工作。为确保采集工作规范科学，启动之初即成立了由中国科协主要领导任组长、12 个部委分管领导任成员的领导小组，负责采集工程的宏观指导和重要政策措施制定，同时成立领导小组专家委员会负责采集原则确定、采集名单审定和学术咨询，委托科学史学者承担学术指导与组织工作，建立专门的馆藏基地确保采集资料的永久性收藏和提供使用，并研究制定了《采集工作流程》《采集工作规范》等一系列基础文件，作为采集人员的工作指南。截至 2016 年 6 月，已启动 400 多位老科学家的学术成长资料采集工作，获得手稿、书信等实物原件资料 73968 件，数字化资料 178326 件，视频资料 4037 小时，音频资料 4963 小时，具有重要的史料价值。

　　采集工程的成果目前主要有三种体现形式，一是建设"中国科学家博物馆网络版"，提供学术研究和弘扬科学精神、宣传科学家之用；二是编辑制作科学家专题资料片系列，以视频形式播出；三是研究撰写客观反映老科学家学术成长经历的研究报告，以学术传记的形式，与中国科学院、中国工程院联合出版。随着采集工程的不断拓展和深入，将有更多形式的采集成果问世，为社会公众了解老科学家的感人事迹，探索科技人才成长规律，研究中国科技事业的发展历程提供客观翔实的史料支撑。

总序一

中国科学技术协会主席　韩启德

　　老科学家是共和国建设的重要参与者，也是新中国科技发展历史的亲历者和见证者，他们的学术成长历程生动反映了近现代中国科技事业与科技教育的进展，本身就是新中国科技发展历史的重要组成部分。针对近年来老科学家相继辞世、学术成长资料大量散失的突出问题，中国科协于2009年向国务院提出抢救老科学家学术成长资料的建议，受到国务院领导同志的高度重视和充分肯定，并明确责成中国科协牵头，联合相关部门共同组织实施。根据国务院批复的《老科学家学术成长资料采集工程实施方案》，中国科协联合中组部、教育部、科技部、工业和信息化部、财政部、文化部、国资委、解放军总政治部、中国科学院、中国工程院、国家自然科学基金委员会等11部委共同组成领导小组，从2010年开始组织实施老科学家学术成长资料采集工程。

　　老科学家学术成长资料采集是一项系统工程，通过文献与口述资料的搜集和整理、录音录像、实物采集等形式，把反映老科学家求学历程、师承关系、科研活动、学术成就等学术成长中关键节点和重要事件的口述资料、实物资料和音像资料完整系统地保存下来，对于充实新中国科技发展的历史文献，理清我国科技界学术传承脉络，探索我国科技发展规律和科技人才成长规律，弘扬我国科技工作者求真务实、无私奉献的精神，在全社会营造爱科学、学科学、用科学的良好氛围，是一件很有意义的事情。采集工程把重点放在年龄在 80 岁以上、学术成长经历丰富的两院院士，以及虽然不是两院院士、但在我国科技事业发展中作出突出贡献的老科技工作者，充分体现了党和国家对老科学家的关心和爱护。

自 2010 年启动实施以来，采集工程以对历史负责、对国家负责、对科技事业负责的精神，开展了一系列工作，获得大量反映老科学家学术成长历程的文字资料、实物资料和音视频资料，其中有一些资料具有很高的史料价值和学术价值，弥足珍贵。

以传记丛书的形式把采集工程的成果展现给社会公众，是采集工程的目标之一，也是社会各界的共同期待。在我看来，这些传记丛书大都是在充分挖掘档案和书信等各种文献资料、与口述访谈相互印证校核、严密考证的基础之上形成的，内中还有许多很有价值的照片、手稿影印件等珍贵图片，基本做到了图文并茂，语言生动，既体现了历史的鲜活，又立体化地刻画了人物，较好地实现了真实性、专业性、可读性的有机统一。通过这套传记丛书，学者能够获得更加丰富扎实的文献依据，公众能够更加系统深入地了解老一辈科学家的成就、贡献、经历和品格，青少年可以更真实地了解科学家、了解科技活动，进而充分激发对科学家职业的浓厚兴趣。

借此机会，向所有接受采集的老科学家及其亲属朋友，向参与采集工程的工作人员和单位，表示衷心感谢。真诚希望这套丛书能够得到学术界的认可和读者的喜爱，希望采集工程能够得到更广泛的关注和支持。我期待并相信，随着时间的流逝，采集工程的成果将以更加丰富多样的形式呈现给社会公众，采集工程的意义也将越来越彰显于天下。

是为序。

总序二

中国科学院院长　白春礼

　　由国家科教领导小组直接启动，中国科学技术协会和中国科学院等12个部门和单位共同组织实施的老科学家学术成长资料采集工程，是国务院交办的一项重要任务，也是中国科技界的一件大事。值此采集工程传记丛书出版之际，我向采集工程的顺利实施表示热烈祝贺，向参与采集工程的老科学家和工作人员表示衷心感谢！

　　按照国务院批准实施的《老科学家学术成长资料采集工程实施方案》，开展这一工作的主要目的就是要通过录音录像、实物采集等多种方式，把反映老科学家学术成长历史的重要资料保存下来，丰富新中国科技发展的历史资料，推动形成新中国的学术传统，激发科技工作者的创新热情和创造活力，在全社会营造爱科学、学科学、用科学的良好氛围。通过实施采集工程，系统搜集、整理反映这些老科学家学术成长历程的关键事件、重要节点、学术传承关系等的各类文献、实物和音视频资料，并结合不同时期的社会发展和国际相关学科领域的发展背景加以梳理和研究，不仅有利于深入了解新中国科学发展的进程特别是老科学家所在学科的发展脉络，而且有利于发现老科学家成长成才中的关键人物、关键事件、关键因素，探索和把握高层次人才培养规律和创新人才成长规律，更有利于理清我国科技界学术传承脉络，深入了解我国科学传统的形成过程，在全社会范围内宣传弘扬老科学家的科学思想、卓越贡献和高尚品质，推动社会主义科学文化和创新文化建设。从这个意义上说，采集工程不仅是一项文化工程，更是一项严肃认真的学术建设工作。

中国科学院是科技事业的国家队，也是凝聚和团结广大院士的大家庭。早在 1955 年，中国科学院选举产生了第一批学部委员，1993 年国务院决定中国科学院学部委员改称中国科学院院士。半个多世纪以来，从学部委员到院士，经历了一个艰难的制度化进程，在我国科学事业发展史上书写了浓墨重彩的一笔。在目前已接受采集的老科学家中，有很大一部分即是上个世纪80、90 年代当选的中国科学院学部委员、院士，其中既有学科领域的奠基人和开拓者，也有作出过重大科学成就的著名科学家，更有毕生在专门学科领域默默耕耘的一流学者。作为声誉卓著的学术带头人，他们以发展科技、服务国家、造福人民为己任，求真务实、开拓创新，为我国经济建设、社会发展、科技进步和国家安全作出了重要贡献；作为杰出的科学教育家，他们着力培养、大力提携青年人才，在弘扬科学精神、倡树科学理念方面书写了可歌可泣的光辉篇章。他们的学术成就和成长经历既是新中国科技发展的一个缩影，也是国家和社会的宝贵财富。通过采集工程为老科学家树碑立传，不仅对老科学家们的成就和贡献是一份肯定和安慰，也使我们多年的夙愿得偿！

鲁迅说过，"跨过那站着的前人"。过去的辉煌历史是老一辈科学家铸就的，新的历史篇章需要我们来谱写。衷心希望广大科技工作者能够通过"采集工程"的这套老科学家传记丛书和院士丛书等类似著作，深入具体地了解和学习老一辈科学家学术成长历程中的感人事迹和优秀品质；继承和弘扬老一辈科学家求真务实、勇于创新的科学精神，不畏艰险、勇攀高峰的探索精神，团结协作、淡泊名利的团队精神，报效祖国、服务社会的奉献精神，在推动科技发展和创新型国家建设的广阔道路上取得更辉煌的成绩。

总序三

中国工程院院长　周　济

　　由中国科协联合相关部门共同组织实施的老科学家学术成长资料采集工程，是一项经国务院批准开展的弘扬老一辈科技专家崇高精神、加强科学道德建设的重要工作，也是我国科技界的共同责任。中国工程院作为采集工程领导小组的成员单位，能够直接参与此项工作，深感责任重大、意义非凡。

　　在新的历史时期，科学技术作为第一生产力，已经日益成为经济社会发展的主要驱动力。科技工作者作为先进生产力的开拓者和先进文化的传播者，在推动科学技术进步和科技事业发展方面发挥着关键的决定的作用。

　　新中国成立以来，特别是改革开放30多年来，我们国家的工程科技取得了伟大的历史性成就，为祖国的现代化事业作出了巨大的历史性贡献。两弹一星、三峡工程、高速铁路、载人航天、杂交水稻、载人深潜、超级计算机……一项项重大工程为社会主义事业的蓬勃发展和祖国富强书写了浓墨重彩的篇章。

　　这些伟大的重大工程成就，凝聚和倾注了以钱学森、朱光亚、周光召、侯祥麟、袁隆平等为代表的一代又一代科技专家们的心血和智慧。他们克服重重困难，攻克无数技术难关，潜心开展科技研究，致力推动创新发展，为实现我国工程科技水平大幅提升和国家综合实力显著增强作出了杰出贡献。他们热爱祖国，忠于人民，自觉把个人事业融入到国家建设大局之中，为实现国家富强而不断奋斗；他们求真务实，勇于创新，用科技为中华民族的伟大复兴铸就了辉煌；他们治学严谨，鞠躬尽瘁，具有崇高的科学精神和科学道德，是我们后代学习的楷模。科学家们的一生是一本珍贵的教科书，他们坚定的理想信念和淡泊名利的崇高品格是中华民族自强不息精神的宝贵财富，永远值得后人铭记和敬仰。

通过实施采集工程，把反映老科学家学术成长经历的重要文字资料、实物资料和音像资料保存下来，把他们卓越的技术成就和可贵的精神品质记录下来，并编辑出版他们的学术传记，对于进一步宣传他们为我国科技发展和民族进步作出的不朽功勋，引导青年科技工作者学习继承他们的可贵精神和优秀品质，不断攀登世界科技高峰，推动在全社会弘扬科学精神，营造爱科学、讲科学、学科学、用科学的良好氛围，无疑有着十分重要的意义。

中国工程院是我国工程科技界的最高荣誉性、咨询性学术机构，集中了一大批成就卓著、德高望重的老科技专家。以各种形式把他们的学术成长经历留存下来，为后人提供启迪，为社会提供借鉴，为共和国的科技发展留下一份珍贵资料。这是我们的愿望和责任，也是科技界和全社会的共同期待。

周济

杨承宗
（1911—2011）

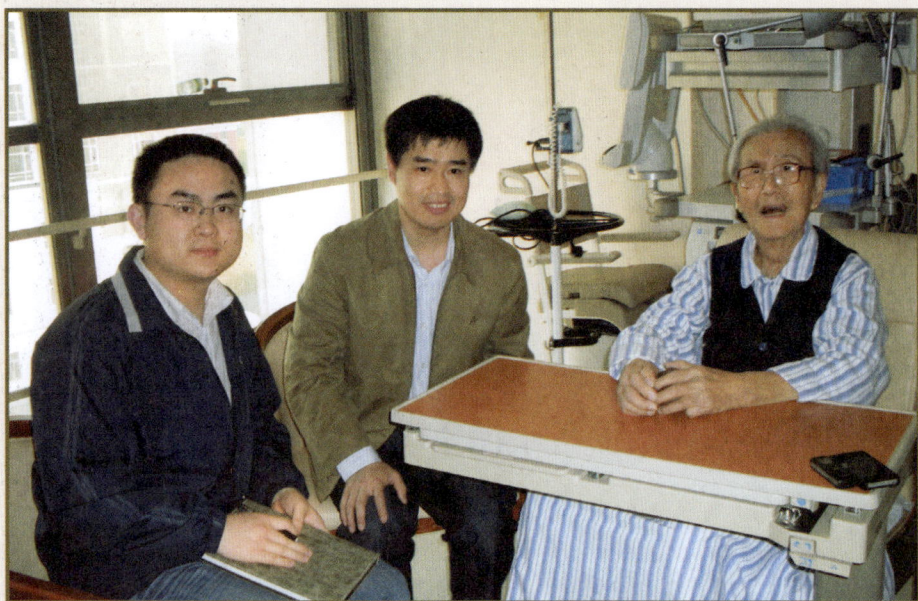

本书作者与杨承宗先生

目 录

图片目录

导 言

　　一个学科的兴起，离不开领军学者。他们不仅了解国际前沿学术动态，熟悉本国的国情和科学研究现状，而且具有投身科学事业的热情，以及淡泊名利、甘为人梯、乐于奉献的崇高品质和社会责任感。杨承宗先生之于中国放射化学，便是如此。

　　杨承宗 1911 年 9 月出生于江苏省吴江县八坼镇，1932 年上海大同大学毕业。1934 年秋，杨承宗进入国立北平研究院物理镭学研究所，跟随居里夫人（玛丽·居里）唯一亲授放射化学的中国学生郑大章学习放射化学理论与实验，由此确立了一生的学术方向。1947 年杨承宗赴法国巴黎大学镭学研究所居里实验室留学，师从人工放射性现象的发现者伊雷娜·约里奥－居里（居里夫人的女儿），1951 年获得巴黎大学理学院科学博士学位，论文被评为最优级。同年 10 月回国，先后在原子能研究所（现为中国原子能科学研究院）（1951—1961）、第二机械工业部第五研究所（下文简称"二机部五所"，现为核工业北京化工冶金研究院）（1961—1969）从事放射化学研究工作，为"两弹"研制作出了重要贡献。1958 年，中国科学院创办中国科学技术大学（下文简称"中国科大"），杨承宗担任放射化学和辐射化学系首任主任。1970 年初，他随学校举家南迁合肥。1978 年 11 月，担任中国科大副校长。1980 年，创办合肥联合大学并出任创校校长。1994

年退休。

杨承宗的学术贡献主要集中在核燃料前处理方面。在二机部五所任职期间，杨承宗作为该所最高技术负责人，带领全所科研人员解决了天然铀水冶、纯化和转化各个过程中的放射化学及其工艺问题，创建了具有自主知识产权的堆浸、清液萃取、协同淋萃、碳酸铵结晶反萃取工艺等铀水冶、纯化领域的先进技术，为中国铀工业的建立提供了重要的技术支撑。

在取得了一系列重要学术成就的同时，杨承宗也为放射化学学科在中国的奠基和发展做出了卓越贡献。早在国立北平研究院镭学所时期，他与郑大章的研究工作就使放射化学在近代中国生根，实现了从无到有的突破；新中国成立初期，他创立了首个放射化学实验室，培养了第一代放射化学人才队伍；在《1956—1967年科学技术发展远景规划》（亦即《十二年远景规划》）制定中，他独自承担了放射化学部分的规划制定工作，确立了该学科未来的发展方向；在国内首批放射化学专业创办过程中，他先是为北京大学、清华大学两校培训了多位青年教师，并亲自登台给本科生讲课，之后在中国科大创办了放射化学专业；改革开放后，他主持制定放射化学学科规划、筹建专业学会，并担任三届学会理事长，推动该学科走上正常发展轨道。杨承宗先生的学术始终与学科发展紧密相连，是当之无愧的新中国放射化学学科奠基人。

2011年初，杨承宗先生被列为中国科协"老科学家学术成长资料采集工程"第二期采集对象。采集项目负责人张志辉立即与陪伴在杨先生身边的女儿杨家翔、女婿远泽清夫妇取得联系，幸闻先生虽已百岁高龄，但精神矍铄，欣然同意接受访谈，分享他丰富的人生经历。杨、远二位都非常支持小组的工作，主动提出帮助收集资料。3月初，采集小组正式开展工作，并派组员赴上海全程参与了2011年第二期采集人员培训班。不久，我们得知杨先生因身体不适而住院调养，遂于4月27日到北京医院拜望。经与家属沟通，决定待杨先生出院恢复健康后另择时间进行适度的访谈。孰料不久之后，杨先生病情突然加剧，于2011年5月27日溘然长逝，令人惋惜！

遗憾之余，我们也为几年前曾访谈过杨承宗先生感到庆幸。2007年夏，在中国科大筹备五十周年校庆之际，张志辉带领口述校史项目团队，专程赴北京访谈杨先生。那时，杨先生身体硬朗，行动自如，对往事记忆犹新，如数家珍。在交谈中，杨先生详细回顾了中国科大建校初期、南迁合肥、二次创业等各历史时期他所亲历的往事，并着重谈了他创办中国科大放射化学专业的具体过程。现在看来，当初录制的近两个小时的高清视频和五个小时的音频资料，是何其珍贵！这些音像记录成为采集小组的核心资料。

关于杨承宗先生生平事迹的材料，说多也多，说少也少。说它多，是因为杨先生的百岁人生异常丰富精彩，《人民日报》《科学时报》《中国青年报》《中国教育报》《化学通报》等报纸媒体、学术刊物有不少关于他的介绍和报导。其中，"杨承宗先生传略"（杨家翔、远泽清撰，2000年）、"科技创新添华彩，居里风范传后人——记著名放射化学家杨承宗教授"（张志尧、远泽清撰，2009年）两篇文章比较全面完整地介绍了杨先生的生平，对其学术贡献也有简要概括。另外学界分别于2000年、2005年值杨先生两个整寿之际，由朱清时先生和赵良庆先生先后主编出版了《杨承宗教授九十华诞纪念文集》《杨承宗教授九十五华诞纪念文集》，其中均记载了子女、同事、朋友、弟子等写作的回忆文章。这两本厚厚的文集为本文的写作提供了丰富素材与可供追踪的诸多线索。值得一提的是，2009年前后杨先生曾专门对着录音机将生平见闻一段一段进行了口述。鉴于杨先生的人生跨度非常之大，其早年经历只有本人能说得清楚，这一盘盘口述自传录音带无疑是弥足珍贵的史料。由作家边东子先生整理的《从居里实验室走来——杨承宗口述自传》已于2012年由湖南教育出版社出版，此书可为杨先生生平事迹最为重要的文献。

而说它少，首先是因为已有文献虽然数量较多，但几乎皆止于对杨先生生平和学术贡献的简单介绍，且内容多有雷同。其次，单篇传记多限于对传主本人事迹的回顾，叙述多而评论少，不是对相关重要人物和时代背景没有交代，就是由于为尊者讳、为逝者讳对敏感的问题避而不谈或一笔带过。最后也是最重要的，目前尚无一部专著从放射化学学科史的角度，来重塑杨先生的学术成长道路及其贡献。杨承宗先生在中国放射化学学科的建立、发展及至调整、转型的不同阶段均发挥了重要作用，他的传记如果没有放射化学发展史的支撑，将是不完整的。总之，学界至今尚未对杨承宗的生平及其学术贡献进行比较系统的专门研究。

采集小组在项目执行期及后来的几年时间里，做了大量的文献调研和深入研究工作，先后获取了不少珍贵史料，主要包括以下三个方面。

（1）传主个人保存的相关文书、手稿[①]、信札等

毫不夸张地讲，杨先生个人保存的各类文稿就是一座中国放射化学的史料库。其中有《放射化学概论》（1959年手写讲义）、亲笔修改的"中国科大放射化学与辐射化学系教学计划（草案）"、刘允斌[②]就人工放射性工艺学课程大纲问题的回信、五所时期的五本工作笔记、1968年汇报代自传，以及不同时期为放射化学发展出谋划策的数篇文章，如"放射化学的简介"（1967）、"统筹兼顾，自力更生，为发展安徽地方原子能事业而奋斗——中国科技大学教育革命的一个建议方案"（1970）、"放射化学的前瞻"（1980）、"五十年来的中国放射化学"（1985）等。通过对这些一手史料的研究，不仅能够较为清晰地梳理出杨先生不同时期的学术理念，还可以还原中国放射化学许多重要的历史细节。

（2）传主工作单位的部分档案和内部资料

由于中国核工业具有高度保密性，普通研究者很难获取与军工结合紧密的放射化学原始档案资料。在这方面，采集小组虽然作出了多方尝试，但收获有限。小组成员曾在2013年6月赴北京西南郊房山区中国原子能科学研究院调研档案，但终无所获。因为档案条例明文规定，只有中国核工业集团公司员工才具备查阅档案资格，而且要事先经过有关部门领导审批。次日，我们又前往北京东郊通州区核工业北京化工冶金研究院调研，最终在院办公室副主任陈远超先生的帮助下，复印了部分内部刊印院史材料（主要内容为该院建立背景和早期发展情况），十四页纸，颇为珍贵。

---

① 本书所引杨承宗手稿均由传主家属保存。

② 刘允斌（1925-1967），湖南宁乡人，放射化学专家，刘少奇长子。1955年获莫斯科大学放射化学专业副博士学位，1957年回国后长期担任二机部核燃料工程负责人。

中国科大是杨先生工作时间最长的单位。他在回顾这段超越半个世纪的不解之缘时曾深情地说："从 1958 年中国科大建校到现在，我一直是科大人，我以中国科大为荣。我与科大师生不离不弃地度过了最困难的下迁时光，又一起为科大的两次创业努力拼搏，共同奋斗。我在科大搬迁到安徽后又在科大工作服务了二十五年。"由此可见，中国科大在杨先生人生历程中的重要地位。采集小组利用所在单位的便利条件，在学校档案馆查阅收集了几乎所有涉及杨先生的档案资料，其中包括放射化学专业创建初期的课程设置、任职副校长和创办合肥联合大学的一些公文、1979 年学部委员推荐材料、五所邀请继续回所指导工作的来往信函，等等。通过对这些档案材料爬梳整理，基本可以理清杨先生在中国科大三十余载的科教历程，以及他对学校各项事业发展所起到的重要作用。

（3）口述史料

口述史料是本书写作的一项重要史料来源。我们先后访谈了国家自然科学基金委张志尧，中国原子能科学研究院林漳基，核工业北京化工冶金研究院岑运骅、夏德长、郑群英、汪淑慧（女）、刘开禄、聂国麟、刘虎生、祝振鑫、殷晋尧和张锐，中国科学院高能物理研究所杨绍晋，中国核工业集团公司萧兴寿，中国科学技术大学国毓智、陈文明、林铭章等诸位先生，访谈时长共计四十余小时，从中知晓了许多鲜为人知的历史细节。一些受访者还将手边保有的相关原始文献借予我们复制。例如追随杨先生五十年，曾长期担任核化学与放射化学学会秘书长的张志尧先生，向我们提供了包括学会成立请示报告、会议记录、工作汇报等学会成立前后的所有相关原始材料。这些材料详尽地展示了学会成立的来龙去脉，让我们能够全面考察以杨先生为代表的那一代放射化学工作者，通过建立学会尝试推动学科回归正常化发展所付出的努力与贡献。

本书即立足于上述史料，以中国放射化学学科发展历程为线索，结合国家核能政策、社会发展需求变化等时代背景，力求翔实、客观地重建杨先生的生平和学术成长经历。本书按照杨先生的成长经历和工作足迹，大致分为求学、镭学所、居里实验室、原子能所、五所、中国科大、合肥联合大学等几个部分。通过梳理传主学术成长脉络，总结其学术成长特征和影响因素，进而透视新中国放射化学发展历史的总体概况。

本书第一章介绍杨先生的家世、求学和个人生活等内容，其中对其父亲杨蔼如、发妻赵随元有较多着墨。

第二章回顾了二十世纪上半叶国际放射化学的发展概况，引入杨先生的学术领路人郑大章，重点讲述了郑杨二人在镭学所开展的放射化学研究工作，其间穿插镭学所被迫搬迁及重建等方面的战乱背景。

第三章的主要内容是杨先生在居里实验室的留学经历，回国前用钱三强托人捎去的三千美元外汇购买国内急需的原子能科学书籍和器材，以及约里奥－居里先生请他向毛泽东传话等历史细节。法国留学的五年是杨承宗学术成长道路上最重要的阶段。他利用国外先进的科研条件，开展了放射化学前沿领域的研究工作，成长为一名在国际上有一定影响力的放射化学家。

第四章结合国家决策创建核工业的历史背景，主要考察了杨先生在原子能所开展的科学研究和人才培养等工作。在中华人民共和国成立后相当长的一段时间里，杨先生领导的原子能所放射化学研究组一直是国内放射化学科学研究和人才培养的基地，他对于新中国第一代放射化学人才的培养起到了关键性的作用。

第五章归纳了杨先生在国内首批放射化学专业建立过程中所做的重要工作，重点回溯了由他担任系主任的中国科大放射化学专业的创办情况。

第六章介绍了二机部五所的基本情况和杨先生调入五所工作之前国家核燃料生产线的严峻形势，重点描述了杨先生在原子弹攻关任务和国家若干铀矿冶工程的创建过程中，带领全所科研人员顺利解决一系列放射化学及其工艺问题等鲜为人知的历史。五所工作时期是杨先生学术生涯中取得成果最多、分量最重的一个阶段，他的聪明才干、知识技能得到了充分施展，为其一生事业成就精华之所在。

第七章主要写杨先生跟随中国科大南迁合肥，欲重建放射化学专业而不能，以至于最终脱离科研前线，学术生涯被迫提前进入暮年等情况。同时，对他遗憾落选 1980 年学部委员（院士）进行了一些考证。

第八章详细回顾了《放射化学学科规划》的制定及修订、专业学会的筹备和成立等集中发生在 1977——1979 年的历史事件，向读者呈现杨先生在学科转型的关键阶段，对于学科境况的认识、学科未来发展的构想和为实现这些构想所采取的种种措施，最后分析了这些努力尝试为何没有达到预期效果的原因。

第九章写合肥联合大学的创办，这是杨先生在古稀之年，勇于探索，为国家科教事业发展做的一件大事。本章梳理了合肥联合大学的创办缘起和创办过程，探讨了联办公助、自费走读、不包分配等办学举措反映出的创新思想。

第十章择要记述了杨先生晚年生活中的点滴事迹，从中可以看到他所抱持的伟功弗居、不慕名利、豁达开朗的人生态度。

结语部分结合放射化学在我国建立和发展的机制、特征，探讨了杨先生学术成长中的重要影响因素。

2000 年，《科学新闻》周刊第 13 期的"特别报道"栏目登载了该刊记者李春芳撰写的"没有勋章的功臣——记中国科技大学原副校长、著名放射化学家杨承宗教授"。该文是在 1999 年原中国科学院党组书记张劲夫在《人民日报》上撰文"请历史记住他们——关于中国科学院与'两弹一星'的回忆"（1999 年 5 月 6 日第 1 版）之后，对文中提及的"法杨"即杨承宗先生其人其事，所做的较为全面的报道。此后杨先生以"没有勋章的功臣"之名而广为人知。笔者认为，这一称谓既符合历史事实，又是对杨先生恰如其分的评价，因此，本书亦采用这一称谓作为书名。

从科学史的角度为老科学家做传，自与报告文学或小说体裁的人物传记不同，不能对历史故事进行脱离史实的渲染或想象，而只能以扎实的史料为依据，把传主作为研究对象，有一分材料说一分话，秉承客观公正的原则把传主所处的历史背景和生平事迹书写出来。作为严肃的学术著作，其中有些涉及学科发展史的内容不免会有枯涩难懂之感，读者诸君谅之。

第一章
家世与青少年时代

杨承宗出生于江苏省吴江县八坼镇。

吴江位于苏州东南，东临上海，西濒太湖，南接浙江，北依苏州主城区，自古就是鱼米丝绸之乡、富庶繁华之地。八坼镇是吴江北部的一座小镇。据《百城烟水》载："塘自北而来，至此向东而南，向西复南，俨似弓形。唐范传正治水，劈河而直其路，斥土为二，故名八坼。"①1911年9月5日，旧历宣统三年七月十三，杨承宗在此出生。一个月后的10月10日，武昌起义爆发，打响了辛亥革命的第一枪，推翻了风雨飘摇中的清王朝。清朝的灭亡，标志着延续两千多年的皇权统治由此告一段落，中国历史翻开了新的篇章。暴风骤雨般的

图1-1　苏州市吴江县八坼镇北港街（杨家翔供图）

---

① （清）徐崧、张大纯纂辑：《百城烟水》。南京：江苏古籍出版社，1999年，第345页。

"大革命"，对于出生于此前后的那一代人的命运，无疑有着重大而深刻的影响。作为知识分子的杨承宗对于"革命"一词当然有着特别的理解与感受，后来他曾风趣地说："'文化大革命'时期有人标榜'老子生来就革命'，我真想同他们开玩笑说'老子才是生来就革命呢'！"

刚强的慈父

杨家原籍陕西省弘农郡。七世以前，大灾之年搬到江南吴县居住，仍世代务农。杨承宗曾祖父茂文公务农之余，做些稻谷加工、米粮买卖的事，积累了一些家产，在沈家港建造了住屋。祖父镐堂公、父霭如公三辈在沈家港以务农耕读为生。19 世纪中叶，英国以鸦片侵入中国，杨镐堂不慎染烟，家道中落返贫。杨父霭如在十三岁之年不得不离开沈家港村，到同县八圻镇周家米行做学徒。

杨霭如刻苦坚忍，先在站场学习收购斛量、运送入仓，日逾千百石，高强度的体力劳动也使他体格强壮。后凭诚实得米行东家信任，进柜从事财务工作。于是细心学字习算，在幼年乡间小塾三年文化的基础上，自学努力，不仅练就了一手好字，还能打出两手好算盘。或是左右手同时打，互相核对结果，或是左手拨打算盘，右手写字入账。从学徒、卖场工人、财务职员，一直做到账房先生。工作之余，杨霭如还关心世事时务。中年以后更是医卜星相、天文地理，无不涉足。杨承宗少时多病，父亲从外地回家常见其小病不断，便开几付"汤头"（即药方），到对河的太和堂药店赎药一服便好，足见其医术高明。

杨承宗出生之年，周家将米行出让给杨霭如。杨霭如接业后，将店铺搬迁至八圻北港桥东岸，取名生泰米行。为了易于照顾，他举家搬至生泰米行的后院居住，遂成前店后居的格局。米行初期业务从收购稻谷、糙米开始，在行内设有去砻糠（稻壳）及去米糠舂米两级原始设备。杨霭如从当地钱庄贷款购买了机器设备，将米业加工链中最费人力的米糠

图1-2 杨父蔼如、杨母张氏（杨家翔供图）

分类环节改良，以碾米机器代替几百年来农人传用的舂米臼，工作效率剧增。生泰米行业务逐步兴旺，生泰白米更远销上海等地，时称"苏州白粳"。

杨承宗生于周家米行，长在生泰米行。从记事时起，便发觉父亲创业的本领之大。以生泰为中心，房屋东西至少有十多开间，南北更是屋宇连绵，令幼时的他无法计数。一片错落无序的建筑群中，营业场所、仓库、工场、住所交织着大小天井、花圃、晒场和一个百平米的池塘，缤纷相织，面积不下一公顷。

杨承宗少时，父亲事业进一步扩大。杨蔼如对农产品加工的机械化十分推崇，除经营生泰米行外，还开有厚生布庄。开办厚生布庄的初衷原为收购棉花，经过轧棉机轧制成花絮，返销农民用以纺纱织布。后因棉花产值不及水稻，地方产棉日减，厚生布庄乃改变经营方针，利用从上海售米之资金，从沪买回洋纱（即上海纱厂机械化大生产品）。洋纱价廉质美，受人欢迎，对"厚生"称道者颇多。

杨蔼如的人生轨迹，恰如那个时代多数纯朴的爱国民族实业者，出身贫苦，少年奋斗，艰苦创业，功成则热心公益事业。他曾两次斥资翻修沈家港内仅有的一座木桥，一次为修桥，一次为重建。杨承宗后来回忆，沈家港的小木桥承载有父亲的一段伤心往事。父亲幼年时，祖母卧床不起，想吃鲫鱼汤。父亲去离家几里的北库镇买得几尾活鲫。回家走过此木桥，不想小鱼忽然蹦跳，跃入河中。父亲念及此事，仍然热泪盈眶。捐助家乡重建木桥，惠及乡里，当然是父亲的心愿。

杨承宗读大学期间，父亲积极参与（或发起）在八坼镇安装电灯，代替洋油灯。刚读过"电工学"的杨承宗奉命参加与苏州发电厂的讨论，拟请以苏电输电至八坼。苏电十分积极，愿扩大发电量，仅要求输电线路设施需自费。途经的吴江城区同意电灯入境但不愿出资苏州至吴江段线路设施，以致讨论失败。杨蔼如遂决定在八坼自建电灯厂。他于生泰米行东北隅特选坚屋三间，用作厂房，每日傍晚发电几小时。当半明半暗的黄光亮起时，邻舍孩子惊喜叫喊："电灯来了！"数十年后这叫喊声犹在杨承宗耳边回荡。

关于父亲的乐善益公，杨承宗印象深刻的还有一事。他在外地求学期间，一日邻居失火，火穿屋顶。那个时代，民家住屋都是砖木结构，失火求援，鸣锣为号，大家自动携盆提桶赶来救火。八坼尽是沿河人家，水源不成问题，关键在取水工具。杯水盆浇，显然不济。关键时刻，有人扛来"洋龙"救火机，由四个壮汉两头按掀，使龙头喷水高出屋顶，果然水到火灭。后来杨家父子总结经验教训，认为当时汲水的抽水机是有效的，但驱动的机械太重，人力难以操作。理想的办法是用汽油发动机作动力源，再配一台抽水机，合成一组，有两位壮劳力即可以搬动，一旦发生火情，便于及时施救。杨承宗对此事铭记于心。留法初期，一次参观巴黎国际农展会，他看到伯纳得工厂专门生产的小型汽油发动机，约有两三匹马力，正合可移动抽水机原动力之用。此机器小巧灵便，核心构件为铝合金制，主要出口美国。他想到父亲曾有置办便携救火机之念，便购买了三台汽油发动机，寄回祖国。只是由于父亲年高体迈，三台发动机最终没有派上用场。

杨承宗十五岁时母亲去世，原本刚强严厉的父亲有所转变，对几个子女更加慈爱，对杨承宗尤甚。某年，杨承宗有假在家。午后暑热，侄女家淑带头和几个妹妹偷偷分吃西瓜，又怕被祖父看见责备。家淑虽是长房长

图 1-3　杨承宗从法国购回的三台发动机（其中一台赠予中国科学技术大学。
刘培摄于 2011 年 8 月）

女，不敢承责，脱口而出"就说是五叔（指杨承宗）允许她们分食的"。杨承宗在邻室亲耳听到此言，自也感到父亲偏爱自己之重。

对这位刚强的慈父，杨承宗怀有崇敬之情，他在"想念父亲"一文中写道："我看父亲，令我敬仰，时至现代，还是高山仰止。父亲出身农家，少年奋斗，艰苦创业，参与社会，乐善益公，爱国爱人，为人孝道正直，绝烟、戒赌、远色，是他那时代的理想人士。"从这段记述中，不仅可以看出杨父的高尚品德，还可以发现杨承宗继承了父亲的性格和品质，也是一位少年勤奋好学、积极进取、爱国爱家、正直宽厚之人。

启 蒙 教 育

在父亲的关爱下，杨承宗上学很早，五岁的时候就跟随比他大四岁的二姐杨承芳（字锦心）进入本乡的初级小学读书。1919 年，九岁的杨承宗走出八坼，来到二十里外的同里镇，入读于同川高等小学（中华人民共和国成立后改称同里镇中心小学，现为同里实验小学）。

同川高等小学由清末民初著名的爱国志士、教育家金松岑[①] 所创。金

---

① 金松岑（1873-1947），吴江人，原名懋基，又名天翮、天羽，字松岑，号壮游、鹤望，清末民初国学大师。

松岑很早便投身教育，在维新运动的影响下，他将办学方向转向新式学校，成为吴江新式教育事业的奠基者。1902 年，金松岑在同川书院旧址创办了同川学校，不久改名同川高等小学。学校管理严格，教学质量高，特别是新式的教育方法影响广泛，求学者一时蜂拥而至。开设课程包括国文、自然科学、园艺、乡土、生理卫生、军事体操、英语、音乐等科目，培养的学生知识面广、适应能力强，当中不乏柳亚子、王绍鏊、潘光旦、金国宝这样的栋梁之才。在 1912 年十周年校庆之际，蔡元培、章太炎分别为"吴江同川小学校十周年纪念之碑"撰文、题额，高度评价了金松岑对教育的热情和成就。[①]

杨承宗在同川高小受到了扎实的基础教育。由于校长金松岑本人就是一位诗文并茂的国学大师，因此同川高小对传统文化的教育十分重视。杨承宗记得高小一年级念的第一课就是《孟子》"孟子见梁惠王……"因为要在学校寄宿，到学期结束才能回家，学习、生活一切都要靠自己料理，这对少小离家的杨承宗自是一种磨炼。

图 1–4　今日同里实验小学（刘培摄于 2011 年 4 月）

① 杨宗兴：《同里：湖山佳处足徜徉》。北京：中国林业出版社，2005 年，第 147 页。

学 在 大 同

1923 年，从同川高小毕业后，杨承宗来到上海求学。由于乡村学校的自然科学教育水平与上海相差悬殊，他最初在南洋中学附设的寻源初中部读补习班（即预备班）。[①] 寻源中学邻处有"泉漳会馆"，东边即是黄浦江滩头。课余，杨承宗常与懵懵懂懂的小朋友们去滩头的滔滔白浪之中涉险，以为乐事。不一年，江浙战事爆发，江苏督军齐燮元与浙江督军孙传芳交战于松江及上海南郊之间。寻源中学师生人心恐慌，校内秩序混乱，学业无继。

与爱子通信中断后，杨蔼如在八坼忧心不止，先托其上海友人严筱泉特到寻源中学，要杨承宗在遇险之际到他住的外国租界住处避难。不日，战声更紧，杨蔼如亲自赶到上海南市的寻源中学，将杨承宗接回八坼老家。

从枪炮声中离开是非之场，是杨承宗此生第一次逃难的经历。上海到八坼一百余里，那时只有铁路交通比较安全。父子二人乘了货车（闷罐车），一路停停行行，二十个小时才到苏州平安之地。货车内无座位，只能站立，无饮食来源，更无卫生设备。那时杨蔼如已是知天命之年，为了爱子安全，站立二十小时之久。这段经历令杨承宗终身不忘。

寻源中学最终在炮火中被毁，杨承宗又转到大同大学附属中学念书。大同大学（Utopia University）[②] 前身是由胡敦复[③] 1912 年创办于上海的大同

---

① 据曾任南洋中学代理校长的顾因明回忆，民国十四年春，南洋中学就外日晖桥东首汤济沧先生所办之寻源学塾旧址，设立分校，添设初中一年级两组，并设补习班。初衷旨在补助地方教育，收取学费极少，前来补习的学生多系上海附近的乡村子弟。参见顾因明：南洋中学五十四年之回顾及其将来之展望，载《南洋中学复校特刊》，1947 年。顾文称寻源初中部的设立时间是1925 年，这与杨承宗的回忆有出入，此处存疑。

② 大同大学（1912-1952）位于上海，是民国时期一所著名的综合性私立大学，尤以"理工"著称，在其四十年的大学历史中，一直是上海乃至全国私立大学中的翘楚。1952 年 10 月全国高校院系调整，大同大学建制被取消，其中商学院并入上海财经学院，理学院并入复旦大学，工学院相关科系分别并入同济大学、交通大学和华东化工学院，文学院（文学系、哲学教育系、史地政治系）并入华东师范大学。参见李雪、张刚：海上依稀大同梦——上海大同大学。《科学中国人》，2009（05）：30-35。

③ 胡敦复（1886-1978），江苏无锡人，大同大学创办人，长期担任校长（1912-1927、（转下页注）

图1-5 大同时期的杨承宗（杨家翔供图）

学院。胡敦复在创办大同学院之前的职务是清华学堂（即清华大学）首任教务长。因不满操纵校政的美国主事者之霸道及不公正待遇，他率平海澜、朱香晚、吴在渊等一批仁人志士辞去清华教职，南下上海创办了大同学院。

大同学院初创之时，白手起家，办学经费完全自筹，条件异常艰苦。1922年，大同学院改称大同大学，下设文学院、理学院、商学院和附属中学。之后又增设了工学院，抗战前夕已经初具规模。大学与附中合办是大同的一大特色：中学大学衔接沟通，大学教授兼教中学，部分教材采用英文原版或由教师自编，立足高且涉猎广，利于早出人才。

由于校风朴实、治学严谨、管理有方，大同大学迅速成为上海乃至全国私立大学中的翘楚，一时有"北南开，南大同"之美誉。愈来愈多的求学者慕名前来，其中有林迪生、钱临照、顾功叙、于光远、徐光宪、陈敬熊、钱正英等一大批未来各领域中的杰出精英。杨承宗自然也是其中一位。

大同大学实行的是一种灵活的"学分制"：中学需修满45个学分，大学为25，且"以学力适合为准，其年级资格以其所修毕之学分多寡定之"。[①] 也就是说，学生可以依据自己的能力分别上不同年级的课程，修满学分即可毕业。

（接上页注③）1941-1945）、校董，为大同大学贡献甚大。早年就读于南洋公学及震旦学院，后留学美国获康奈尔大学文理学士学位。1909年回国后曾任清华学堂第一任教务长、复旦公学教务长、国立北京女子大学校长、中国数学会董事会主席、交通大学数学系主任等职。1949年移居台湾，1950-1961年任美国华盛顿州立大学客座教授，1978年在西雅图病逝。

① 私立大同大学概况。《上海各大学联合会会刊》，1933（1）：139-144。

图1-6 杨承宗的大同大学毕业证书（1932年）

由于在同川高小打下了较强的国文功底，当杨承宗在中学班上学习数学、物理、化学、英语课时，他的中文成绩已跻身于大学课堂。凭借过人的天赋和勤奋，杨承宗用了不到八年的时间，修完了中学五年、大学四年的全部课程，于1932年毕业于大同大学理科。

在大同求学期间，父亲在经济上给予了杨承宗全部的支持。据1926年大同大学投考指南所记，该校每年学费和膳食费分别为：普通科（即中学）七十元，专修科各科八十元，大学各科八十元，每人每年在校必须花费约二百元。[①] 而据大同联合创办人顾珊臣之子顾宁先（1925—1934年在大同读书）回忆，当时在上海一碗面只需八分钱，一笼汤包一角，一个客饭两角，普通工人一个月的工资是十多元。[②] 可见大同大学学费之不菲。

---

① 《全国专门以上学校投考指南》，1926（4）：18。
② 顾宁先、黄婷：回忆大同大学。《史林》，2004（S1）：109-112。

喜结良缘

图1-7　1935年初到北平的赵随元（杨家翔供图）

1929年，杨承宗顺利升入大同大学理学院学习。也就在这一年，他与同样来自吴江的赵随元喜结良缘，完成了自己的终身大事。

赵随元与杨承宗同龄，1911年11月5日出生在吴江横扇镇。父亲赵伯铨是前清秀才，横扇劝学会会员。赵伯铨曾和镇上另一位吕姓同人一起选址，在横扇镇的中心地带扩建了横扇小学。宣统二年（1910），又在四都村崇吴教寺，创办了崇吴学堂，后改名乡立第四小学、区立横四国民学校。赵随元的两个哥哥赵升元、赵鼎元追随父辈的足迹，服务于横扇镇的教育事业多年。赵随元自幼便受到良好的传统教育，少女时代就读于吴江城内的爱德女学。在父亲和众师长的身带言教下，赵随元自幼立志，一生遵循奋发图强、不取非理之财、不受不劳之获、宁守清寒、洁身自好的美德。

两人的婚姻算是父母之命，媒妁之言，婚事也是按照乡俗操办。正月十八，横扇赵家送亲大船队来到八坼镇，停泊在城隍庙前广阔河岸码头。晚宴接风，称"落桌"。吉日，傍晚承宗到大船亲迎新娘来家，举行婚礼，两家合庆，贺客盈门，甚为隆重。称正日。下日晨，送亲船队将离坼归去，随元偕承宗再上舟拜见赵家诸亲长辈，问安告辞。称"三朝回门"。

嫁给杨承宗后，赵随元稳重持家，在背后默默支持着丈夫。

杨承宗曾撰"随元让田"一文，纪念贤惠爱妻，录之如下：

　　1935 年（农历己亥年）春，承基（三弟）与同里镇张芳蓉女士结婚。我特地回家参加婚礼。请假期满，即将回北平。父亲在某天下午在八垛老家书房召集全家各房子女开家庭会议，说是此时全家人最为齐集，故而乘此时候进行"分家"。

　　分家是一般大家庭中极重要的举动。分家指大家庭的父老长辈将其多年辛勤劳动积蓄的动产及置业的不动产（主要是后者）分赠下辈子女自立门户的一种程序。有些人家还要进行庆祝仪式以资纪念。但是为了个人利益，小辈们往往进行争吵，闹得大家不合。因此，循旧俗，分家之时必须邀请母家娘舅参加，以示公正。我家母亲早故，外祖父及母舅也已逝去，外家已无人能参加我们大家庭的分家事务，故一切皆由父亲做主。事实上我祖父分给父亲的祖业不过沈家港的旧屋三间，租田三亩，父亲组织的大家庭几乎都是他个人白手起家，任何亲戚对此次分家是并无如何发言权利的。

　　当此之时，父亲事业大致处于顶峰，处于极盛将衰之际。自母亲、二姐锦心去世老家经受莫大打击以后，父亲调整心态，努力经营工商业活动，各方赞誉不绝；自从随元入门，内外平和，家粹、家成相继出世，祖父取名见义，可见兴致非常。芳蓉嫁来的时候，父亲的事业可能达到最高点。

　　于是，找了个吉日，父亲召集全部子女，开了我所知道的唯一一次家庭会议，正式分家。主席当然是父亲，出席的有大姐杨鸣盛，大哥承祖，大嫂金瑞珍，我和随元，承基和张芳蓉，和幼弟承业。可能还有证人钱志俭或杨敏叔，记不清了，好在有分家契书为证。

　　众人到齐。

　　我父出生农家，幼年境遇困难。我还是从随元口中得知一些情况。日寇侵华时，随元陪伴芳蓉到沈家港老家逃难及养病，从老邻居听说我祖父去世之时，只传下三亩饭田还是租来的租田。土地是永久的不动产，"火烧不掉，水冲不走"。在农业社会中，世人当然倾心于有田。父亲努力经营稻米行业，积累资金之余，几乎全部用于购置田产，将这些艰辛创业的田契房屋分赠子女，在分家会上每个成员的心态十分复杂。

父亲说明分家原则：大致按五份半分配：父亲自己，哥哥，我，承基和承业兄弟四人各得一份；姐姐未嫁，得半份；另有长子田若干，归哥哥；长孙田少许，给家成，由我代管；父亲自留一份供养老所需。

父亲的分家原则通情达理，自是权威，大家认同，情况平静，严肃，无人发言。

沉寂中，随元发言，和往常说话一样简明诚恳：

"谢谢父亲的赠与，我们承宗大学毕业已经费了父亲不少钱，哥哥未上大学，两位弟弟尚在求学，故我们应该接受最少最差的那份产业；我们将自己成家立业，父亲给的产业将来传给我们的子女作纪念；谢谢父亲给家成长孙田，不要为好；我们愿意不住老家，故而不要求分得房产。"

父亲显然很高兴，嘴边挂着微笑，空气立刻缓和。我记得无其他人发言。

在首让精神下，分家会议顺利进行。我小家分到的田最少，最差。哥哥分得最多，长房长子应该如此，大家同意。

我早先隐约知道分家事，但并未与随元商量，我自然十分惊讶她的大度和言语得体。随元少女时就读吴江城内爱德女学。随元告我：校旁居住着老校长乡学钱自严，钱老先生曾在自家园内造过几间简单平房。好事者问何故如此简陋，老先生说：房屋只要能供我一代居住即可，子女有志气有出息，他们自会造大屋，反之子女不肖，最好的房屋也留不住。

随元自幼立志自信，奋发图强。不要非理之财，常言身宽不如心宽，从来不受不劳之获，宁守清寒，洁身自好。我父亲深爱媳妇之明大义，十分喜爱随元。于是数月之后亲送随元、家粹和家成两儿到北平，和我团聚。铭刻铜砚可证。

是的，万事要讲道理。兄弟姐妹之间，理更应互相谦让。

自己创造才算光荣。按旧俗父亲分家给的虽是合理，但总是前人赐予，不如手创光彩。

每人谦让一些，就不会有争夺，世界太平。

我父亲有一块竹刻的笔筒，铭曰："不爱荣华富贵，但愿子孙圣贤。"

父亲喜欢这位媳妇是有其原因的。愿以此铭置诸座右。

这段记述生动展现了赵随元的通情达理、富有谦让之心，而杨承宗对爱妻言行的赞赏也反映出他豁达开朗的人生境界。

两 年 奔 波

1932 年，杨承宗从大同大学毕业时，日军已经占领上海的江湾、闸北一带，社会动荡，工作难找。起初大同大学校长曹惠群[①]介绍他到上海爱国女学[②]任教。杨承宗给高中生上数理化课程，颇受学生欢迎，也有女生私下相送小礼品。不久，因父亲囿于传统观念，反对年轻的儿子在这样一所女子大学教书，便与儿媳商量，要求杨承宗可否不要在爱国女中教书，回八圻继承祖业。赵随元应答十分婉转，杨承宗知道后态度倒很坚决，说喜欢教书，不喜做商人，不去爱国女中可以，但也不留八圻做事。丈夫的心志正中赵随元的思想，她家三代以来，均以教书育人为业，蜗居大宅院从不是她的志向。此后，父亲遂不再提及此事。

1933 年秋，杨承宗经朋友戴恺生介绍，转到上海真如暨南大学物理系

---

① 曹惠群（1885-?），字梁厦，江苏宜兴人，大同大学主要领导人之一，著名化学家。大学毕业于英国伯明翰大学理学，回国后曾任复旦公学化学教授。1928 年继胡敦复之后任大同大学第二任校长。他办学认真、治校有方，任期内大同大学校誉陡升。

② 爱国女学由蔡元培 1902 年创办于上海，1956 年改为公立学校，更名为爱国女子中学，后又更名为爱国中学。

任助教。不到半年，暨南大学在国民党"CC 系"的策动下，发生驱逐校长郑洪年风潮。在混乱中，国民政府派来了高等教育司司长沈鹏飞，以调停为名接任了校长职务。暨南大学在沈接任校长期间变得十分混乱，党派斗争日益白热化，正常的校园秩序难以维持。眼看无法继续教学，杨承宗只得离开了这里。

随后曹惠群又介绍他到安庆的安徽省立第一高等工业职业学校任理化教员。待遇不错，月薪为一百多块大洋，只是欠薪严重。杨承宗在这里教了半年书，暑期在家接到学校通知，校内课程调整不需要再去教了，只能再换工作。

1934 年夏，曹惠群说国立北平研究院物理镭学研究所有份工作可以去，杨承宗觉得是个机会，当时就答应了。1934 年 9 月，杨承宗同妻子赵随元告别后，只身登上了开往北平的列车。

第二章
结缘放射化学

杨承宗于 1934 年秋来到国立北平研究院镭学研究所，跟随刚刚回国的郑大章学习放射化学，从此与放射化学结缘。

新奇的学科

十九世纪末至二十世纪初是物理学和化学发展史上的一个突破期，人们对物质结构的认识开始深入到原子内部。1896 年发现的放射性现象引起了许多物理学家和化学家的重视，新的研究成果不断涌现。而要解决放射学中繁多而又复杂的各种物理问题，如果不预先将放射性物质分离为放射性纯的状态，不预先确定它们的化学性质、彼此之间存在的复杂的子母体关系等，无疑是不可能的。那么，发展一种特殊的化学研究方法就成为历史的必然。

放射学由此出现了两种独立的研究方向。一种是从纯物理的角度，研究原子不稳定性的原因以及放射性射线的成分和性质，这方面的发展导致了核物理学的出现。另一种是把放射性物质及其转变产物的化学性质作为首要研究对象，这方面的发展导致了放射化学的诞生。

1895 年末，德国物理学家伦琴（W. Röntgen）在观察克鲁克斯管的高压放电现象时发现了 X 射线。某些物理学家根据 X 射线和荧光在克鲁克斯管中同时出现的表面现象，一度曾武断地认为 X 射线是由荧光所产生的。这种看法引导了法国物理学家贝克勒尔（H. Becquerel）等进一步去研究荧光物质能否产生 X 射线的问题。1896 年 2 月，贝克勒尔将能够发出强烈荧光的硫酸铀酰钾复盐 [$K_2UO_2(SO_4)_2 \cdot 2H_2O$] 放在包着黑纸的感光胶片上，发现即使在未经日光暴晒而又不至于发生荧光的条件下，感光片仍有强烈的感光。后来他进一步发现所有铀的盐类化合物，虽不经紫外光照射，也都能使感光片感光，而且感光能力以纯铀最强。贝克勒尔称之为铀光。

居里夫人（Mary Curie）对贝克勒尔的发现十分关注。为了寻找放射性的来源，她创制了测量放射性的专门仪器，对各种物质的放射性进行了定量研究。结果发现铀的放射性强度取决于样品中的铀含量，钍及钍的化合物也有类似的放射现象。于是，居里夫人提出了放射现象是一种特有的原子现象的重要概念，理由是铀和钍发出的射线仅取决于原子的性质，而与其化合物的组成无关。后来，她将物质的这种特性命名为"放射性"（radioactivity）。

1898 年，居里夫人通过实验又取得了一项极为重要的发现：沥青铀矿（天然铀矿物）的放射性为相应数量金属铀的四倍；铜铀云母的放射性则为相应数量的金属铀的二倍；用人工制成的铜铀云母的放射性仅与含铀量成正比。于是她推测沥青铀矿中应含有微量的、放射性更强的其他元素。她和丈夫皮埃尔（Pierre Curie）分离出沥青铀矿中所有的元素，并逐个地测量其放射性强度，发现最高的强度浓集在铋和钡的化合物中。居里夫妇采用分级沉淀和分级结晶的方法将放射性物质从中分离出来。这两种具有放射性的新元素就是钋和镭。

钋和镭的发现确立了放射化学的一些基本特征，如运用载体、低浓度和微量等，是这门新生学科的真正起点。居里夫妇在整个分离过程中所用的基本方法——通过测量放射性来确定大量其他元素中微量放射性元素的去向，并根据放射性的行踪来判断该元素的某些化学性质，成为一套新奇的"放射化学方法"被确立下来。至今，这种方法仍然被众多的放射化学家使用。

镭被发现之后，由于其在医学和工业中的广泛应用前景，许多国家开始大力投资于镭工业，并建立了为之服务的镭学研究所，从而推动了放射性元素的研究工作。然而，随着新的放射性元素不断被发现，矛盾出现了。一方面，这些新发现的"元素"在数量上超过了门捷列夫元素周期表中留下的空位。按照传统的观点，一个空格只能填入一种元素。另一方面，科学家发现这些新的放射性元素相互之间既不能用化学方法分开，也不能与某些天然的非放射性元素分开。为解释这些"不合情理"的现象，英国物理学家索迪（F. Soddy）于 1911 年引入了"同位素"（Isotope）的概念，认为它们的化学性质相同而放射性质不同，归属于同一个元素，在周期表中占同一个位置。[①]

同位素的概念对放射化学的发展有很重要的影响。1912 年，匈牙利化学家赫维西（G. Hevesy）等用二十多种化学方法试图从铅元素中分离出铅 -210（当时称镭 D）。几经失败后，赫维西反过来利用同位素之间难以分离的特点，用铅 -210 作指示剂，成功研究了铅在多种化学反应中的行为，从而创立了放射性示踪方法。1913 年，索迪和美国放射化学家法扬斯（K. Fajans）彼此独立地提出了放射性位移定律。这使得天然放射性元素按其衰变关系联结成为一个整体，有力地推动了三个天然放射系（钍系、铀系和锕系）的建立。

在此期间，放射化学开始作为一门独立的学科受到学术界认同。1910 年，卡麦隆（Cameron）首次提出了"放射化学"（Radiochemistry）这一专有术语，他将之定义为研究放射性元素及其衰变产物的性质和属性的一门学科。[②]

总体而言，诞生初期的放射化学，其研究方向主要集中在两个方面。一是致力于发现天然放射性元素及其同位素，并研究它们的化学物理性质。在居里夫妇发现钋和镭之后，1899 年法国化学家德比尔纳（A. L. Debierne）发现了锕，1905 年德国放射化学家哈恩（O. Hahn）发现了射

---

① （苏）A. K. 拉弗鲁希娜：《核化学的成就》。吕小敏译。北京：科学出版社，1962 年，第 5 页。

② （苏）H. 涅斯米扬诺夫：《放射化学》。何建玉、魏连生、赵月民译。北京：原子能出版社，1985 年，绪论。

钍和新钍，1917 年哈恩、索迪、克兰斯登（J. Cranston）等发现了镁。这段时期内，共有五种新的放射性元素（钋、镭、氡、锕、镁）及四十种天然放射性同位素被发现。二是致力于放射性元素在低浓度状态下的物理化学行为的研究。1913 年，法扬斯和潘聂特（F. Paneth）建立了天然放射性元素及其同位素在共沉淀过程中的一般规律。苏联放射化学奠基者赫洛宾（V. Khlopin）及哈恩向前推进了一步，由定性的研究放射性元素在共沉淀过程中的行为，转向建立基本的定量规律。哈恩共沉淀规则与赫洛宾定律在 1924 年问世。

可以说，卡麦隆所下的定义恰如其分地反映了放射化学发展初期的研究对象和内容。后来人工放射性现象的发现，则将放射化学从狭小的天然放射性元素领域内解脱出来，令其研究内容大大延伸。

中子发现后不久，伊莲娜·约里奥–居里（Irène Joliot-Curie，居里夫人的长女）和丈夫弗雷德里克（Frédéric Joliot-Curie）在 1934 年用钋源照射铝箔时，发现这个核反应除了产生中子之外，还发射出正电子。照射结束后的短时间内，铝箔仍然保留着正电子放射性，并遵循放射性衰变规律。约里奥–居里夫妇认为新的放射性应该是核反应的一个产物：

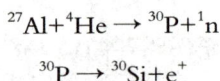

$$^{27}Al + {}^{4}He \rightarrow {}^{30}P + {}^{1}n$$
$$^{30}P \rightarrow {}^{30}Si + e^{+}$$

正电子可能是 ^{30}P 产生的。为了证明这个推断，他们把照射过的铝箔溶于盐酸，用排水集气法将反应产生的气体收集在一个试管中。测量结果显示放射性集中于气相，表明微量的放射性气体 PH_3 被氢气载带，从而证实了发出正电子的 ^{30}P 是一种人工获得的放射性同位素。[1] 约里奥–居里夫妇用化学的方法证实了人工放射性，这是人工核反应化学方面最早的工作。

人工放射性的发现是二十世纪最重要的科学发现之一，标志着人工制备放射性核素的开端。这一发现大大弥补了天然放射性元素的不足，为放

---

[1]　祝霖主编：《放射化学》。北京：原子能出版社，1985 年，第 7-8 页。

射性同位素在国民经济各部门中的广泛应用开辟了广阔路径。同时，回旋加速器的出现与镭－铍中子源的普及，也为制取大量的新同位素创造了前提。随后的几年中，世界各大实验室掀起了人工放射性研究的热潮，新的核反应和放射性同位素不断涌现。

郑大章先生

当放射化学在国际上蓬勃发展的时候，国内对于这门新兴的学科尚处于一无所知的状态。国内几乎所有的教科书都没有涉及放射化学的内容，只有一本著名的物理学教材《普通物理》在最后一章稍微提及了一下"放射性"。由于对放射化学不了解，教材取"radiochemistry"中"radio"的字面之意，将"放射化学"误译为"无线电化学"。其实早在1900年，居里夫人发现镭和钋两种放射性元素的消息就已传入中国。《亚泉杂志》①以"发光原质"为题报道了此事。然而，清政府统治下的旧中国内忧外患，战乱频仍。《亚泉杂志》敏锐的学术报道如昙花一现，难以受到关注。放射化学真正在中国生根，要追溯到1932年成立的国立北平研究院物理镭学研究所（以下简称"镭学所"）。

镭学所于1932年初由国立北平研究院与北平中法大学②合作设立，专门从事放射性方面的研究工作。它是中国在放射学领域的首个研究机构。推动镭学所建立的正是首任所长严济慈③。1929年9月，国立北平研究院正式成立。11月，北平研究院物理学研究所成立。1931年初，从法国留学

---

① 《亚泉杂志》是中国最早的综合性自然科技期刊，创刊于光绪二十六年十月初八（1900年11月29日），至1901年6月9日停刊。每月发行两期，由上海商务印书馆印刷，内容包括数理化农工诸学科。杂志创办人杜亚泉担任主编。

② 中法大学是由吴稚晖、李煜瀛、蔡元培等在1920年创建的一所私立大学，虽然办学经费有一部分来自法国庚子赔款，但是北平中法大学并非由中法合办。

③ 严济慈（1901-1996），浙江东阳人，物理学家、教育家，中国科学院院士，中国现代物理学研究的开创人之一。曾任北平研究院物理研究所所长兼镭学研究所所长、中国科学院副院长、中国科学技术大学校长、全国人大常委会副委员长、中国物理学会理事长等职。

归来的严济慈被聘为该所专职研究员兼主任（即所长）。严济慈在法国期间曾与居里夫人有过多次交往。1929 年，他在居里实验室帮助居里夫人安装调试过一架新购置的显微光度计，并做了一些测量研究工作。居里夫人在得知严济慈即将回国时，表示愿意赠送一些放射性氯化铅等，以支持他在中国开展放射学研究工作。严济慈出任物理所所长后，于 1931 年 3 月31 日给居里夫人写了一封信，请她指导购买标准含镭盐和请教如何更好地开展放射学研究等问题，并介绍了将在晚些时候筹建一个镭学研究所的打算。信文如下：[①]

　　亲爱的老师：

　　　　回到中国，我被任命为国立北平研究院物理所所长。

　　　　由于北平的大气条件比上海好，我们决定在这里建立一个放射性实验室。我们已订购一些测定仪器。我的工作将从检测我国的放射性矿物和热泉开始起步。

　　　　我请求您答应给我们提供一种含镭的盐（含镭的氧化钡碳酸盐）的样品。我们已放了一笔钱在郑大章先生那里，将由他与您结算这笔款项。我已请求郑先生作我们研究院在国外的合作者之一。

　　　　在我回国前，老师曾表示愿给我们提供少量放射铅，现在能否给我寄来，同时还有含镭的氧化钡碳酸盐？

　　　　中法赔款委员会决定给我们提供 100mg 的天然镭。我荣幸地请求您在具体操作上给我们以指导。

　　　　要进行常规的测定项目，必需要有多大体积的镭？实验管柱里面镭的数量是多少？

　　　　对于像我们这样的放射性实验室，100mg 的镭的最佳放置方法是什么？

　　　　我已拟定了一个按其用途加以控制这 100mg 镭的分配方案，请您给我具体指出对下面这个方案应做哪些适应的修改：

---

① 严济慈：《严济慈：法兰西情书——爱国·爱家·爱人》。北京：解放军出版社，2002 年，第 299-300 页。

两个 $RaSO_4$ 或 $RaBr_2$ 管，每个管放 lmg 镭元素；

两个 $RaSO_4$ 或 $RaBr_2$ 管，每个管放 5mg 镭元素，作为我们的第二标准；

一个 $RaSO_4$ 或 $RaBr_2$ 管，放 10mg 镭元素；

一个 $RaSO_4$ 或 $RaBr_2$ 管，放 38mg 镭元素；

两个 $RaSO_4$ 或 $RaBr_2$ 管，每个放 50mg 镭元素。

国立北平研究院本着科学的和人道主义的宗旨，重视镭和放射性研究，我们打算稍后建立一个致力于这一目标的镭研究所。亲爱的老师，我们相信您会毫不犹豫地支援我们。

亲爱的老师，请接受我的衷心感谢和崇高敬意。

严济慈

居里夫人在 7 月 27 日的回信中给予了一些专业性的指导，并祝愿筹建中的放射学实验室能够旗开得胜。信的全文如下：[①]

亲爱的严先生：

我相信您已经收到了 6 月 1 日我给您寄去的那种含镭的盐的样品和放射性氯化铅。这是您 3 月 31 日来信中所要求的。

关于您向我提出的那些问题，在镭的分配上我很难给您以确切的指导，因为这要取决于您将来使用镭的条件。即使如您所说不存在可溶性的问题，我也提不出特殊理由宁可买镭盐而不买放射性氯化铅。我还得指出，在碱溶液里面，硫酸盐能变成可溶盐，镭的回收率也总是很低的，因此需要用碱性碳酸盐对这种硫酸盐加以处理。所以，与其买这种硫酸盐型的镭盐然后又不得不把它转换成溶液，还不如不买它。

您如果把两个各 50mg 的镭溶液合并成 100mg 的溶液，可能更好一些。这也许会使您能在一次提取试验中获得数量更多的镭。

---

① 严济慈：《严济慈：法兰西情书——爱国·爱家·爱人》。北京：解放军出版社，2002 年，第 300−301 页。

收到国立北平研究院放射性实验室成立的好消息，我感到很高兴。我祝愿贵实验室的工作有个成功的开端，并在不久的将来成为一所重要的镭研究所，这正如您来信中所表达的期望。

亲爱的严先生，请接受我最美好的祝愿。

玛丽·居里

在严济慈的积极推动和居里夫人的热情帮助下，一年后镭学所组建成立，所址位于北平东皇城根 42 号。

成立最初的两年内，镭学所开展的主要是放射性物理方面的研究工作，放射化学的工作则因缺乏专门人才迟迟未能展开。严济慈遂积极联系巴黎大学的同学郑大章回国。

郑大章字孟文，1904 年生于安徽合肥肥东乡。祖父郑国魁系淮军名将。父亲郑伯衡民国初年曾任内政部长和吉林省省长。郑大章少时在苏州、合肥、南京、上海、天津等地生活。继随父迁居北京，入北京师范大学附属中学就读，考试经常名列前茅。郑伯衡赞许："此子读书，颇知用心，乃吾家千里驹也。"[1] 1920 年高中毕业后，郑大章随即被公选到法国留学深造。

1921 年，郑大章进法国蒙塔尔纪中学修法语。1922 年被巴黎大学理学院录取。巴黎大学的学位制度十分严格，每门课程均须笔试和实验课考试，数学则以繁复的应用题代替实验，最后面试答辩通过，才算合格。每通过一门考试，即颁发对应的文凭，获得三课文凭即授予硕士学位。

1924 年，郑大章获得普通化学文凭后，又相继获得普通数学文凭和物理文凭，进而获得了理学硕士学位。法国学生一般约三年可以获得硕士，但他们所选课程大多呈"深浅直系，非广博之横系"，而郑大章所选三科正是理科最广博最基础之所在，为他以后在物理、化学领域的研究打下了坚实基础。

1930 年 5 月，郑大章获得中法大学协会奖学金。该协会致信居里夫

---

① 刘缉之：忆中国镭学创始人郑大章博士.《江淮文史》，1995（02）：114-115。

人，向居里夫人介绍他在巴黎大学的学习和工作情况等，推荐他到巴黎大学镭学研究所深造。于是，郑大章有幸成为了居里夫人亲授放射化学的首位也是唯一一位中国学生。在居里夫人的指导下，郑大章不断取得科研成果，先后有三篇论文发表在《法国国家科学院院报》上。1933 年 12 月 21 日，郑大章的博士论文《放射性矿物中镁铀比的稳定性研究》答辩在巴黎大学理学院举行，居里夫人亲自担任答辩委员会主席。论文答辩委员会决定予以通过，并给予最优秀的等级，宣布郑大章获得法国国家理学博士学位（法国博士学位分国家博士、科学院博士和大学博士三个等级，以国家科学博士为最优）。[①] 据郑的同乡刘缉之（彼时在里昂中法大学就读）回忆："郑埋首苦干，成绩优异，深得居里夫人器重……博士论文答辩时，在法国人中间，竟名列第一，法国报纸感到惊奇而又盛赞之。"[②]

1934 年 2 月，郑大章回到了阔别多年的祖国，同行的还有萧晚滨女士。萧晚滨原籍湖南长沙，由重庆大学前往法国学习数学。萧女士曾从郑大章补习数学，爱慕其学识，遂结成夫妻。蒋介石对郑大章十分赏识，得知郑回国后亲自召见了他，并专门拨出一笔可观的经费让其休息数月后再工作。[③] 在苏州老家住了一段时

图 2-1　1934 年杨承宗（右一）与郑大章（右二）等师友在一起（杨家翔供图）

---

① 李艳平：郑大章在巴黎大学镭研究所。《科学文化评论》，2011，8（02）：30-35。

② 郭保章：中国放射化学的奠基人郑大章。《中国科技史料》，1997（03）：32-35。

③ 刘缉之、郑焕东：郑大章。见：中国人民政治协商会议合肥市委员会文史资料研究委员会：《合肥文史资料》第五辑《合肥人物》。1988 年，第 149-150 页。

间后，郑大章即转到北平，担任镭学所研究员、副所长。是年夏天，郑大章与萧晚滨在中山公园著名的"来今雨轩"举行了婚礼。

　　杨承宗到达北平之时，郑大章回国不久。起初杨承宗住在镭学所旁边的一座四合院里。这座四合院过去曾是贝勒府，五人间的宿舍是一间厢房，很宽敞。五张床一溜排开，中间放置一张长桌子。五个来自天南海北的年轻人，经常在一起高谈阔论。非常值得一提的是，这间小厢房里走出了三位大名鼎鼎的科学家。除了杨承宗之外，一位是后来成为中国地质学权威的翁文波[①]，一位是中国应用光学事业的先驱之一方声恒[②]。翁文波毕业于清华大学，熟悉老北京的掌故，经常在宿舍里给长在南方的室友们讲京城的各种风俗地理饮食传说。

　　没过多久，杨承宗向严济慈所长报了到，成为镭学所的一名助理研究员。1934 年秋，在日益逼近的战争阴影下，杨承宗开始跟随郑大章学习放射化学。郑大章不仅从居里夫人那里学到了精深的放射化学知识，更秉承了居里实验室求实的科学态度和诲人不倦的师德。他治学严谨、为人正直，非常赏识和喜爱这位善于思考、勤于钻研的新学生。

从"无"到"有"

　　虽然顶着研究所的名头，但此时的镭学所实际上只有三个人：两个"领导"是严济慈和郑大章，一个"兵"是杨承宗。所内的主要设备有几种静电计、石英压电发生器和不同类型的电离室。放射样品仅有 59 毫居里的镭 –226 针、2 毫居里的溴化镭 –226、约 1 毫居里的镭 –228 及来自刚果

---

　　① 翁文波（1912–1994），浙江鄞县人，地球物理学、石油地质学家，中国科学院院士，中国石油测井、石油地球物理勘探技术、石油地球化学的创始人。曾任石油科学研究院副院长、研究员，中国地球物理学会理事长。

　　② 方声恒（1911–1978），上海人，1938 年获麻省理工学院硕士学位，1953 年起任台湾大学物理系教授。他是国民党前主席连战夫人连方瑀的父亲。

的沥青铀矿石（约 10 千克）[①] 等。另外还有严济慈从法国带回来的 1904—1919 年的全套《物理与镭学杂志》（*Journal de Physique et le Radium*），以及居里夫人送给严济慈的少量放射性氯化铅。

回国之前，郑大章原希望未来能够展开既具有国际水平，又带有地区特点的科学研究工作。面对眼前非常有限的研究条件，只能一切从头做起，寻找一些能够开展的研究课题。用严济慈的话说，那就是"能做出结果，写成论文，在国际有地位的杂志上发表出来，就是最大的收获，也是唯一的希冀。"

在当时的国内要进行放射化学研究，唯有从天然放射性元素开始，因而镭学所的第一项工作便是探寻铀矿。郑大章以捷克育新斯泰铀矿附近的温泉水中含有异常高浓度的氡[②]为借鉴，在全国各地广集温泉水，测定其中氡的浓度。1934 年 11 月，郑大章以镭学所的名义向各地机关学校征集泉样。由于路远费时，半年多时间里先后运到北平的十几份样品放射性已经消失，大都失去了测量价值。1935 年，郑大章和杨承宗测定了北京西山小汤山温泉的放射性，其成果"西山温泉水所含氡量之测定"载于《北平研究院物理学研究所丛刊》第二卷第二十三号。

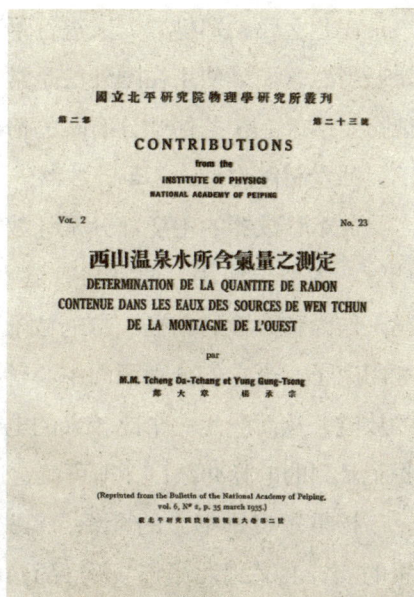

图 2-2　杨承宗公开发表的第一篇论文

[①]　这是中国从外国进口的第一个放射源。据杨承宗回忆，现今的刚果（金）当时是比利时的殖民地，叫"比属刚果"，盛产铀矿。1935 年，郑大章通过比利时驻中国使馆要了 10 千克铀矿石。这是非常好的实物标本，是经过许多地质年才形成的很难得的地矿标本，他们一直不舍得用。抗战时郑大章和杨搬到上海，这个放射源和当时从北平市场上买到的几瓶硝酸铀酰都留在了北平。后来杨承宗在中国科大讲授放射化学、无机化学课时，还用它做标本。参见杨承宗口述、边东子整理：《从居里实验室走来——杨承宗口述自传》。长沙：湖南教育出版社，2012 年，第 15 页。

[②]　温泉泉水中常常溶有微量氡气，氡是铀的子体，故氡含量高的泉水附近往往存在铀矿。

由于未能如愿找到铀矿，郑杨二人只能根据所内现有的放射性样品，进行一些实验工作。利用居里夫人赠予的二氯化铅制得钋放射源后，郑大章指导杨承宗运用荧光法做了钋的放射性实验。二十世纪初，卢瑟福（E. Rutherford）在进行 α 粒子散射实验时发现， α 粒子经过金箔发生散射后，打在荧光粉制作的光屏上会发出闪光。卢瑟福等人借助显微镜，在暗室中用肉眼观测闪光次数来统计射线粒子的数目。尽管现在看来十分原始，但是荧光法在科学家探秘原子结构的早期研究中发挥了重要作用。杨承宗用郑大章从法国带回的荧光粉，自制了一个简易的荧光屏。在暗室中将钋源置于荧光屏下方，很快就从显微镜里看到了点点绿光。这是中国首次 α 粒子散射实验。

在此之后，郑杨二人又进行了另外一项课题：铀同位素分子比值的测定。当然，如果使用在国外已是常见测量工具的盖革计数器[①]，很容易就能得到结果。在条件十分有限的情况下，为保证实验的准确，只能因陋就简，独立制作简易的盖革计数器。

盖革计数器的主要部分是计数管。它是一个装有两个电极的密闭的玻璃管。为便于使用，通常将管壁当作阴极；管的轴心部装有一根细的钨丝，作为计数管的阳极。带电粒子进入计数管以后，瞬间会产生大量电子和阳离子，当它们分别涌向中心丝和阴极板时，计数器便会发生一次短暂的放电，从而产生一个比较大的电信号，并在电路中获得一个电脉冲。依据记录到的电脉冲数目，即可确定进入管中的粒子个数。

杨承宗根据书上的介绍，首先制作出计数管，阳极使用的是留声机里的唱针。又到北平市场购买了 10 个 100 伏的电池箱，在两极之间加以1000 伏的电压。最后，为记录电脉冲数目，他设计了巧妙的专用电路，将每一次产生的电脉冲通过放大器传至喇叭，根据声音来判断粒子个数。通过自制的盖革计数器，他们测出了铀的两种同位素铀 −238、铀 −235 以

---

① 一种专门探测电离辐射（ α 粒子、 β 粒子、 γ 射线和 X 射线）强度的记数仪器。1908年，德国物理学家盖革（Hans Wilhelm Geiger，1882–1945）首次研制出新型计数器。1928 年，盖革和德国物理学家米勒（E. Walther Muller，1905–1979）改进了设计。该计数器最终被称为盖革 −米勒计数器（Geiger−Müller counter），简称盖革计数器。

及二者的比例。其实，铀同位素之间的比例，国际上早已测出，绝大部分是铀-238。虽然只是重复国外学者做过的实验，但是这让杨承宗对放射化学有了更深的认识，动手能力也提高了很多。

这项研究持续时间很长，到1936年初才结束。这段时期内，镭学所又来了一名青年学者，名叫李铣，毕业于中法大学。郑大章的博士论文选题是镁的放射化

图2-3　1935年夏杨承宗在镭学所（杨家翔供图）

学研究，他很想把这项工作深入下去。李铣来所之后，郑大章带领他进行了镁的提取富集、盐酸溶液中硫化物对镁的载带特性等课题，相关成果发表于《法国科学院院报》和《法国化学会会刊》。

然而，好景不长，1935年7月《何梅协定》签订后，北平局势岌岌可危。1936年初，国立北平研究院物理镭学研究所改称中法大学镭学研究所准备南迁上海。在北平工作的一年半时间中，郑大章带领两位初涉放射化学的年轻人取得了不少成果。对于处在起步阶段的中国放射化学来说，这些研究工作无疑具有开拓性的意义。在他们的努力之下，中国放射化学实现了从"无"到"有"的突破。

烽火中的上海

1935 年初秋，杨承宗把分别了一年多的妻子赵随元和长女家粹、长子家成两个孩子接到了北平。一家四口住在东城大佛寺附近的一个二层小楼上。小楼周围都是平房，北平美丽的秋景尽收眼底。杨承宗原本打算长居于此，在北平生活多年的同乡赵汉威改变了他的主意。赵汉威说小楼位置高，墙又薄，北平呼啸的西北风一吹就透，冬日难住，劝杨早迁为好。于是杨承宗搬到了一条小胡同内，在季家小院租了间屋子。就在刚刚搬完家，买了些家具，还没完全安顿好，甚至还没学会如何烧炕的时候，杨承宗知道了镭学所要迁往上海的消息。

1936 年初，严济慈和杨承宗赶赴上海为镭学所寻找一个落脚点。为了安全，地点最后选在法租界内的福开森路（后改称武康路）395 号——一座四层洋楼，这是李石曾等人创办的"世界社"的房产。由于杨承宗长在南方，学在南方，严济慈把筹建新实验室的艰巨任务交给了他。在兵荒马乱、国难当头的年代，建一个实验室谈何容易，更何况几乎要他单枪匹马地去做。但为了科学事业，为了不负严济慈先生所托，杨承宗毅然决然地投入到小楼的"改造"工程中。从房屋改建、采办实验器材和化学药品，到各种物品的搬运装卸，杨承宗一人身兼"设计师""钳工""木工""玻璃工"数职，为建设一座合格的新实验室全力以赴。[①] 新的实验室安顿妥当后，赵承嘏领导的药物研究所也搬了过来，与镭学所同居一楼。

"七七事变"爆发后，日本侵略军占领了北平，在平津地区建立了"华北临时政府"伪政权。华北奸魁王揖唐先后担任伪政权的政府委员、常务委员兼赈济部总长等职。王揖唐是安徽合肥人，与郑大章是同乡，且是郑的舅舅辈。王揖唐为笼络知识分子，就请郑大章出任伪教育部长一

---

① 杨家雷：我的父亲。见：赵良庆主编、吕维纯副主编：《杨承宗教授九十五华诞纪念文集》。合肥：安徽大学出版社，2006 年，第 133 页。

职。爱国的郑大章坚决不跟汉奸合作，但碍于王揖唐是他的长辈，被迫抱病悄悄离开北平，从塘沽上船，赶到上海与杨承宗会合。

但紧接着"八一三事变"爆发，淞沪会战开始，日本人进攻上海，烧杀了一个多月。白天是黑烟，夜晚是战火，夹杂着噼噼啪啪的枪炮声。看到租界外的地方成为一片焦土，国难当头，杨承宗心急如焚而又无可奈何。上海失陷后，由于运输困难，镭学所无法随国民政府西撤，只得暂时留守上海。因严济慈所长身在昆明，上海方面的工作由郑大章和刚刚回国任镭学所专任研究员的陆学善负责。

因地处法租界，镭学所在抗战初期局势非常紧张的情况下，仍能以中法大学的名义继续进行研究工作。在上海的租界内，郑大章和杨承宗利用从北平运来的单丝静电计、几千克硝酸铀酰，以及上海药物研究所提供的几升乙醚，对以前研究工作中的若干实验进行了补充。当时约里奥－居里夫妇刚刚发现人造放射性现象，人们对铀－锕系元素和铀－镭系元素之间有无关系尚不十分清楚。郑大章和杨承宗利用在北平时期自制的盖革计数器，分析并测定了沥青铀矿中镁对铀的放射性比例，证实了铀－锕系对铀－镭系的放射性分枝比值约为 4%。另外，他们从铀盐中分离提取了铀的 β 放射源，并且发现铀对铝箔厚度吸收曲线并不呈指数曲线下降，而是分成若干段的指数曲线，由此发现了 β 射线与周围环境物质相互影响的关系。[①]

由于依靠昆明后方供给的经济来源逐渐断绝，研究经费紧缺，只够水、电、煤气开销，研究人员的基本生活费也得不到保障，每天艰难度日。而此时郑大章因长期奔波，积劳成疾而无力治疗，病情逐渐加重。杨承宗遂护送他去苏州老家养病。郑大章的祖父郑国魁曾跟随李鸿章击溃苏州的太平天国军，为克复苏州立下功劳，因此当地为郑家立了祠堂。来到苏州后，郑大章便寄居在郑家祠堂里。

1941 年 12 月太平洋战争爆发，日本向美英法等国宣战，日军随即占领了法租界，镭学所的研究工作基本上陷于停顿状态。此时的镭学所与昆

---

① 这项研究成果的摘要 1941 年发表在美国《物理评论》(*Physical Review*)，完整论文直到 1946 年才发表在中国《物理学报》。

明后方联系完全断绝，失去经费来源，难以维继。杨承宗一家原来住在法租界台斯德朗路四维村的一个假三层阁楼里。镭学所工资停发后，杨承宗只得带着妻子、家粹、家成和刚出生的二女家雷，举家搬回苏州老家避难，租住在南城滚绣坊巷 93 号的偏院。

回到苏州后，杨承宗不时去看望恩师郑大章。最后一次去看望时，还没有进门就看到祠堂里有人在烧衣包。苏人风俗，人死以后，家属都将死者衣服焚烧。杨承宗见此场面，如雷击顶，悲痛万分。这位可能给中国原子能事业带来突破性发展的科学奇才，竟以壮年之躯殁于战乱贫疾，诚为中国科学界的重大损失。杨承宗泪如泉涌，走进祠堂庄重地行了大礼。

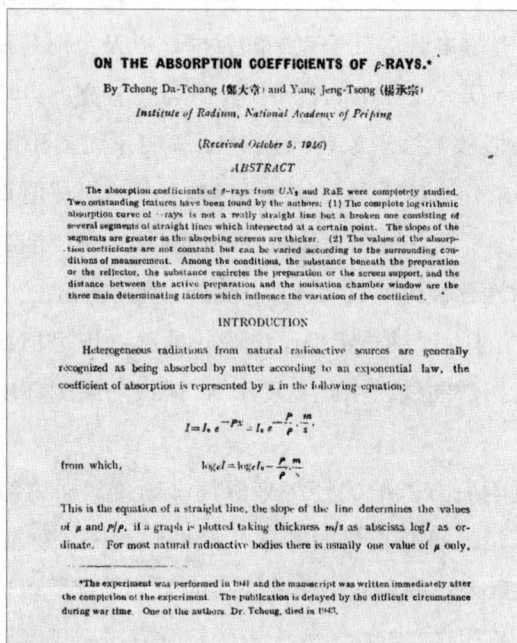

图 2-4　郑大章与杨承宗合作发表的最后一篇论文①

---

①　注释中提及郑大章于 1943 年逝世。关于郑大章的辞世时间有几种说法。一说为 1941 年，见杨承宗所写"郑大章"一文，载于《中国科学技术专家传略·理学编·化学卷 4》。（北京：中国科学技术出版社，2001 年，第 6 页）；吕章申主编的《中国近代留法学者传》，2008 年，第 315 页。另一说为 1944 年 8 月，见《安徽历史名人词典》下，2008 年，第 1157 页；中国人民政治协商会议肥东县委员会文史资料委员会编的《肥东文史资料》，第 3 辑，1990 年，第 30 页。本书倾向于论文注释中提及的 1943 年。

杨承宗终其一生都对郑大章抱有深厚的感情，杨是郑仅有的两位学生之一，郑是杨在放射化学研究上的领路人。师徒二人合作非常默契，发表了不少高水平的学术论文。郑大章因为去世较早，其卓越才干很少被人提及，所以杨承宗一直有心愿，让世人了解郑大章，知晓其人其事。

1943 年，镭学所负责人陆学善与杨承宗商量后，将一小部分实验室租给一位李姓资本家来开办药厂。药厂利用镭学所的水电煤气设备制造葡萄糖针剂等药品，然后每月贴补给镭学所若干经费以资维持。那个时期的上海新药频出，投机商人纷纷开设药厂谋取暴利。其中一个"宇宙药厂"聘请杨承宗担任了化学顾问，不要求做什么具体事情，只挂头衔即可。虽说待遇优渥，第一个月药厂就送来了二百元（旧币）的车马费，但是杨承宗觉得这样做有愧于心，从此就谢绝了。[①]

到 1944 年夏，随着诺曼底登陆战役成功，国际局势日渐明朗。未曾想镭学所却横生了一场波折。6 月 28 日，一群人突然闯进武康路 395 号，声称是行政院副院长褚民谊派来，要接管镭学所。

褚民谊是汪伪政府的几名核心人物之一，早年留学法国，与李石曾一度过从甚密。回国后褚民谊曾负责修建里昂中法大学并主持上海中法工学院，是李石曾在教育界的得力干将。1927 年褚民谊追随汪精卫投日后，最终与支持蒋介石南京政府的李石曾、蔡元培等元老派彻底决裂。1944 年初，追随李石曾多年的褚民谊也想领导学术研究，担任了"恢复国立中央研究院筹备委员会委员长"，想在上海发展医、药两项研究工作。6 月间即开始与赵承嘏接洽，但赵以年老力衰辞之。对于这位资历甚高的留法学者，褚民谊亦不便过于勉强，随即打起了二楼镭学所的主意。

来人为首的是上海特别市卫生局长袁濬昌和上海雷士德医学研究所的侯祥川。袁发言谓奉褚部长命接收镭学所，移交事宜交侯祥川办理。侯祥川将随身带来的"恢复国立中央研究院筹备委员会上海办事处"木牌，钉置在镭学所门首。陆学善和杨承宗心中虽万分不情愿，无奈只得遵照

---

① 杨承宗：汇报（代自传），1968 年 12 月 17 日。手稿复印件，第 5 页。

袁、侯两人所定日期，即日起将镭学所全部仪器图书机械材料整理登记造册。①

7月7日办理移交时，侯祥川多次以名利引诱杨承宗留在镭学所工作。杨承宗极为重视个人气节，加之恩师郑大章的言传身教，因此坚决不与汉奸为伍。拿着签过字的移交名册，杨承宗和陆学善依依不舍地撤离了为之奋斗八年的实验室。离开镭学所后，杨承宗回到家乡苏州，继续整理旧日的工作，同时研修物理和法语。

志 向 放 化

1940 年初，杨承宗在英文《字林西报》（*North China Daily News*）上读到德国放射化学家哈恩发现铀核裂变的消息，受到很大的震动。

核裂变现象的发现经历了一段曲折的漫长历程。许多物理学家与放射化学家为此付出了辛勤努力，其中放射化学的作用尤其突出。1934 年，意大利物理学家费米（E. Fermi）等人系统地研究了周期表中多种元素的核反应，发现绝大多数被中子轰击后的元素都具有 β 放射性，经过 β 衰变后转变成原子序数更高的元素。他们设想用当时周期表中的最后一个元素——92 号铀作为靶材料，经中子轰击和 β 衰变后合成超铀元素，而且按照周期表的位置推算，所得元素应该是锰的同族元素。果然，随后的实验结果表明这种半衰期为 13 分钟的"新元素"可以被二氧化锰沉淀载带。费米随即断定他们发现了"超铀元素"。

这个结论受到了铼的发现者德国女化学家诺达克（I. Noddack）的批评。她指出许多元素的化合物、胶体存在于硝酸溶液中时，都可以被二氧化锰沉淀载带。在此基础上，诺达克提出了"重原子核在中子轰击下会分

---

① 刘晓：赵承嘏与北平研究院药物研究所。《中国科学：生命科学》，2016，46（07）：890-896。

裂成几块碎片"的大胆设想。① 然而，这一具有革命性的科学思想没有受到应有的重视，当时欧洲化学和物理学界的人士依旧沉迷于超铀元素的浓雾之中。

自 1935 年始，哈恩等人反复进行了中子轰击铀的实验，先后认定找到了类铼（93 号）、类锇（94 号）、类铱（95 号）、类铂（96 号）以及类金（97 号）五个"超铀元素"。设想中的核反应过程是铀俘获中子后进行一系列的 β 衰变，每衰变一次，就会得到原子序数增加一位的元素。物理学家也为之提供了有力支持。在当时的原子核理论体系中，像铀这样含有 92 个正电荷的原子核，具有极高的结合能，在低能中子的撞击之下，只能进行整体的衰变。而且，就当时已知的几百个人工核反应来看，几乎所有的反应产物都是同位素或邻近的元素。于是，科学家一度确信他们真的发现了"超铀元素"。

进一步的新发现有力地冲击了这个错误的结论。1938 年，伊·约里奥－居里和塞维奇（P. Suvitch）从铀的照射产物中分离出一种半衰期为 3.5 小时的新放射性核素，它可与镧载体形成共沉淀，化学性质与镧非常相似。一年之后，哈恩又在铀的产物照射中发现了性质与镭十分相似的放射性物质，但其半衰期与已知的镭的同位素都不一致。他认为铀俘获中子后经过两次 α 衰变生成了镭的新同位素镭 –231。为了证实这一点，哈恩等人根据他们在钡镭同晶研究工作中积累的丰富经验，以氯化钡为沉淀载体，采用分级结晶的方法来获取"人工镭"的浓集。令人意外的是，这个经典的方法并未奏效。慎重起见，他们用镭的两种天然同位素镭 –224、镭 –238 检验分级结晶的方法。结果证实该方法没有缺陷，即使当镭的量低至 10- 12μg 时，镭仍能在固相中浓集。哈恩开始对"镭同位素"产生怀疑，继而采用了另外一种核验的方法：如果这个人造元素是 88 号元素镭，则其 β 衰变产物应该是 89 号元素锕；如果它是钡，则对应的 β 衰变产物应该是 57 号元素镧。他们利用锕的天然同位素锕 –228 作指示剂，将其与"镭同位素"的 β 衰变产物混合后，采用居里夫人创立的放射化学方法对锕

① 李虎侯：核裂变——化学逻辑的结论。见：朱清时主编、李虎侯副主编：《杨承宗教授九十华诞纪念文集》。合肥：中国科学技术大学出版社，2000 年，第 310 页。

和镧进行分离。分级结晶时，"镭同位素"的衰变产物保留在镧中。[①] 至此，哈恩确信所谓的"人工镭"并不是镭的同位素，而是钡的新同位素。

铀经中子撞击后可以产生钡的同位素，这虽然与 1939 年之前观测到的核物理学现象不相符合，但是和伊·约里奥－居里等人观察到类似镧的放射性物质的事实是一致的。哈恩认识到铀在中子撞击作用下，分裂成两片质量数相差不大的碎片。不久之后，奥地利女物理学家迈特纳（L. Meitner）和她的侄子弗里施（O. Frisch）对哈恩发现的重要发现作出了正确解释。他们根据玻尔（Bohr）的液滴模型提出铀核发生了裂变，在理论上阐释了裂变现象。

此前萦绕在许多知名物理学家心中的未曾证实的难题，却被放射化学的方法解决了，人类利用原子能的前景渐趋有望。这篇文章深深地触动了杨承宗，使他对放射化学的内涵有了全新的认识。从此，杨承宗萌发出进一步探索、研究放射化学的决心，立志成为一名放射化学家。

抗战胜利后，杨承宗从苏州老家回到上海，重又进入阔别了一年之久的镭学所。收到昆明汇来的几年欠薪后，杨承宗才得知在两年前他已经被提升为副研究员。后来杨出国的船费，就是从这笔欠薪加上在镭学所预支的三个月的工资中凑出的。

在战乱的十余年时间里，郑大章不幸早逝，李锴在抗战初期即奔赴海外，镭学所放射化学的"血脉"只剩下杨承宗一人。在严济慈所长心里，一个计划在酝酿，他想找机会让杨承宗出国留学。有目的地派出青年学者赴海外知名实验室深造，是严济慈从长远培养人才的习惯做法。自从三十年代初进入北平研究院以来，严济慈每年都会接受两三名大学毕业生跟他一起工作。他对这些青年严格训练，放手使用。当这些青年取得好的研究进展，开始表现出独立工作能力的时候，严济慈就把他们推荐到欧美等国的著名实验室或大学进修深造，譬如陆学善、钟盛标、钱三强、钱临照、翁文波、吴学蔺、方声恒等都先后出国深造过。严济慈认为，杨承宗也应如此。

---

① 杨承宗:《放射化学概论》（手稿）。1958 年，第 16–17 页。

1946 年初，严济慈写信给居里实验室主任伊雷娜·约里奥－居里，推荐杨承宗到居里实验室进修。是年夏天，杨承宗收到北平转来的约里奥－居里于 4 月 2 日写的亲笔信，说她支持杨向法国国家科学研究中心申请资助，并表示将高兴地接受他到居里实验室工作。不久，杨承宗收到了法国国家科学研究中心的来信，同意他以研究中心助理研究员（attaché de recherche）的身份进入居里实验室工作。杨承宗随即在上海办理出国手续。当时钱临照也在上海，因为钱曾在中央研究院供职，跟国民政府教育部的人比较熟，杨承宗就请钱帮他办了护照和外汇。

此时的镭学所已更名为"原子学研究所"。显然，受到日本原子弹爆炸的影响，国民政府准备把该所作为今后开展原子能科学研究的专门机构。但是由于缺乏专门的研究人员和必要的仪器设备，改组未能实现，只是建立了一个原子核物理研究室。由于郑大章的离世，而杨承宗又即将赴法国留学，镭学所的放射化学工作只得告一段落。自 1934 年郑大章回国至抗战胜利的十一年时间里，镭学所虽然历经搬迁、战乱，还是在放射化学方面取得了较好的研究成果。据统计，镭学所在这段时期内共发表了十一篇放射化学论文，部分被刊登在 *Physical Review*、*J. Phys Radium* 等国际重要期刊上。[①] 这对于没有任何历史底蕴的中国放射化学来说，是一个非常好的成绩，由此奠定了放射化学在中国起步的基础。

1947 年春节，出国手续都已备齐的杨承宗带着老父和妻小，一起来到上海杨树浦码头。停泊在码头的是战后上海开往法国的第一艘大客轮——"香波利翁号"。因为杨承宗与家人聚少离多，经常是他一人在外，妻子带着孩子留守在苏州乡下。这次远赴异国，杨承宗就想让她和孩子们去看看大轮船。可是这样一个小小的心愿却未能满足。当他上船找到自己的舱位出来，准备接家人上船看看的时候，轮船上的法国工作人员却不许中国人上船了。那时杨承宗只会讲几句简单的法语，没有办法和他们交涉。在中国的领土上，杨承宗想带自己的亲人看看自己住的舱位都不行，他心中的遗憾与感慨可想而知。

---

① 张逢、胡化凯：北平研究院镭学研究所的研究工作（1932–1948 年）.《中国科技史杂志》，2006（4）：318–329。

上船一两个小时之后，船就开了，渐渐地驶出吴淞口，驶向辽阔的大海。回头望去，海岸边连绵起伏的山脉和高高低低的礁石，祖国离自己越来越远，杨承宗感慨万千。多年后他回忆道：

> 左舷全部是海，已经看不到海岸线了，右舷还可以看到海岸，我就坐在轮船的右舷，从舷窗里远远地，一直望着陆地，因为这样总感觉还是在祖国的身旁，有点倚靠。我也才知道了浙江和福建的沿海都是山，还有许多高高低低的礁石，可以当做天然屏障，中国的军民利用它们打击从海上来的侵略者。我曾经在浙江海宁看过钱塘潮，那时还以为海岸都是像海宁那样用石头砌的整整齐齐的。小时候没有见过世面，到这时候才有机会看到真正的大海和海岸。人生也是这样，见的世面多，才能开阔眼界，对世界有个正确、全面的认识。①

"香波利翁号"从上海出发，途经马六甲海峡、印度洋、红海、苏伊士运河、地中海、西西里海峡，在海上航行了四十二天之后，最终抵达目的地法国马赛港。而巴黎的居里实验室，正静静地等待着杨承宗的到来。

---

① 杨承宗口述、边东子整理：《从居里实验室走来——杨承宗口述自传》。长沙：湖南教育出版社，2012年，第35页。

第三章
巴黎求学

走进居里实验室

抵达法国后，杨承宗在马赛住了一晚，第二日即坐火车来到巴黎，在米歇尔大街的一个旅馆里落了脚。钱三强闻讯后很快赶来接他。同为严济慈的高徒，师兄弟在异国相见，格外亲切。1937 年，钱三强在严济慈的引介下来到居里实验室攻读博士学位，1940 年获法国国家博士学位。彼时钱三强在法国的物理学界已开始崭露头角，他通过测量各种裂变类型径迹（普通的二分裂径迹和稀有的三分裂、四分裂径迹），然后求得它们出现的概率，每个碎片的发射方向，以及各自的能量和质量等，在裂变反应机理的研究方面取得了多项成果。与杨承宗见面不久前，他还与何泽慧合作，在美国《物理评论》杂志发表了"铀核的新的裂变过程"（On the New Fission Pineesses of Uranium Nuclei）。[①]

----

① 葛能全编著：《钱三强年谱》。济南：山东友谊出版社，2002 年，第 47 页。

图 3-1　1947 年与钱三强、何泽慧夫妇在巴黎游览（杨承宗摄，杨家翔供图）

　　学术水平虽然日益精进，留法近十年的钱三强却因"二战"时期法国的沦陷尝尽了生活的苦难。于是就发生了有趣的一幕：杨承宗把在塞得港买到的巴勒斯坦橙子拿出来给钱三强吃。看到这些金灿灿的橙子，钱三强感到无比的惊讶，已经好多年没有见过这么大、这么好、这么多的橙子了。他先是用报纸把没吃完的橙子包起来，继而怕路上行人闻到香味东闻西嗅的影响不好，又脱下外套严严实实地包了一圈才放心。1947 年法国的生活之困难，由此可见一斑。

　　在钱三强的帮助下，杨承宗搬到了巴黎第五区的"邦雄巴黎扬"旅馆，算是安顿下来。没过几天，钱三强就带他来到居里实验室报到。

　　法国的核科学研究起步很早，从发现天然放射性现象的贝克勒尔，到两获诺贝尔奖的居里夫人，涌现了许多第一流的核科学家。而举世闻名的居里实验室正是由居里夫人亲手创建。由于当时的法国科学院思想非常保守，居里夫人成名之后很长时间内也没有一个真正的实验室。直到 1914 年，在居里夫人获得 1903 年度诺贝尔物理学奖的十一年后，法国政府才拨款为她在巴黎大学建造了镭学研究所（居里实验室是镭学研究所的组成部分）。但紧接着第一次世界大战爆发，居里夫人的研究工作就被迫中断了。由于多年积劳，加上早期工作缺少必要防护而受到的放射性损伤，居里夫人身体日益衰弱，最终在 1934 年与世长辞。①

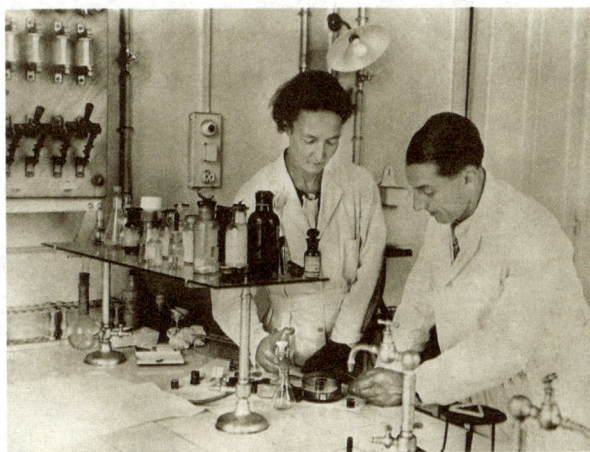

图 3-2　工作中的约里奥－居里夫妇

居里夫人的长女伊莱娜和她的丈夫弗雷德里克·约里奥－居里继承了先辈的事业，夫妇二人通过一系列的杰出工作，使居里实验室在居里夫人逝世后依然在科学界享有崇高的地位。1935 年，约里奥－居里夫妇凭借在合成人工放射性元素方面的杰出工作获得了该年度的诺贝尔化学奖，这也是居里家族第三次获得诺贝尔奖。1937 年，约里奥－居里离开镭学研究所，进入法兰西学院工作。他在那里筹建了一座全新的实验室——核化学实验室，并建立了法国第一台回旋加速器。从这一年起，约里奥－居里开始主持国家科学研究中心原子合成实验室的工作，积极开展原子能反应堆技术的研究。

第二次世界大战的爆发阻断了法国核工业兴起的脚步。尽管法国的核科学研究曾长期处于世界领先地位，但其核武器的研制计划却晚于美苏英三国。法国在战争中遭到德国军队毁灭性打击的血训，使得戴高乐将军在战争刚刚结束就果断决定研制原子弹。1945 年 10 月 18 日，法国原子能委员会（CEA）正式组建成立，由约里奥－居里担任委员会主任。法国核工业的发展由此进入了快车道：1948 年 12 月 15 日，位于巴黎南部沙蒂永堡的第一座重水反应堆 Zoé 达到临界；1949 年，CEA 开始建造乏燃料后处理试验设施，并于同年 11 月 20 日从 Zoé 卸出的乏燃料中首次提取出 4 毫

---

① 钱三强：我和居里实验室。《天津科技》，2004（02）：61-62。

克钚；1956 年，第一座工业规模的钚生产堆 G-1 达到临界，钚年生产能力为 12 千克；1960 年 2 月 13 日，法国首次核试验成功，代号为"蓝色跳鼠"（Gerboise Bleue）。[①]

毫无疑问，矗立在杨承宗面前的居里实验室是当时世界核科学研究的崇高殿堂。在他之前，一共有四位中国留学生曾在居里实验室学习：中国早期核物理的先驱施士元[②]、严济慈、郑大章和钱三强。作为第五位走进居里实验室的中国学生，杨承宗无疑有责任将居里实验室优良的"中国因子"传承下去。因此与居里实验室的主任——约里奥－居里夫人首次会面时，他既兴奋又紧张。

1947 年，约里奥－居里夫人五十岁，修长的身材，宽阔的前额，深邃的目光中闪烁着睿智的光芒。她的外貌非常像她的母亲，性格酷似她的父亲。她衣着简朴，但作风极为严谨；仪表威严，但待人极为谦和。平素不苟言笑，但出语沉稳而亲切，透着热忱与慈爱。

初次会面是短暂的，也是令人难忘的。约里奥－居里夫人穿着一件深褐色的裙服接待了杨承宗。当杨承宗开始自我介绍，说出姓氏还没说名字的时候，热情的居里夫人就接过话来说："噢，你就是郑大章的学生！我们对郑先生，对中国人一向感觉很好。"

在夫人充满好感的话语声中，杨承宗感到自己已经成为了向往已久的居里实验室的一员。他非常激动，甚至有一些受宠若惊。原来严济慈在向约里奥－居里夫人推荐杨承宗时，也给钱三强去信一封，要其就近介绍。从钱三强的口中，约里奥－居里夫人对杨承宗的个人经历和品质已有所了解，特别看重他在抗战期间"守卫"迁至上海的镭学所的顽强精神。约里奥－居里夫妇在法国沦陷时曾是反对纳粹侵略的法兰西抵抗运动的积极分子，故而特别同情爱国者。后来杨承宗从钱三强处知道这个原因时，更加珍惜这次难得的留学机遇，也坚定了不辱使命攀登科学高峰的决心。

① 杨长利主编：《法国核能概况与核燃料循环后段》。北京：中国原子能出版社，2015 年，第 17-19 页

② 施士元（1908-2007），江苏崇明（今属上海市）人，物理学家，居里夫人亲自培养的唯一中国物理学博士。1933 年获理学博士学位后回国，曾任中央大学教授、物理系主任。中华人民共和国成立后历任南京大学教授、核物理教研室主任等职。

摆在面前需要跨越的第一道难关就是语言。年轻时的杨承宗英语不怎么好，用他自己的话来形容就是英语"蹩脚来兮"。至于学习法语，还是1940年他读到核裂变的消息立志钻研放射化学的时候。那时还没有放射化学方面的

图3-3　1947年杨承宗在巴黎家中（杨家翔供图）

专著，只有一些零零碎碎的文章，且多半是法语。杨承宗请教了大同大学的一位姓胡的外语教授。胡教授推荐了一本讲法文语法的书，让他自学。这本书是美国耶鲁大学法语课的教材。自学几个月之后，杨承宗就能看一些法文的文章了。正是这段时间的法语积累，让他在准备出国的时候顺利地从法国领事馆领到了签证，也让他孤身一人乘坐法国的客轮漂洋过海来到巴黎。

但杨承宗心里很清楚，以自己这样"蹩脚"的法语水平来听约里奥－居里夫人讲课，无论如何也说不过去。于是在巴黎的前几个月里，他只待在实验室，如饥似渴地阅读法文书籍。闲暇之余就找实验室的同事攀谈，锻炼自己的口语。在居里实验室民主、平等、好客的氛围中，杨承宗花了短短数月时间便逾越了语言上的障碍。

攀 登 高 峰

自1935年结缘放射化学以来，杨承宗在学术成长之路上已取得了一些初步成果，但始终未能深入窥探这门学科的理论。在镭学所跟随郑大章工

作期间，更多学习的是放射化学实验所需的基本技能。加上十年间纷乱频仍的战火，杨承宗对于放射化学的认识，很大程度还是停留在启蒙阶段。因此在巴黎的前两年中，他主要是选修各种课程，如约里奥－居里夫人主讲的天然放射性元素化学、人工放射性元素化学、核反应化学等，夯实理论基础。

那段时期约里奥－居里夫人忙于原子能委员会的事务而很少到实验室中去，但她并未忘记实验室新来的这位"中国杨"，不时通过助教给杨承宗布置一些科研题目。导师的举措自然是为了让自己尽快熟悉实验室的工作，但杨承宗心里明白，其中多少带有"考核"的意味。这时候，北平时期自制闪烁仪、盖革计数器的经验便派上了用场。

约里奥－居里夫人对杨承宗极强的动手能力非常欣赏，在生活上也给了他很大的帮助。杨承宗的工资是由居里夫人出面，向法国国家科学研究中心申请的。最开始的时候就是每月一万八千法郎。当时巴黎大学助教的薪酬每月是两万法郎，而巴黎的普通公勤人员的标准工资还不到一万法郎，这对于初来乍到的杨承宗，算是一笔相当可观的收入了。

居里实验室有个传统，刚进来的人都没有独立的实验室，做实验要到顶楼阳台的公共实验室。杨承宗来到居里实验室学习工作了两年之后，约里奥－居里夫人把前任实验室主任德比尔纳去世之后留下的实验室钥匙交给了他。杨承宗非常喜欢自己的新实验室。这是一个双开间的套间，房高窗大，里面摆放着大大小小的玻璃器皿和不计其数的试管活塞。有了新实验室后，约里奥－居里夫人亲自指导杨承宗的时间就多了起来，居里实验室其他的学者也常常来此和他交流研究心得。一时间实验室里群贤毕至，高朋满座。从此，杨承宗便安下心来去探索放射化学的前沿领域。凭借自身积累的经验，他将研究目标锁定为放射性元素的离子交换分离法。

离子交换法又称树脂吸附法，是溶液中的某种离子与固体离子交换剂的可交换离子之间的化学置换过程。利用这种置换反应，即可将提取目标与其他杂质分开。在原子能工业发展初期，铀的生产工艺主要是采用化学沉淀法。但是这种方法存在生产工序多、工艺过程繁杂、生产率低、化工材料消耗量大、铀的回收率低等缺点。选择性高的离子交换法很快引起了铀工艺研究人员的重视。1947—1949 年，研究人员进行了以磺酸型阳离子交换树脂吸附铀的尝试，但未获成功。原因在于矿物浸出液中除铀酰离子（UO_2^{2+}）外，还有大量能被交换树脂吸附的其他金属阳离子，因而很难达到纯化与分离的目的。[①]

杨承宗在研究中独辟蹊径，较早发现了铀酰离子在硫酸溶液中以络合阴离子［$UO_2(SO_4)_3$］$^{4-}$的状态存在。在随后的研究中，科技人员很快试制成功了能够高效选择性吸附铀的季铵盐阴离子交换树脂（代号为 Amberlite IRA-400）。1952 年，南非 West Rand 公司建立了世界上第一座采用离子交换工艺提取铀的工厂。由于具有选择性好、应用范围广（清液、矿浆均适用）、交换树脂能循环利用等诸多优点，离子交换法很快便彻底取代沉淀法，成为铀水冶工业的新一代工艺。虽然并无确切史料证明杨承宗是硫酸铀酰络阴离子的首个发现者，但这项发现的确有力推动了铀工业的变革。

得知杨承宗在离子交换法分离放射性元素方面取得了不错的进展，同在居里实验室工作的海辛斯基（Moise Haissinsky）邀请他进行合作研究。海辛斯基是出生在波兰的犹太裔科学家，第二次世界大战时逃亡到法国，此时已

图 3-4　1956 年，杨承宗与海辛斯基在莫斯科重逢

---

① 编写组：《铀水冶基础知识》。北京：原子能出版社，1978 年，第 104 页。

是居里实验室的高级研究员。海杨二人的主要工作是利用离子交换法分离周期表中后面几族（ⅢB、ⅣB、ⅤB、ⅥB族）的元素。他们从镧锕的分离研究做起。

放射性核素的分离是铀裂变产物化学鉴定分析的基础工作，只有将放射性元素分离成纯的状态，才能够准确理解其各种复杂的物理化学行为。当时国际上已提出不少裂变产物的快速分离方法，但对锕的分离还未曾研究。然而该问题对于放射化学的应用和理论研究都具有特殊意义。一方面当时人们尚未成功建立起一种从锕的通常载体中制备天然锕的方法。另一方面，锕的普通化学操作通常与镧一起进行，后者的碱性和离子半径较小一些。但是在分馏结晶的稀土含镁二硝酸盐中，锕并未超过镧，而是置于钕和钐之间。因此，了解这种非正常行为在其他操作环境下如色谱分离中是否会发生非常重要。

锕的发现者是居里实验室前任主任德比尔纳，因此居里实验室就保存有锕样品。杨承宗选取的分离目标物是锕 −228（当时称锕的这种同位素为新钍 2）。至于镧，则需要人工合成。约里奥 − 居里先生主持的法兰西学院核化学实验室一直与镭学研究所保持着紧密的合作关系。杨承宗利用那里的回旋加速器合成了足够的放射性镧样品。一个多月的时间里，杨承宗不停往返于法兰西学院和居里实验室之间，做了大量镧锕分离和放射性测量的工作，并确定了二者分离的最佳化学条件。[①]

由于锕的另一种同位素锕 −227 的半衰期、测定方法等放射化学性质与锕 −228 均存在较大的差异，在建立了用离子交换从镧中分离锕 −228 的方法之后，杨承宗随即着手探究该方法对锕 −227 的分离是否适用。实验所用原料是约 0.02 毫克锕与 160 毫克镧的混合物，利用锕的衰变物钍 −226 的 β 射线来测定锕的含量。最终，杨承宗用离子交换树脂柱（Amberlite IR−100）及 0.5% 柠檬酸铵洗涤液从 190 毫克镧（为使镧也具有指示剂的作用，混入了 30 毫克在反应堆中照射过的三氧化镧）中成功分

---

① Yang Jengtsong、M. Haïssinsky：Séparation chromatographique de l'actinium de lanthane。*Bull. Soc. Chim. France*，1949，5（16）：546。

离出了 3 毫居里的锕 –227。①

杨承宗匠心独具建立起的离子交换法具有很强的适用性，特别是对于一些分离难度不是太大的放射性元素，能达到很高的分离系数。1950 年，杨承宗尝试运用这种方法从钽中分离镤，实验结果表明仅一次操作就可以使超过 90% 的混合物得到完全分离。这篇论文经后约里奥 – 居里先生推荐，刊登在法兰西科学院院报上。②

在杨承宗连续发表了几篇离子交换法的论文后，约里奥 – 居里夫人的助教布歇士建议他再多

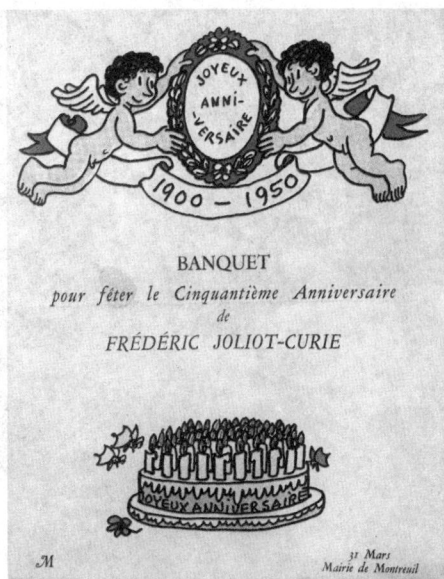

图 3-5　杨承宗保存的约里奥 – 居里先生生日贺卡

做几族元素，进行系列化，这将是一个很好的博士论文题目。杨承宗欣然接受，在总结了四年来的工作之后，他开始准备自己的博士论文《离子交换法分离放射性元素研究》。在论文的反复打磨过程中，居里实验室的年轻助研莫尼克·帕杰丝姑娘帮了杨承宗很大忙，她在八十年代成为居里实验室的主任。

1951 年 6 月 15 日上午，在居里实验室的阶梯教室里举行了杨承宗的博士论文答辩会。以约里奥 – 居里夫人为首的三个答辩委员会成员都是法国放射化学领域的知名专家。答辩结束之后，约里奥 – 居里夫人宣布论文通过，并且给出了"最优秀级"的评价。论文答辩通过的下午，约里奥 – 居里夫人在实验室的庭院里特意为杨承宗举办了一场小型祝酒会。她当着实验室所有同事的面，为杨承宗发表了简短而十分洋溢的祝酒词后，提议

---

①　Yang Jengtsong: Séparation, paréchange ionique, de traces d'actinium 227 d'une quantite pondérable de lanthane（用离子交换法从大量镧中分离出锕 227）。J. Chim. Phys.（《物理化学学报》），1950（47）：805。

②　Yang Jengtsong: La séparation de protactinium du tantale paréchange des ions（离子交换法从钽中分离镤）。Compt. Rend（《法国科学院院报》），1950（231）：1059。

图3-6　1951年约里奥－居里夫人举杯庆祝杨承宗（左一）通过博士论文答辩

"为了中国的放射化学"举杯。大家按照居里实验室的习惯，用盛满香槟的平底烧杯互相碰杯，开怀畅饮。

　　杨承宗在居里实验室的研究工作是当时国际放射化学最前沿的领域。核燃料在反应堆中燃烧之后会产生大量的锕系、镧系核素。为了消除或降低长寿命锕系废物的毒性，一般要将其回收重新送入反应堆进行焚烧。由于一些镧系核素如钐铕钆镝等具有很大的中子截面，进入反应堆后会造成中子"中毒"，所以镧系核素与锕系核素的分离是整个过程中非常重要的环节。但是二者具有十分相近的电荷／半径比，化学性质非常类似，彼此间的有效分离方法被公认为是最具挑战性的课题

图3-7　约里奥－居里夫人签发的杨承宗博士学位证书

之一。杨承宗研究出的离子交换法虽然仅限于微克量级的锕、镧系元素分离，但无疑是该领域内的一项开拓性工作。

在居里实验室学习工作的五年时光里，杨承宗在学术道路上日益走向成熟，从起初被动地去做一些验证性的实验，到后来主动地设计一些探索性的实验，他慢慢地攀登上了学术的高峰，成长为一名基础扎实、具备相当实力、在国际上有一定影响的青年放射化学家。

出 庭 作 证

巴黎大学的旁边矗立着历史悠久的先贤祠，杨承宗每天前往实验室都会路过这里。先贤祠照壁上刻着"不自由，毋宁死"一行醒目的大字，在居里实验室里，杨承宗深切地体会到了它的意义。当时的居里实验室就像是科学的联合国，不同的肤色、不同的信仰、不同的国籍、不同的语言，充满着平等互爱与科学至上的气氛。杨承宗不仅在这里学到了最前沿的放射化学知识，也培养了高尚的人格和先进的思想。居里实验室里面很多科学家都是共产党员，受到他们的影响，杨承宗原本朴素的爱国热情慢慢转化为关心时局、坚持正义。工作之余，他常常到卢森堡公园旁边的巴黎中国留学生会去，积极参加社会活动。

1949 年夏，中国共产党在法国的留学生工作有了进一步发展。通过改选，中共党员和爱国进步学生掌握了留法中国学生会的领导权。改选后的学生会把学习进步书刊、拥护即将建立的新中国、动员同学回国作为主要任务，宣传新中国的方针政策，为准备回国的留学生提供信息和帮助。因为杨承宗的国文功底不错，同在巴黎求学的学生会会长董宁川[①]提名他为副总干事，负责宣传文秘工作。

---

① 董宁川（1919-? ），大理白族，中共党员。1945 年毕业于华中大学英语系，1948 年留学巴黎政治学院，1950 年获巴黎大学文史学院博士学位。回国后长期为国家领导人担任法语翻译。1980-1984 年任驻法国使馆政务参赞。

图 3-8　1949 年 10 月 7 日杨承宗（左一）参加巴黎华侨华人社团联合举行的庆祝中华人民
共和国成立大会

　　1949 年 10 月 7 日，杨承宗参加了中共巴黎支部联络法国华工总会、
留法中国学生会等华侨华人社团联合举行的庆祝中华人民共和国成立大
会。会场上张贴着五星红旗和毛泽东主席的画像，到场的一百多位华侨和
留学生，无不为中华人民共和国的诞生感到高兴。[①]

　　与此同时，国民党驻法使馆公使凌其翰率领孟鞠如、钱能欣等几名使
馆工作人员，积极准备起义活动，谋求脱离国民党统治，拥护新政权。国
民党政府对此有所警惕，并通过电调凌孟二人回国、调驻英大使馆公使段
茂澜为驻法大使馆代办等手段，妄图阻止起义。段茂澜抵达巴黎后，施尽
利诱威逼、挑拨离间的伎俩，却难以阻挠凌孟等人的决心。10 月 10 日，
凌其翰等正式发表《驻法大使馆、驻巴黎总领事馆全体馆员拥护中华人民
共和国宣言》。宣言原文由中共巴黎支部孟雨电至北京。周恩来总理亲自
复电，并指示使馆人员坚守工作岗位。此后，起义人员和段茂澜等反动势
力便处于僵持状态，直到 11 月 4 日召开华侨大会。

　　4 日下午 2 时，百余位爱国侨胞和进步留学生结队鱼贯进入使馆，声

　　——————————

　　① 陈公绰：留法中国学生的活动。见：全国政协暨北京、上海、天津、福建政协文史资料
委员会编：《建国初留学生归国记事》。北京：中国文史出版社，1999 年，第 346—347 页。

援起义人员。段茂澜见势不妙，推说已与法外交部有约会，必须外出。在群情压力下，段不得不指定刚从国内调来的陈雄飞代表参加大会。人们要求必须保证起义人员每日照常到馆，执行周总理关于坚守工作岗位的重要指示，不得勾结法国警察予以阻拦，当场爱国侨胞拟定保证书，由陈雄飞当场代表段茂澜签字承认照办。人们推举王子卿、陈卓林、杨承宗作为工人、商界和学界代表监督执行。孰料爱国侨胞刚刚离开会场，"CC分子"斯颂熙会同青田帮特务陈楚本率领早就埋伏好的五六十个打手呼啸而出，将凌孟等人分别团团围住，拳打脚踢，多人被打得昏倒在地。[1]

杨承宗由于走的稍晚，亲眼目睹了这一行凶事件。孟鞠如等上诉法国司法机关，法国大理院传讯杨承宗，请他出庭作证。起初，杨承宗感到紧张不安。对于一个在国外无依无靠的留学青年，猖獗的特务活动的确令人恐惧。但良知和对祖国的热爱战胜了恐惧，在严肃的法律面前，杨承宗决心要把事实陈述清楚，伸张正义，让作恶者受到惩罚，为受害者讨回公道。

大理院如期开庭了，这是杨承宗生平第一次到法庭。多年后他依然记得当时说过的每一句话：

> 法官起初很严肃，他问："你是哪里的？"
>
> 我说："我是中国人。"
>
> "什么地方出生？"
>
> "在中国苏州。"
>
> 法官的面孔还是很严肃。他又问："你现在做什么工作？"
>
> 我说："在国家科学研究中心当助理研究员。"
>
> "在哪里工作？"
>
> "在镭学研究所。"
>
> "在哪个实验室工作？"
>
> "在居里实验室工作。"

---

[1] 凌其翰：我在巴黎通电起义始末。《炎黄春秋》，1993（11）：91–94。

当我说我是巴黎大学学生，我的工作单位是镭学研究所居里实验室时。我看到他脸色开始变了，不那么紧绷了。

法官又问我，"你的教授是谁？"

我说："是约里奥－居里夫人。"

法官听了，虽然不是满面堆笑，但也大大地缓和了，我当然也就不紧张了。他问我案发当时在哪里，我说我在什么地方，那个会议我参加了，我听见有人喊救命。我就朝已经走出会客室的中国人大声喊"回来！回来！"于是大部分人都回来了。回来以后，看见一个人被打得头破血流了。在此之前，我还看见有一批我不认识的人，拿着烧火棍站在那边，有大概五到十个人之间的样子。

法官问："其他还有什么吗？"

我说："没有了。我眼见的真实情况就是这样。"①

当时国际上对中国政权更迭之际的外交事务非常关注，不仅巴黎各报，连欧美各国的报纸也纷纷把 11 月 4 日巴黎中国大使馆发生的行凶事件作为热点新闻加以报道。杨承宗用条理清晰的陈述，亲历目睹的佐证，不仅使正直的人们扬眉吐气，阴谋破坏的人受到谴责，更维护了刚刚成立的中华人民共和国的威严。

钱三强的嘱托

中华人民共和国成立后，国家百业待兴。周恩来总理向分布在全世界的中国科学家发出召唤：回来共同建设社会主义新中国。得知这一消息后，杨承宗立即主动响应，电函钱三强，要求回国服务。但钱回电：再等一等，做好准备再回国。

---

① 杨承宗口述、边东子整理：《从居里实验室走来——杨承宗口述自传》。2012 年，第 64-65 页。

其实，是钱三强还没准备好。1949 年 3 月，钱三强由中共组织安排，参加由郭沫若率领的代表团去巴黎出席世界和平拥护者大会，大会主席正是约里奥－居里先生。作为代表团内唯一的核物理学家，钱三强想到巴黎之行是个难得机会，可以通过约里奥－居里先生帮助购买一些急需的仪器设备和图书资料，便于打破封锁运带回国。可是，这需要用到外汇，钱三强便把这一想法向组团的联系人丁瓒提了出来，并说数额大约在二十万美元上下。事后他还颇有些后悔，因为当时解放战争尚在进行，提出用如此巨款去购买仪器和图书是否适宜？

但出乎他的预料，不久他便接到了要他去中南海怀仁堂面谈的电话通知。中共中央统战部部长李维汉接待了他，并对他说，中央认为你的意见很好，国库还有部分美元，在代表团的费用中可先拨出五万美元使用。这是周恩来在西柏坡批的。后来，由于法国政府拒绝给中国和其他一些共产党国家代表团发放入境签证，钱三强没有去成巴黎，便从这笔款项中提出五千美元，设法转交给约里奥－居里先生，并请其转交给中共旅法支部的孟雨，委托不久即将分别由英、法归国的杨澄中和杨承宗代购仪器与图书。①

等杨承宗拿到这笔钱时，已经过了整整两年。1951 年春夏之交，中华人民共和国在巴黎的代表李风白找到杨承宗，告诉他说组织带了五千美元来（杨后来实际收到三千美元），要买些研究原子能的器材。6 月 21 日，杨承宗收到钱三强的信。信中明确要他买几种同位素和研究原子能有关的书籍、仪器、药品，以及一种计数进位器。②

此时，杨承宗的内心无比激动。从 1940 年立志于放射化学开始，经历了十一年的风风雨雨，终于有机会实现科学报国的愿望。现在的他，不再是单凭一腔热血工作，而是已成长为一位一流的放射化学家，要用"镭""铀"来实现自己的理想，为新中国的建设事业施展才干。

在接到钱三强信的前不久，即 6 月 5 日那一天，杨承宗收到了法国国家科学研究中心主任签发的续聘意向书，以"年薪为 555350 法郎另加补

①　葛能全编著：《钱三强年谱》。济南：山东友谊出版社，2002 年，第 68—71 页。

②　梁东元：新中国的核研究是这样起步的。《今日科苑》，2007（09）：82-84。

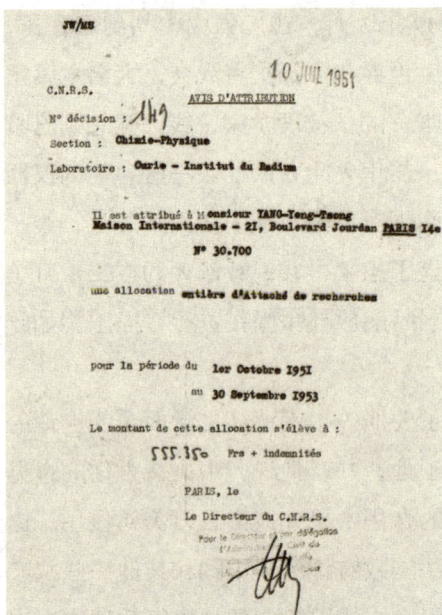

图 3-9　1951 年法国国家科学研究中心
续聘杨承宗两年的聘书

贴"的优厚条件续聘两年。为了能为祖国建设贡献力量，杨承宗毅然决定放弃一切优厚条件，并正式致信法国国家科学研究中心提出辞职。

杨承宗很清楚，开发原子能的前提是铀资源，而铀矿的勘探离不开放射性计量物。杨承宗找到居里实验室保管镭源的同事伊戈尔（Rgor），经过一番"讨价还价"，从伊戈尔处争取到了约十克的碳酸钡镭标准源。碳酸钡镭在当时是法国重要的战略物资，控制非常严格。约里奥－居里夫人知道这件事后问杨为什么要那么多镭。杨承宗答说，我们中国大，地方又多，你用一点他用一点，分开来就没有多少了。约里奥－居里夫人笑了一笑，也就没有再追究。约里奥－居里夫人赠送的十克碳酸钡镭是中国早期开展铀矿探测及电离辐射剂量研究的唯一国际标准剂量实物，对于铀矿勘察工作的重要性不言而喻，可以说是无价之宝。

没过几天，约里奥－居里夫人嘱咐杨承宗，让他得空去见见约里奥－居里先生。杨承宗原就有此意，约里奥－居里先生在他做博士论文期间给予了非常大的帮助，多次让他使用核化学实验室的回旋加速器。

约里奥－居里先生见到杨承宗后非常客气，高度称赞了杨的工作。他说老居里夫人从铀矿里分离出镭，重复做了一千多次实验才成功。而对于分离难度极大的镧和锕，杨选择离子交换法做，而且很快就将整个实验顺利完成，了不起。接着，约里奥－居里先生一边习惯性地在空中挥动着左臂，一边慷慨激昂地大声说：

你回去转告毛泽东，你们要保卫世界和平，要反对原子弹，就要有自己的原子弹。原子弹也不是那么可怕的，原子弹的原理也不是美国人发明的。你们有自己的科学家，钱（三强）呀、你呀、钱的夫人（何泽慧）呀、汪（汪德昭）呀。[①]

杨承宗当即觉得约里奥－居里先生的这几句话分量很重，这不单是对杨个人的信任，更是对中国国家安全的关切。后来，杨承宗才明白约里奥－居里先生的话是有深刻国际背景的。当时抗美援朝战争正酣，美国多次对中国进行核讹诈，叫嚣要使用原子弹，这就激怒了世界爱好和平的人民。作为兼任世界保卫和平理事会主席的约里奥－居里先生大声疾呼中国应该有自己的原子弹，实际上是对中国人民正义事业的强有力支持。

约里奥－居里先生的厚望坚定了杨承宗的决心，随即开始着手准备"原子能行装"。

回 国 之 路

杨承宗明白，新中国原子能事业的基础几乎为零，开展研究、实验的仪器材料等都要从国外购置。在订好回国的船票后，他就进入了紧张的采购阶段。采购以巴黎为中心，个别器材如真空泵等还需到欧洲其他城市。

采购过程中居里实验室的同事提供了诸多帮助，他们以实验室的名义采购物品，如此一来商家就直接把物品运到实验室，而且不受阻挠，需要的基本都能买到。比如莫尼克·帕杰丝帮助杨承宗购买了玻璃器材，实验室的秘书夏尔巴·黛丝帮忙联系订货。整个采购清单中，最重要也是最难购买的是一台一百进位的计数器。当时一般的计数器是二进位，最好的计数器也只有十六位。而法国原子能委员会出品的计数器足有一百进位，非

[①]　杨承宗口述、边东子整理：《从居里实验室走来——杨承宗口述自传》。长沙：湖南教育出版社，2012年，第69页。

常先进，而且小巧。当时朝鲜战争已经爆发，美国操纵联合国，拉拢日本与英国等盟友，利用当时资本主义国家对社会主义冷战的工具巴黎统筹委员会等力量，对中国实行联合禁运。原子能科研器材自是首当其冲。杨承宗要买这样先进的进位器，必须得到法国原子能委员会主任的特批。

关键时刻还是约里奥－居里夫人伸出了援手。时任法国原子能委员会主任佛朗西斯·白朗（Francis Perrin）一家三代都与居里实验室交往密切。白朗先生的儿子尼斯·白朗与布歇士同在一个研究组工作。一次白朗准备来看望约里奥－居里夫人，尼斯·白朗提前把父亲要来的消息告诉了布歇士，布歇士转告杨承宗并让他利用好这次机会。于是，在白朗先生与约里奥－居里夫人交谈时，杨承宗敲门而入，他说："对不起，我打断一下你们，我来找找这位白朗先生，您能不能允许？"约里奥－居里夫人说可以。杨承宗就跟白朗先生说，他想买一台一百进位的计数器。白朗先生还没有答复，约里奥－居里夫人就在旁边："他们要在医疗方面研究同位素的应用，所以还买些同位素，用在医疗方面，基于人道主义的考虑……白朗先生说"行啊"，拿起笔就签了字。①

在忙碌了几个月之后，东西总算买齐了，杨承宗一一装箱，竟用了十三个大大小小的箱子。看到这些排列在大学城宿舍走廊里的一排排箱子，同学跟他开玩笑说："杨，你是想把巴黎搬到中国去吗？"虽然知道年迈的父亲翘首以盼留洋多年的亲儿，妻子一个人带着四个子女在苏州乡下艰难地生活，杨承宗依然垫上了自己在法国节省下的全部积蓄，只为能买更多的仪器和资料。在这十三件行李之中，只有一瓶斧头牌老白兰地，是为父亲准备的。

在启运的时候，约里奥－居里夫人替杨承宗犯愁了："杨，带着这样多的箱子，而且有这么多敏感的东西，你可怎么走啊？"约里奥－居里夫人决定派自己的得力助手、杨承宗的好友布歇士送他离开法国，同时还给了杨承宗一张证明。这张证明是用居里实验室的专用信纸写的，上面写着："杨承宗博士长期在我实验室供职，他所携行李中的科研仪器皆为自己的

---

① 梁东元：新中国的核研究是这样起步的。《今日科苑》，2007（09）：82-84。

科研成果……"证明上有居里实验室主任助理的签名，还有巴黎第五区警察局验证的印章。

靠着这张证明和布歇士的一路护送，杨承宗带着十克碳酸钡镭标准源和十三大箱的器材与资料顺利地到达了马赛港口。因为西方

图 3-10　杨承宗回国带的行李箱之一
（刘培摄于 2011 年 8 月）

人一般不细查女人的行李，他在箱子上写了自己夫人的名字——"MRS，J·T·YANG"。布歇士拎着装有镭源的箱子从法国人的专用通道上了船，而运气挺好的杨承宗也碰到了一位比较客气的海关人员，当他说出自己在居里实验室工作后，这个海关人员笑笑就放行了。

终于，杨承宗登上了即将回国的"马赛号"轮船。把行李放好之后，杨承宗与布歇士互道珍重。当时船上还载有二百名去朝鲜参战的法国士兵，按当时的局势，中国人算是他们的敌人。但是他们对杨承宗非常客气，还不停地叫"杨博士"。原来，布歇士下船之前利用寒暄的机会悄悄地告诉他们杨承宗是居里实验室的博士，而且是约里奥－居里夫人的爱徒，拜托他们多多关照。

船开了，杨承宗躺在船舱里，心里久久不能平静。五年的生活工作之地，真是让他难分难舍。庄严肃穆的拉雪茨神父墓地外巴黎公社社员殉难的浮雕和布满一个个令人颤抖的弹孔的围墙，宁静而又安详的玛丽·居里夫妇墓地，以及居里实验室里的每一个角落，都在他脑海里不断浮现着，还有那一张张熟悉、亲切的面孔，自此一别之后，不知何时才能重逢。身边大大小小的十三个箱子，不正是幸得约里奥－居里夫人和布歇士的帮助而顺利踏上归途的吗？

三周之后轮船到了香港。这时船舱里广播声响起，竟然不让杨承宗和同船的另外几个留学生下船。离法以前，他们已在英国驻巴黎使馆取得可以在香港登陆的合法签证。港英当局不允许留学生登陆转道回国，是完

图 3-11　1951 年杨承宗回国途中第一次踏上新中国的轮船
"石门号"

全没有道理的。杨承宗与同船回国的吴文俊等人据理力争，最终当局只能专门派来水警和巡逻艇，将他们从"马赛号"上接下来，没有在香港岛上做一刻停留，直接送到了公海中内地开来的渡轮"石门号"上，返抵广州。[①]

　　1951 年 9 月底，杨承宗回到了阔别五年之久的祖国，也走入了一个新的时代。

---

① 　杨承宗：汇报（代自传），1968 年 12 月 17 日。手稿复印件，第 18-19 页。

第四章
"法杨"归来

近代物理所的"法杨公"

　　杨承宗随船到广州后，此前通过电报获知消息的广州市文教厅派人来到码头迎接，在海关入检、广州住宿、北去上海、行李传送等方面给予了诸多方便。杨承宗归心似箭，办妥各种手续，不二三日便搭乘粤沪特快列车直奔上海。那时的特快列车，其实车行速度并不是很快，旅途中杨承宗增加了不少见识。离广州不远，他看到农民正在插秧，方知道南方有一年三熟之盛。他抵沪当天即转车到苏州。赶到滚绣坊 93 号时，只有长子家成在家。父子相见，多有感怀。家成说母亲正因病由姐姐家粹接到南京就医，两个妹妹家雷、家翔同去了。第二日，杨承宗即赶回八圻老家看望父亲。

　　离乡背井、出国游学五年之后，此时的杨承宗已经变化甚多了，外表西装革履，一派西洋学者风范。面对几年不见的老父亲，万里归来的十三件行李中只有一瓶白兰地，杨承宗心中深感有愧。因为父亲不会喝酒，杨承宗拿出了吃剩的半匣巴黎方糖，将白兰地小心滴在方糖块上，请父亲品尝地道的法国风味。父亲看到儿子学成归来，满怀喜悦，还请来一位喜酒的好友一同分享。孰料此次重逢一年后，父亲便于1952年6月20日离开尘世，年七十六岁。从此天人永隔，再不相见，令杨承宗无法多尽孝心，深为遗憾。

自杨承宗举家从上海搬回苏州避难时起，他的妻子赵随元和四个孩子便一直租住在南城滚绣坊巷93号的宅院。这里过去是看门人住的小偏院，房子年久失修，小雨小漏，大雨大漏。赵随元曾让十几岁的长女家粹爬上屋顶，并把瓦片重新排好，但仍解决不了漏雨的问题，最后只能请专门修缮房屋的工匠来看。匠人看后摇头说："此屋已到了无法修缮、要拆的地步。如果要住，就只能凑合着住。"就是在这个风雨飘摇的小院里，赵随元和儿女们生活了近十年的时间。特别是在杨承宗留法期间，丈夫远隔万里之遥，叫不着，呼不应，一年也收不到一两封信的艰难岁月里，赵随元用她柔弱的肩膀坚强地撑持起了整个家庭。

那时家粹在读高中，家成读初中，家雷刚上小学。眼看母亲独自一人支撑家庭太过艰辛，家粹不忍，多次要求母亲让她在高中毕业之后直接参加工作，补贴家用。赵随元一直为自己因家境不好没有能上大学而深深遗憾，坚决不同意女儿辍学，硬是变卖了为数不多的一点陪嫁首饰，最后靠借债来维持全家的生活和儿女的学业。

1951年深秋，杨承宗将妻小接到了北京。儿女们原以为终于把日思夜想的父亲盼了回来，从此可以过上丰衣足食的轻松生活，谁也想不到日子依然非常艰难。当时中国科学院为杨承宗开出的月工资为一千斤小米，约合人民币一百元。他的工资除了维持六七口之家（1952年幼子家建出世）的吃饭、穿衣和子女上学外，还要寄给南方的老父亲和未出嫁的姐姐部分生活费。为了防止计划不周，到月底前把钱用尽，赵随元总是一拿到丈夫的工资就去邮局给他们寄出二十五元左右，然后才用余下的钱筹划如何来维持整个家庭的开销。

其实，依照自身的才智和文化程度，赵随元不难得到一份社会工作。然而，为了让丈夫，也为了教育和培养子女，她选择了在家相夫教子。正是由于妻子的奉献和支持，杨承宗得以将自己全部的时间和精力投入到原子能事业中。

杨承宗的归来对中国原子能事业来说是令人振奋的，这不仅仅在于他带回来了碳酸钡镭标准源和其他珍贵的科研设备资料，更在于他本人会对创建发展核科学必需的基础学科之一——放射化学起到极为关键的作用。

1949 年前的很长一段时间里，由于缺少必要的科研设备，放射化学的研究工作只能集中在较为狭窄的天然放射性元素方面，取得的成果多数也是对某些已有理

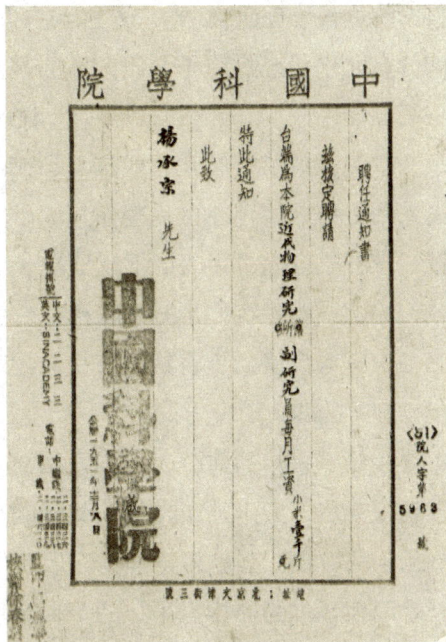

图 4-1　1951 年杨承宗任中国科学院近代物理研究所副研究员的聘书

论的验证。虽然留学海外的杨承宗、肖伦、吴征铠等利用国外先进的科研条件得以在放射化学前沿领域有所突破，但毕竟只是分散的、个人的努力。这一时期的放射化学整体发展较为缓慢，在国际上也籍籍无名。

中华人民共和国成立后，放射化学的发展进程明显加快。1949 年年底至 1950 年年初，毛泽东在访问莫斯科期间，观看了苏联进行原子弹试验的纪录影片，对原子弹的威力有了更为感性的认识。回国后，毛泽东逐渐透露出发展核科学的想法，他对身边的警卫员说："这次到苏联，开眼界哩！看来原子弹能吓唬不少人。美国有了，苏联也有了，我们也可以搞一点嘛。"1950 年初，中央人民政府在财力非常困难的情况下，仍然按预算拨给中国科学院 287.2 万元，其中核科学得到了重点支持。[①]

1950 年 5 月 19 日，中华人民共和国第一个核科学技术基地——中国

---

① 刘戟锋、刘艳琼、谢海燕：《两弹一星工程与大科学》。济南：山东教育出版社，2004 年，第 44 页。

科学院近代物理研究所[①]成立。它在原中央研究院物理研究所原子核物理部分与北平研究院原子学研究所的基础上组建而成，由吴有训任所长，钱三强任副所长（一年后任所长）。建所初期，所内的研究人员虽然屈指可数，毕竟云集了吴有训、钱三强、何泽慧、彭桓武等物理学大师。放射化学家则是凤毛麟角。核物理作为原子能科学的理论基础固然重要，但没有铀，没有放射化学，一切不免是空谈。钱三强常说："核物理和放射化学是我们的两条腿。我们是一条腿粗，一条腿细。"[②]为了允分发展放射化学，第一次所务会议初步将其与原子核物理、理论物理、宇宙线一同确定为近代物理所的四大研究方向。[③]

在杨承宗归国前夕，钱三强抽空亲自去购买化学器材，跑遍全北京几家科仪商店，买了几架当时能买到的最好的天平和几个白金坩埚。杨承宗到所不久，钱三强就告诉他：在放射化学方面，我给你准备了"三个两"，就是两架日本的摇摆天平、两个白金坩埚（掺假的）和两个人（大学毕业生林念芸和朱润生）。

在杨承宗之后，近代物理所又迎来了一位杨先生，他就是从英国利物浦大学留学归来的实验核物理学家杨澄中。由于名字发音近似，为了区分两位杨先生，由彭桓武提议，大家分别尊称他们为"法杨公""英杨公"。

事业初建，科研条件极为困难，仪器设备和放射性样品仅有杨承宗从法国带回的一台百进位的计数器、约里奥－居里夫人赠送的十克碳酸钡镭标准源，以及北平研究院镭学所遗留的十千克沥青铀矿和一些镭样品。面对艰难的科研条件，杨承宗带领几位青年大学生，从修旧利废、创造实验条件入手，逐步开展了一些放射化学研究工作。

近代物理所成立的最初两年，主要是进行科研准备工作。1952 年 10

---

① 该所于 1953 年 10 月更名为中国科学院物理研究所。1956 年 9 月，在建的房山坨里实验基地与物理研究所（中关村）合并，名称仍为"中国科学院物理研究所"，中关村部分为一部，坨里部分为二部。1958 年 6 月，更名为中国科学院原子能研究所，实行部院双重领导，以二机部为主。1984 年 11 月，更名为中国原子能科学研究院。在下文中，笔者根据不同时期依次将其简称为"近代物理所""物理所""原子能所""原子能院"，不再另注。

② 李寿枏：回忆往事多感慨——贺杨承宗先生九十华诞。见《杨承宗教授九十华诞纪念文集》。合肥：中国科学技术大学出版社，2000 年，第 51 页。

③ 葛能全：《钱三强年谱》。济南：山东友谊出版社，2002 年，第 85 页。

月，近代物理所制订第一个五年计划，明确了"以原子核物理研究工作为中心，充分发展放射化学，为原子能应用准备条件"的办所方向，目标是在核科学技术上打好基础，为进一步开展核物理实验和建造反应堆创造条件。[①] 为保证"五年计划"的实施，近代物理所在年底对研究机构作出调整，将原有七个研究组调整为四个研究大组。第一大组为实验核物理组，组长赵忠尧；第二大组是放射化学组，组长杨承宗；第三大组是宇宙线组，组长王淦昌；第四大组是理论组，组长彭桓武。其中，放射化学组的组员从最初的四名增加至七名。

"五年计划"对放射化学组的要求是制作反应堆的材料，研究铀、高纯石墨和重水的提取制备方法。在杨承宗的指导下，王方定、朱培基等人利用北平研究院镭学所遗留的沥青铀矿，成功制备了克级纯度较高的氧化铀。1954年广西发现铀矿后，铀矿石的数量不再是问题。他们对铀的各种化合物进行了合成和鉴定，初步建立了铀矿石的分离分析方法。[②] 另外，郭挺章对电解水的同位素分离效应、超纯石墨的制备进行了探索，建立了有关材料中杂质的分析方法，试制出一些轻元素的同位素分析设备。[③]

为提取放射化学实验用的氡及其子体，杨承宗在1953年初开始对北京协和医院一套废弃的提氡装置进行修复。该装置存有507毫居里的镭溶液及制备氡针的配套设备，它能够半自动地从镭溶液中提取镭的衰变子体氡。在真空系统中除去空气和其他杂质后，将经过纯化的氡压入体积很小的毛细管，制成氡针用于癌症治疗。这套装置在抗战初期就已废置，长期废置造成的损坏以及它自身的强辐射性使修复工作非常困难。杨承宗深知这件事的危险性，他没有让随同的两位年轻女助手朱培基和朱润生去接触最危险的贮藏镭源的保险柜，只让她们做些辅助工作。修复之后，这套装置每隔3.825天可以产生250毫居里的氡。[④] 朱培基等人利用这批珍贵的

---

① 中国原子能科学研究院编：《中国原子能科学研究院简史（1950-2010）》。北京：原子能出版社，2010年，第4页。

② 王方定：感谢杨先生的教诲。见：《杨承宗教授九十华诞纪念文集》。2000年，第41页。

③ 《中国化学五十年（1932-1982）》。1985年，第314页。

④ 朱润生：半个世纪前的往事。见：《杨承宗教授九十华诞纪念文集》。2000年，第76-77页。朱培基：敬祝杨承宗先生九十华诞。见：《杨承宗教授九十华诞纪念文集》。2000年，第54页。

放射性样品，对镭、氡、钋和镤等一些天然放射性元素进行了初步的放射化学研究。这项工作也为开展中子物理实验方面的研究工作提供了有利条件。实验物理组的戴传曾利用提取的氡和他从英国带回的铍粉，制成了数十个氡－铍中子源，首次在国内实现人工放射性。[①] 然而，在修复过程中杨承宗用宽厚的肩和背为两位年轻女助手遮挡射线，自己却因过近的接触强放射源，导致右眼出现了荧光，后来逐渐发展为右眼视网膜剥离，导致右眼彻底失明。

1954 年 1 月，近代物理所迁至中关村并改名为中国科学院物理研究所。考虑到研究的天然放射性物质容易干扰核物理微弱电磁辐射测量，钱三强和杨承宗经过踏勘，选定主楼东侧一块偏僻的荒地，计划建设一座实验楼，专做长寿命放射性元素化学研究工作。

这座由杨承宗亲自设计的放射化学实验楼，被惯称为"放化小楼"。虽称小楼，实际上并不小，包括地下室共三层，楼顶还设计为可以收集大气放射性沉降物的平台。地面一层和二层均为正规的放射化学实验室，其特点是通风橱很多，操作面积宽敞。地下室有两间，第一间是分装处理放射性物质用的强放射性实验室，第二间则是放置放射性物质的"迷宫"；其顶是六十厘米厚的浇筑水泥防护层，底部为四十厘米厚的水泥块，中间埋着两根直径不同的铁管，分别向地下伸入一米和三米，铁管外层也浇筑了水泥。一般常用的放射源放在铅罐内置放在地上，遇有紧急情况可随时放入铁管内。四周是一百厘米厚水泥防护墙，只有一个入口，人进得去，放射性却出不来，故称"迷宫"。这是当时国内唯一能进行放射

图 4-2　放化小楼剖面图（中间为两根铁管，实处为水泥墙）

---

① 李寿枘：回忆往事多感慨——贺杨承宗先生九十华诞。见：《杨承宗教授九十华诞纪念文集》。2000 年，第 51 页。

图 4-3　2000 年杨承宗与学生重聚于放射化学小楼前（右起：张志尧、崔浣华、吕维纯、杨承宗、徐理阮、杨绍晋、王玉琦）

化学操作的实验室，正是从这里走出了新中国第一代放射化学研究人员。

　　1954 年的一天，一个犹太商人通过某种渠道试图向中国兜售硝酸铀酰，谎称是浓缩铀。中央送来样品要求物理所鉴定。在科研设备无援可寻的情况下，如何于两个星期内拿出铀同位素的分析结果？钱三强动员全所力量出主意。经过讨论提出了三个分析验证方法：王淦昌建议用云雾室；何泽慧想用乳胶法，在乳胶片上看铀 -235 的轨迹；杨承宗则是借鉴了当年哈恩发现铀裂变现象时采用的放射化学方法，通过测定铀的子体对样品进行测定。天然铀中的铀 -235 含量为千分之七，属锕铀（4n+3）系；铀 -238 含量在百分之九十九以上，属铀－镭（4n+2）系。前者的衰变子体是钍 -231，其半衰期为二十五个半小时，后者的衰变子体是钍 -234，其半衰期则为二十四天。对子体比例进行测量就能够推断出铀样品中铀 -235 的含量比。十天后，杨承宗向钱三强报告放射化学分析结果：样品中铀 -235 的含量接近天然铀中铀 -235 的含量，至多不会超过百分之五十，并告诉他当心上犹太人的当。钱三强笑说："这事政治上我负责，放射化学上你负责。"[①] 这个小插曲在当时是严格保密的。郑群英先生

---

① 朱培基：敬祝杨承宗先生九十华诞。见《杨承宗教授九十华诞纪念文集》。2000 年，第 54-55 页。

后来谈及这段往事时说道："现在看来，这个犹太人的行径恐怕不单单是为了骗钱，极有可能是美国情报部门对我国核工业水平的阴谋试探。在这件事上，杨先生功不可没。"①

奠 基 放 化

　　中华人民共和国成立初期，虽然中央高层尚未作出发展原子能的明确指示，但是近代物理所的科学家并没有坐等时机，而是积极寻找原子能科学技术的入门之法。在科研条件还比较落后的情况下，他们通过卓有成效的研究工作，为原子能事业的全面铺开创造了有利条件。然而，放射化学毕竟是一门高度依赖科研设备的学科。当时国内还没有反应堆和加速器，杨承宗无法继续他在居里实验室进行的前沿研究。与三十年代中期的镭学所类似，此时的放射化学研究工作只能局限于天然放射性元素等一些比较初级的内容。但是，国际放射化学的境况已今非昔比，同时期欧美等放射化学先发国家在诸多领域取得了新的重大突破。例如以从辐照过的核燃料中提取钚为目的的后处理技术，世界上最早的几枚原子弹钚装料的生产均采用的是沉淀法工艺，这种工艺存在许多缺陷，如间歇性操作、放射性废水量大等。沉淀法后处理工厂建成运行后不久，美英两国即先后启动了更为先进的萃取法后处理工艺研发项目，投入巨大的人力物力。在分别尝试了雷道克斯（Redox）流程和布特克斯（Butex）流程之后，美国首先成功研发出被认为是最经济、最有效、最可靠的普雷克斯（Purex）后处理流程。1954 年，世界上第一座采用普雷克斯流程的美国萨凡纳河后处理工厂（Savannah River Plant）投入运行。

　　横向来看，这一时期近代物理所放射化学研究工作的科研价值显然要逊色很多，它的重要性更多是体现在人才培养方面。正是通过测量氡的放

---

① 　郑群英、汪淑慧夫妇访谈，北京，2013 年 6 月 16 日。

射性、从铀矿石中提取铀等工作，近代物理所这批此前从未接触过放射性的青年学生熟悉并掌握了放射化学的一些基本实验方法。

近代物理所在制订第一个五年计划时，即把"人才培养"作为四条方针之一，进行了专门的研究讨论。[①] 从1953年开始，近代物理所打破常规，开展了系统的人才培养工作。放射化学的育才任务自然就落在了杨承宗的肩上。

由于国内各高校还未曾设立放射化学专业，因此为了给分配到研究所的青年大学生补充必要的基础知识，杨承宗在所里开设放射化学课程。听课者还包括少数前来进修的北京大学和清华大学的青年教师。杨承宗从居里夫人等发现钋和镭、创建放射化学方法讲起，引入错综复杂的三个天然放射系，从不可分割的原子转变到可衰变原子，诸多核素辐射性质各异，寿命长短悬殊，扑朔迷离的同位素现象……条理分明地讲解出一条条全新的概念和术语，将这批青年学生领入放射化学领域的大门。在学生吕维纯教授印象里，"杨公道来娓娓动听，丝丝入扣，说理明晰，逻辑严密，听课如同享受。当时我们思忖，人生与放化结缘，为己立身，为国建业，或将无悔"。[②]

在讲授基础课程之外，杨承宗还根据各人的专业和特长，分配给他们不同的研究课题，按照各人的培训计划，结合工作进行专业训练。例如他让王方定做铀的提取和分析；林漳基做离子交换法的镭钡分离；朱润生做镤的提取；孙懋怡、苏峙鑫做同位素研究；张家琨做质谱计的研制；林念芸开展辐射化学研究等。[③] 这些珍贵的科研经历为他们未来的研究工作打下了良好的基础。林念芸等人在六十年代中研发出一种能够显著改善核燃料后处理萃取体系的抗辐照性能多联苯保护剂，同时阐明了萃取体系的电

① 李毅：中国原子能事业的"老母鸡"——为《中国核军事工业历史资料丛书》写的回忆史料。见：中国原子能科学研究院编：《铺路石——李毅回忆文选》。北京：原子能出版社，1997年，第75-76页。

② 吕维纯、崔浣华：学承居里，弟子三千，德宗儒墨，先生一贯。见：《杨承宗教授九十华诞纪念文集》。2000年，第73页。

③ 罗文宗：我的放射化学启蒙导师杨承宗先生。见：《杨承宗教授九十华诞纪念文集》。2000年，第67页。

荷转移保护机理。这一应用与基础并举的成果，正是林念芸在 1955 年前后对多联苯辐射稳定性作用及其氯代烷辐射保护效应机理研究的拓展。①

经过几年扎实严谨的科研训练，这批年轻人逐渐能够独立地开展工作，并初步确立了未来主攻的研究方向。截至 1955 年秋，物理所的放射化学研究工作人员已由最初的三人增至四十二人。② 伴随一支训练有素的放射化学研究队伍快速成长，这门新奇的学科也开始在新中国扎根、萌芽。

在新中国第一代放射化学人才的培养过程中，杨承宗起到了关键性的作用。1951 年至 1955 年，在物理所工作的放射化学家实际上只有杨承宗一人。③ 他负责所里放射化学、辐射化学、射线等领域的研究工作，承担了相当于全所四分之一的研究任务。④ 放射化学在当时尚属新兴学科，国内高校并不具备相应的教学和科研人才，许多化学系的青年教师甚至还没有听过放射化学这个名词。杨承宗在培训师资和指导教学方面投入了大量时间和精力，成为这些青年学生和教师放射化学知识的启蒙人。授课之外，他还常常到实验室中具体指导学生，查看实验记录并进行批注。此时的杨承宗正当壮年，本是科研工作出成果的大好年华，但是他殚精竭虑所做的不是为求个人的科学成就，而是甘为人梯，为国家造就了一支能担负放射化学研究工作的人才队伍。

"向原子能时代跃进"

从一开始，中华人民共和国就面临着极为严峻的国际形势。朝鲜战场上与美军的正面较量，让中国领导人深刻意识到提高军事现代化水平的紧迫性。面对美国的核讹诈，中国必须从长远战略上做出回应。而促使中央

① 林念芸：北京忆旧。见：《杨承宗教授九十华诞纪念文集》。2000 年，第 65 页。

② 《中国化学五十年（1932-1982）》。北京：科学出版社，1985 年，第 314 页。

③ 放射化学组副组长郭挺章是理论化学出身。郭挺章身体不好，在 1957 年不幸去世。肖伦则是在 1955 年 10 月加入物理所。

④ 张志尧访谈，北京，2013 年 6 月 14 日，资料存于采集工程数据库。

下定决心研制原子弹的一个契机，恰恰与杨承宗有关。

1951 年，杨承宗回到北京当天，就向钱三强报告了约里奥－居里先生托他转告毛泽东主席"你们要反对原子弹，就必须要有自己的原子弹"的那段话。[①] 钱三强请时任中国科学院党组副书记丁瓒向中央有关领导做了汇报。后来中央又专门派宣传部科学处联系科学院工作的龚育之找杨承宗核实了约里奥－居里的口信，并且强调了保密性。[②] 这件事之后，中央领导开始对中国科学院的科学家逐渐明确表露出准备进行原子弹研制的意向。

然而，研制原子弹需要建立一个庞大而又复杂的核工业体系。它是一条门类繁多而又环环相扣的产业链，耗资特别巨大。按当时价格计算，1947 年至 1949 年苏联研制核武器的开支为 145 亿卢布。而中国在三年恢复时期中央政府总投资仅 62.99 亿元，第一个五年计划期间全部工业投资实际完成额也只有 250.26 亿元。这两笔钱按照当时的汇率分别约合 22.5 亿卢布和 56.4 亿卢布，加在一起也远低于苏联研制核武器的经费。[③] 仅就研制经费一项来看，中国核工业的建设没有外来援助的话，是很难想象的。因此，中国在核武器的研制方面一直希望取得苏联的支持。早在 1949 年 8 月秘密访苏期间，刘少奇就曾提出参观苏联的核设施，但被多疑谨慎的斯大林拒绝。

由于没有技术来源，国家财力亦十分有限，加上战争环境等因素，中央政府未能将研制核武器的准备措施列入第一个五年计划。事情在 1953 年斯大林去世之后逐渐有了转机。赫鲁晓夫在与莫洛托夫、马林科夫等人的政治较量中急需中共特别是毛泽东的支持，因而积极调整对华关系。1954 年 9 月，赫鲁晓夫率领一支庞大的代表团参加国庆五周年庆典，并将苏联占据十年之久的旅顺归还给中国。在氛围十分友好的会谈中，毛泽东提出对核武器感兴趣，并希望苏联给予足够的帮助。这令赫鲁晓夫有些始料不及，他劝说毛要集中力量抓经济建设，核武器研制开支太大，并且表示只

① 杨承宗：我们喜欢李毅同志，2002 年 2 月 12 日。手稿复印件。

② 葛能全：《钱三强年谱》。2002 年，第 89 页。

③ 沈志华：《无奈的选择——冷战与中苏同盟的命运（1945-1959）》。北京：社会科学文献出版社，2013 年，第 526 页。

要有苏联的核保护伞就够了。不过，赫鲁晓夫最后答应，苏联可以援助中国建立一个小型实验性反应堆，以进行核物理的科学研究和人才培养。[①]

虽然未能答应毛泽东的要求，但苏联毕竟承诺在原子能和平利用方面帮助中国，这无疑将为核武器的研制奠定基础。在此前后，中国地质队又在广西探测到了铀矿，引起国家领导人的高度重视。1955 年 1 月 15 日，毛泽东主持召开中共中央书记处扩大会议。在听取地质部长李四光、副部长刘杰以及钱三强的汇报后，毛泽东高兴地说："过去几年其他事情很多，还来不及抓这件事。这件事总是要抓的。现在到时候了，该抓了。只要排上日程，认真抓一下，一定可以搞起来。"毛泽东还强调说："现在苏联对我们援助，我们一定要搞好！我们自己干，也一定能干好！我们只要有人，又有资源，什么奇迹都可以创造出来！"[②] 这次会议作出了创建核工业的决策，标志着中国核工业建设的开端。正如毛泽东在同年 3 月中共全国代表会议上指出的，中国进入了"开始要钻（研）原子能这样的历史的新时期"。

1955 年 1 月 31 日，国务院作出《关于苏联建议帮助中国研究和平利用原子能问题的决定》，正式接受苏联的援助。中苏两国政府随即开启了核事业合作方面的具体谈判。4 月 27 日，中国政府代表团在莫斯科与苏联政府签订了《关于为国民经济发展需要利用原子能的协定》，其核心内容为苏联将援助中国建造一个七千千瓦的重水实验性反应堆和直径为一米二的十二点五兆电子伏回旋加速器（简称"一堆一器"），并无偿提供有关科学技术资料，以及能够维持反应堆运转的数量充足的核燃料和放射性同位素，培训中国的核科技专家和技术人员。[③]

1956 年至 1957 年，中苏两党在一连串的政治事件中配合默契，苏联对华的核援助力度进一步扩大。1956 年 8 月 17 日，中苏两国政府签订了关于苏联援助中国建设原子能工业的协定。协定规定，苏联援助中国建设

① 沈志华主编：《中苏关系史纲——1917-1991 年中苏关系若干问题再探讨》。北京：社会科学文献出版社，2011 年，第 174 页。

② 李觉等主编：《当代中国的核工业》。北京：中国社会科学出版社，1990 年，第 13-14 页。

③ 《中国原子能科学研究院简史（1950-2010）》。2010 年，第 11 页。

一批原子能工业项目和一批进行核科学技术研究用的实验室。随着核事业的发展，中央需要设立一个核工业的主管机构。1956年11月16日，经国务院总理周恩来提议，全国第一届人大常委会第五十一次会议作出决议，设立第三机械工业部[①]，主管领导核工业的建设和发展工作，任命宋任穷为部长、刘杰为副部长。

1957年6月，苏联发生政变，赫鲁晓夫的领袖地位一时岌岌可危。在赫鲁晓夫最需要中国共产党支持的时候，毛泽东雪中送炭，于六月事变后公开支持赫鲁晓夫。与谨慎多疑的斯大林不同，赫鲁晓夫的政治特点是"心血来潮"。作为回报，赫鲁晓夫立即决定对中国实施实质性的核援助。[②]10月15日，中苏正式签署了《关于生产新式武器和军事技术装备以及在中国建立综合性原子能工业的协定》（以下简称《国防新技术协定》）。根据协定，苏联将援助中国建立综合性的核工业；援助中国的原子弹研究和生产，并提供原子弹的教学模型和图纸资料；作为原子弹制造的关键环节，向中国出售用于铀浓缩处理的工业设备，并提供气体扩散厂初期开工所用的足够的六氟化铀等。《国防新技术协定》的签订意味着苏联的核援助逐步从基础的科学研究转入到实际的原子弹研制技术。

在苏联的大力援助下，中国核工业的建设全面铺开。从开采矿石的铀矿场（湖南郴县、大浦和江西上饶），提取和精制铀的衡阳铀水冶厂（272厂），制作核燃料棒的核燃料厂（包头核元件厂等），制造浓缩铀的气体扩散厂（兰州铀浓缩厂和酒泉原子能联合企业等），到最后制造原子弹的核武器研制基地（20基地），以及核实验场（21基地）等核工业的首批主要工程项目，于1958年5月以后陆续开工建设。

由于原子能的特殊性，1955年10月中央决定在北京西南郊坨里地区兴建一座新的原子能科学研究基地（代号为"601厂"，1959年改称为"401所"），将苏联援建的"一堆一器"安放于此。为使新基地的建设与科

<hr>

① 1958年2月更名为第二机械工业部。1982年更名为核工业部。1988年改制为中国核工业总公司。现为中国核工业集团公司。下文根据不同时期依次简称为"三机部""二机部""核工业部""中核总"，不再另注。

② 具体参见沈志华主编的《中苏关系史纲——1917-1991年中苏关系若干问题再探讨》第二篇的有关章节。

研紧密结合，物理所与兴建中的新基地合并，所名保持不变。[①] 从 1956 年起，肖伦、冯锡璋和刘允斌等相继进入物理所工作，进一步充实了物理所的放射化学研究力量。

1956 年年底，物理所的研究机构由原来的四个大组发展成为八个研究室，杨承宗出任放射化学研究室（五室）主任，同时兼任同位素研究室（八室）主任，肩上的领导担子又重了许多。

在人才队伍得到进一步的扩充之后，五室的放射化学研究工作有了质的变化。杨承宗在室内组建了裂变化学、辐射化学、铀化学、中子活化分析及同位素制备五个研究小组，每个小组三四位青年研究员，研究方向开始逐步与国际学术前沿接轨。[②]

根据 1954 年日内瓦第一次国际和平利用原子能会议的解密文献，铀化学小组的王方定等人开始尝试用 TBP（磷酸三丁酯）萃取法提取纯化铀。TBP 萃取技术是当时铀工业中一项非常先进的技术，其主要原理是利用 TBP 萃取剂对铀的强络合性，将铀从水相转移到有机相，杂质留在水相，达到纯化目的。1954 年美国首次将 TBP 萃取技术应用于工业。在杨承宗指导下，铀化学小组自行设计了一套直径二寸、长二米的玻璃筛板脉冲柱，成功开展了实验室规模的 TBP 萃取传质实验。[③]

中子活化分析技术[④] 是当时国际上新涌现的一种放射化学分析手段。由于原子弹对铀装料的纯度要求极为苛刻，其杂质含量一般要求不超过 10^{-5}%，个别元素甚至不能超过 10^{-6}%。常规的化学或物理分析方法难以达到如此高的灵敏度。伴随放射化学不断发展诞生的中子活化分析技术，凭借高灵敏度、高精确度及不破坏分析样品等优势，在五十年代成为一种非常重要的痕量元素分析方法。中子活化分析由匈牙利放射化学家赫维西和莱维（H. Levi）在 1936 年创立，基本原理是让待测的元素被中子照射发生核反应，然后用放射化学的方法从照射样品中分离出产生的放射性同位

---

① 《中国原子能科学研究院简史（1950–2010）》。2010 年，第 11 页。

② 岑运骅访谈，北京，2013 年 11 月 15 日，资料存于采集工程数据库。岑运骅 1957 年大学毕业后分配至五室铀化学组工作。

③ 邓佐卿：中国天然铀生产概况。见：《杨承宗教授九十华诞纪念文集》。2001 年，第 141 页。

④ 早期也译作放射化分析。

素，通过测量放射性强度计算出该元素的含量。杨承宗对这种新的放射化学分析方法关注已久，认为它将在中国的核燃料生产环节中发挥重要作用。在苏联援建的反应堆工程竣工之前，杨承宗就及时编写讲义，讲授活化分析技术的理论原理。[①] 原子能所反应堆建成投入运行后，五室罗文宗、杨绍晋等人利用活化分析方法对二氧化铀中痕量稀土元素（10^{-8} 克量级的钐、铕、铷、镝等）进行了分析。

除此之外，五室还参与了核试验放射性灰尘的收集测量工作。这项工作源于一项绝密任务。1956 年 6 月下旬的一天，物理所党委副书记李毅通知杨承宗次日清晨到机场去执行一项绝密任务，并要杨指派一名青年助手。杨承宗让张积舜一同前往，途中才知道此行的目的。

为了搜罗美国在太平洋比基尼群岛核试验的相关情报，苏联向中国派遣了一个专家组，赴东南沿海收集美国核试验的放射性灰尘。当时苏联正在进行氢弹研制，但是对于装料到底是用氧化氚、氚即所谓湿法，还是采用氘化锂 -6、氚化锂 -6 即所谓干法，意见并不一致；其次苏方对于核聚变的引发装置还不十分清楚，所以想通过大气放射性微尘中铍 -7 的测量数据来计算推断，解决氢弹研制过程中的一些关键问题。专家组由大气物理研究所奥布哈夫教授带队，包括科研、测量人员、机组及地勤人员共约五十人，本部驻在北京机场。专家组的工作主要有两项：一是乘飞机穿过放射性烟云，用过滤器收集大气放射性微尘，通过对样品进行放射化学分析，计算燃耗及推算核武器的装料；二是在地面用一平方米涂黄油的纸每天收集放射性尘埃，按样品的放射性衰变推算及核对核爆的日期时间。中方给予配合，同意开放沿海各军用机场供苏方使用。为维护领土和领空主权，组织上指派杨承宗陪同苏联专家飞行。

9 月初苏联专家组完成任务回国时，杨承宗向上级报告，希望苏方能够将专家组所用的仪器设备包括一台 α、β 比值仪、一台六道 γ 脉冲分析器和一个内装 $\phi \Pi \Pi -15$ 过滤器的大收集器赠送给中方，以便能继续开展这方面的工作。经过交涉，苏方对此表示同意。得到这批宝贵的设备之

---

① 杨绍晋访谈，北京，2013 年 6 月 16 日。资料存于采集工程数据库。

第四章 "法杨"归来　　**79**

后，中方成立了自己的大气放射性测量小组。整个工作由中国科学院副秘书长武衡主管，杨承宗和李毅联合指导，张积舜担任小组负责人。由五室承担的大气放射性测量工作持续了将近两年时间，详细记录了美苏核试验在中国各地降落的放射性。①

五室主导完成的开创工作，为以后我国核试验威力的放射化学诊断奠定了基础。1960 年后这项工作移交给防化兵部。在后来的核试验中，防化兵部继续用这种方法进行外场测量。21 基地也曾用带过滤器的喷气机穿过高空蘑菇云的方法收集放射性来测定核爆炸当量和燃耗。

经过种种努力，杨承宗带领原子能所这支年轻的放射化学研究队伍，利用国家全力发展原子能的大好机遇，针对放射化学多个分支领域积极开展了研究工作，逐一填补了国内放射化学的多项空白。

重视同位素的应用

随着 1958 年"大跃进"运动进入高潮期，发展态势原本良好的原子能科学一度出现了祸福相倚的局面。9 月 27 日，苏联援建的"一堆一器"正式建成移交生产，聂荣臻在移交典礼仪式上宣布中国正在"向原子能时代跃进"。② 这两颗名副其实的大"卫星"正好给大家的火热劲头加了油。隔天的《人民日报》为此发表社论"大家来办原子能科学"。10 月 15 日，中央批转了二机部提出的"大家办原子能"口号，提出："为了加速发展原子能科学研究工作，必须采用中央和地方并举的方针，有条件的各省、市、自治区于 1962 年左右基本建成实验性原子堆和加速器是必要的。"在"大家办原子能科学"空气正盛之时，一些省市为求表现，纷纷盲目地建

---

① 李寿枬：回忆往事多感慨——贺杨承宗先生九十华诞。见：《杨承宗教授九十华诞纪念文集》。2000 年，第 52 页；张积舜：我国放射化学的奠基者与播种人——我的启蒙老师杨承宗先生。2000 年，第 78-80 页。

② 大家来办原子能科学。《人民日报》，1958-09-28：2。

立了一批新的原子能科研机构，提出的指标过高、要求过急、布点过多，结果出现了许多不切实际、不遵循客观规律的情况，以致造成不少损失和浪费。

较之于盲目热衷追求反应堆和加速器的不切实际，"大跃进"期间大力推广放射性同位素应用的举措，因为有较好的前期工作基础显得有效许多。

放射性同位素是放射化学与国民经济联系最为紧密的一个分支，它能够广泛地应用于工业、农业、医药卫生、科研等众多部门。例如，在工业方面利用射线可以检查机器内部的隐伤、冶金炉的磨损情况，探测石油、煤炭等资源的储藏量；在医疗方面可以治疗顽症；在农业方面可以对农产品杀虫灭菌延长储存时间或者选育良种；在科研方面，示踪原子是研究植物、动物乃至人体生理过程的利器，被誉为新的"显微镜"。

基于在居里实验室的工作经验，杨承宗回国后一直留心放射性同位素方面的研究工作。1956 年 4 月，物理所承担了《1956—1967 年科学技术发展远景规划》（简称《十二年规划》）中"原子能科学"部分的起草工作。"草案"在国内编写完后送至莫斯科，在钱三强主持下，由彭桓武、杨承宗等在苏考察的几位主要学术带头人修改定稿。杨承宗一手制定了铀钍放射化学、放射化学分析、辐射化学的具体内容，并力主将放射性同位素的制备及应用也列入规划之中。

为了普及同位素应用，从 1956 年下半年起，物理所开办放射性同位素应用讲习班，杨承宗担任第一期讲习班班长，冯锡璋、张家骅为副班长。讲习班主要是讲授原子能科学的基础知识、同位素的应用原理、相关仪器的操作技术及针对各自单位的实施应用方法，等等，培训对象来自全国各地，不少还是大医院的科室主任。

1958 年 9 月，中国科学院成立了以吴有训副院长为主任的同位素应用委员会，作为全国性的决策、规划与领导机关。杨承宗是其中一位副主任，他兼任室主任的八室成为同位素应用委员会的技术指导中心。原子能所先后开设了七期同位素应用训练班、四期同位素仪器训练班，共培养了九百七十六名应用核技术人员，为在全国推广应用同位素奠定了

图 4-4　1956 年中国科学院第一次放射性同位素应用讲习班留影
（前排左三起：肖伦、杨承宗、钱三强、胡宁、张家骅、冯锡璋）

良好的人才基础。①

----

① 李毅：中国原子能事业的"老母鸡"——为《中国核军事工业历史资料丛书》写的回忆史料。见：中国原子能科学研究院编：《铺路石——李毅回忆文选》。1997 年，第 84 页。

第五章
培育放化英才

北大清华的兼职教授

由于中国放射化学的基础十分薄弱，相当长的一段时间里，国内从事放射化学工作的人员几乎全部集中在原子能所。高等院校因缺乏足够的师资力量，并不具备开展放射化学专业人才教育的条件。

至 1957 年年底，五室的放射化学研究队伍已发展到六十余人的规模。其中具有副博士学位以上的七人，有三人是兼职；初级研究人员三十八人；具有二十年放射化学工作经验以上的一人，十年左右的二人，三年以上八人。[①] 显然，这支十分青涩的人才队伍远不能满足即将大规模发展的原子能事业的需要。党中央做出创建核工业的决策后，培养急需的核科学技术人才成为重中之重。

1955 年 7 月 4 日，党中央在对国务院第三办公室（二机部前身）副主任刘杰报告的批示中指出："大力培养核子物理以及相配合的各类专业人才

① 杨承宗：放射化学介绍，1957 年 12 月 12 日。赴苏参观原子能工业手稿。

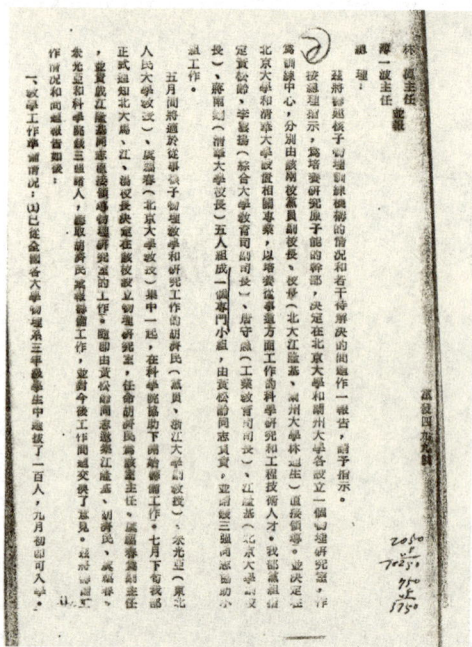

图 5-1 1955 年 8 月 13 日高教部党组关于筹建物理研究室的报告（兰州大学吴王锁教授提供）

是极其重要的""高等教育部党组应通盘筹划""要克服困难，争取在今后几年内培养出大批干部来。"高教部根据这一指示，决定在北京大学和兰州大学各设立一个物理研究室作为培训中心，在北京大学和清华大学设置相关专业，以培养原子能科学研究和工程技术人才。为加强领导，高教部指定副部长黄松龄、综合大学教育司副司长李云扬、工业教育司司长唐守愚、北京大学副校长江隆基及清华大学校长蒋南翔五人组成高等教育部原子能人才培养领导小组，由黄松龄任领导

小组组长。物理所所长钱三强协助该领导小组统一负责全国高等院校中涉核专业的设置与发展工作。各部门的分工为：凡有关核专业设置、招生计划、培养目标、教学计划与大纲的制订、办学经费等方面的问题，均由国务院三办归口指导；凡有关专业实习、技术资料、教学资料、专用设备的订购和党政管理干部调配等方面的困难，均由国务院三办所属有关机构和物理所协助解决。①

中央决定在北京和兰州筹建两个物理研究室作为培养核科技人才的教育基地之后，1955 年 5 月高教部调浙江大学副教务长胡济民、东北人民大学朱光亚和北京大学虞福春负责筹备工作。筹备小组以"科学院物理所六组"②的名义立即开展各项急需的工作，如调集教学和技术骨干、购买图书

① 郑春开：核科学家摇篮——北京大学技术物理系的创建、发展和历史演变（1955-2001年）.《物理》2003（10）：645-653。

② 当时物理所分为四个研究组，第五组为后勤组，故将筹备小组称为六组。

及仪器设备、筹建实验大楼等。同年8月1日，高教部决定在北京大学正式成立物理研究室（1958年改称原子能系，1961年改称技术物理系），任命胡济民为研究室主任，虞福春为副主任，物理研究室由副校长江隆基直接领导。接着，由国务院三办、公安部等单位调来后勤人员，迅速组建人事、财务和教务办公室以及图书、器材等部门。

在组织落实的基础上，教学与技术队伍的建设迅速跟进。由于核物理的教师较多，物理研究室核物理专业的第一批学生于1955年9月优先开课。放射化学的教师队伍此时仅有北京大学的孙亦樑和浙江大学的吴季兰两人。他们一面配合核物理专业开设放射化学和放射化学实验课程，一面为放射化学专业的筹建积极准备。不久，刚从北京大学化学系毕业的刘元方、唐孝炎、江林根等十几位青年大学生被陆续调来充实教师队伍。1956年夏，物理研究室的放射化学专业开始招生。五十八名从北京大学、复旦大学和东北人民大学三校化学系选调的大三学生进入该专业学习。[①]

尽管这支稚气未脱的教师队伍（年龄最大的孙亦樑、吴季兰和刘元方也不到三十岁）勤奋好学、充满热情，但他们普遍对放射化学知之不多，也缺乏教学经验。为提高教学水平，物理研究室于1956年年底从物理所借调五室副主任郭挺章担任放射化学专业主任。然而，多年肾病缠体的郭挺章已无力承担教学工作。[②]

杨承宗主动接过了指导北京大学放射化学教学工作的重任。被聘为北京大学的兼职教授之后，他克服教材和实验设备严重缺乏的困难，很快就开设出了有关课程，并亲自主讲"放射性元素化学"。讲义由杨自编，主要内容是铀、钍、钚等锕系元素的各种化学物理性质。杨承宗在课堂上详细讲述了居里夫人从铀矿石中分离钋和镭的方法，还在黑板上画出流程图。对这一标志放射化学诞生的伟大科学事件的描述，当时在一般的书籍和文献中还很难见到，这给听课的青年教师和学生留下了深刻的印象。[③]

---

① 沈兴海：《北京大学放射化学应用化学50年（1955-2005）——回顾与展望》。北京：化学工业出版社，2006年，第2页。

② 郭于1957年3月因慢性肾病并发尿毒症病逝。

③ 刘元方：回忆与杨承宗老师在一起的几件事。见:《杨承宗教授九十华诞纪念文集》。2000年，第40页；岑运骅访谈，北京，2013年11月15日，资料存于采集工程数据库。岑运骅是其中一名学生。

1957 年秋，在北大首届也是中国首届放射化学专业学生毕业后，杨承宗旋即又被清华大学聘请，为工程物理系的毕业班同学（即"物八班"）讲授放射化学专业课程。

清华工程物理系成立于 1956 年 10 月，最初参照苏联模式，设置了天然性及人工放射化学工艺学、实验核物理、同位素分离、反应堆设计与运转四个专业。在工程物理系筹建阶段组成的"物八班"，专业方向是实验核物理或反应堆工程专业。与北大情况类似，"物八班"的学生也都从相关系科成绩优异者之中选拔，转入工程物理系后又特别加强了数学、力学等门类的专业训练。数学课程参照综合大学的数理专业要求安排，并且增加一倍学时；力学则要学完量子、统计、理论和电动四大力学。但这些学生的化学基础相对薄弱，特别是放射化学方面的知识几乎为零。考虑到未来工作的需要，必须尽快开设课程，为他们传授原子能工业必需的放射化学理论。

当时负责筹备工程物理系放射化学课程和实验的是青年教师朱永𬒈。朱永𬒈就读于清华大学化学系，1951 年毕业后留校任教，加入清华大学公共教研组，为部分院系讲授普通化学公共课。1955 年年底，负责筹建工物系放射化工专业的滕藤委派朱永𬒈承担起放射化学教研组的准备工作。了解到中关村五室在做有关铀的提取纯化以及分析方面的探索性实验，朱永𬒈慕名前来求教，坦言自己希望利用放射化学小楼的实验条件，开展核燃料化学相关的一些实验。杨承宗对此欣然同意。从 1956 年下半年开始，朱永𬒈利用五室存有的铀矿石材料，设计开展了铀的提取转化实验，大大深化了对放射化学特别是核燃料化学领域知识的理解。此后，朱永𬒈和教研组的同事又参与了北京大学放射化学专业的理论课和教学实验。到 1957 年中，清华大学放射化学专业的教师可以说已经完成了放射化学课程和实验的自学工作，基本掌握了放射化学的专业知识。然而，教师自己学会知识是一回事，科学系统的传授给学生却是另外一回事。为了赶在毕业设计开始之前给"物八班"的同学开课，清华大学决定邀请杨承宗来工程物理系讲授放射化学课程，每周一次，共进行了一个学期。

这是清华大学第一次开设放射化学课程，后来的清华校领导王大中、梁尤能都是当时听课的学生。由于朱永嶦在放化小楼中与杨承宗有较多接触，也是确定未来主讲这门课程的清华教师，所以由他担任课程助教。

自此，杨承宗每周定时来到清华大学化学馆四楼，为"物八班"的同学讲授放射化学。他上课生动活泼，深入浅出，常带实物如铀矿标本、电离室等到课堂演示。在结束了短短半年的授课之后，"物八班"的全体同学给杨承宗写了一封信，录之如下：

亲爱的杨承宗老师：

　　谢谢您、谢谢您这半年来的辛勤劳动。由于您的教导，我们初步知道了这样一门新的科学部门。不久的将来您就会看到您的劳动开花结果。您的学生将不忘您给他们打开跨入这门科学的大门。

　　我们大家都感到您教的不错，然而当我们知道老师还是第一次教书时就更使我们惊奇不已。您这种认真负责的精神深深地感动了我们。我们将在自己的工作中向您学习。

　　老师，虽然以后您不教我们课了，但您将永远是我们的老师。在今后的工作中我们还会有很多东西要向您学习。师生情谊将永远把我们联系在一起。

　　党向科学家提出了今后十一年中把我国科学事业赶上世界先进水平的号召。我们祝老师在自己的工作中为祖国建立更高的功勋。

　　最后祝老师

　　身体健康！

物八全体学生敬上

1958 年 1 月 8 日

在中国首批放射化学专业创办的过程中，杨承宗起到了很重要的作用。这并不仅仅体现为他亲自登台为学生上课。伴随原子能科学诞生而快速发展起来的放射化学是一门新兴学科，国内高校原本就没有对应的教学和科研人才，绝大多数青年教师基本从未接触过放射化学。杨承宗在培训师资、指导教学上就发挥了前辈的经验，在课程设置和内容传授上某些时候他的指导甚至是关键性的。

中国科大的创办

为了实现《十二年规划》，填补多项新兴尖端技术的空白，中国科学院自 1956 年起新建立了许多研究机构，对高端人才的要求格外迫切。但是每年从高等院校分配来的毕业生，无论是数量还是质量都难以满足科学院自身快速发展的需要。1958 年春，中国科学院力学研究所在万寿山召开会议，确定了力学所的研究方向是"上天、下海、入地"。钱学森在会上提出研究所人才短缺的问题，他认为首先须办一所学校培养学生，不能只靠所里刚回国的几位专家。钱向时任中国科学院院长郭沫若建议成立星际航行学院。在随后召开的科学院院务会议上，许多研究所负责人纷纷反映国家分配来的大学生满足不了需要，表达了急需年轻人才的强烈愿望。会议最后的讨论结果是要建立一所多学科的新型大学。

在回忆中国科大的创办时，杨承宗也谈到了这一点，他说：

> 当时我们的主要问题是队伍（指五室）不整齐，而且我们需要的人常常要不到。我们到各个大学去招兵买马，有些学校很热心，把最好的学生输送给我们，比如上海复旦大学化学系和物理系把几个最好的学生都送北京来了。但有的学校不太合作，好的学生他自己留着。更麻烦的是有的大学将专业不对口的学生送来。那时，我就强烈地感受到要做出一番事业，必须得有自己的队伍。[①]

在这种情况下，利用中国科学院的自身优势，创办一所培养新兴、边缘、交叉学科尖端科技人才的新型大学，就成为中国科学院领导和许多科

---

① 杨承宗访谈，北京，2007 年 8 月 6 日。资料存于采集工程数据库。

学家的共同期望。

1958 年 5 月 9 日，中国科学院党组书记、副院长张劲夫向主管科技工作的中央科学小组组长聂荣臻副总理呈交请示，建议由中国科学院试办一所大学，主要培养当前世界上最新的尖端学科的科学研究工作干部。在收到中国科学院党组的请示后，聂荣臻于 5 月 20 日向周恩来总理汇报科学院办大学一事，得到周恩来的首肯。经中央书记处讨论后，中共中央总书记邓小平批示："书记处会议批准这个报告，决定成立这个大学。"刘少奇、周恩来、陈云等领导人也审核同意了书记处的决定。聂荣臻随即批示：张劲夫同志即办。6 月 8 日，中国科学院院长郭沫若主持召开学校筹备委员会第一次会议，决定学校定名为"中国科学技术大学"。会议通过了建校方案和 1958 年招生简章，明确教学设备原则上由科学院各有关研究所负责。①

在一系列紧锣密鼓的筹备工作结束之后，中国科学技术大学（以下简称"中国科大"）于 9 月 20 日在北京正式成立，郭沫若兼任中国科大首任校长。出席成立典礼大会的聂荣臻副总理在讲话中指出："在科学技术方面，必须大力培养新生力量，以满足国家建设的需要，创办一所新型的大学是十分必要的。这种大学和研究机构结合在一起，选拔优秀高中毕业生，给以比较严格的科学基本知识和技术操作训练，在三、四年级时，让学生到相关研究机构中参加实际工作，迅速掌握业务知识，加快培养进度，以便在一段时期内使祖国最急需的、薄弱的、新兴的科学部门迅速赶上先进国家水平。中国科学技术大学就是在这样的要求下筹办的。经过很短的时间，在郭沫若院长的直接领导下进行筹备工作，一个社会主义的新型大学——中国科学技术大学诞生了。这将是写在我国教育史和科学史上的一项重大事件。"这段话勾画了国家创办中国科大时的创新思路，也指明了中国科大的办学方针和特色。

中国科大的成立令杨承宗由衷地高兴，他在 2007 年中国科大五十周年校庆前夕回忆道：

---

① 朱清时主编：《中国科学技术大学编年史稿》。合肥：中国科学技术大学出版社，2008 年，第 1-3 页。

有段时间我们感受到，我们的学生和工作人员的能力还是不够。1958 年说要办科技大学，科学院自己办一所大学，这个我是赞成的，是由衷的赞成，真正的赞成，完全的赞成。那时我们科学院的人到科技大学教书很容易，有些系的老师干脆就是科学院某个研究所的基本队伍。因此，提出来办这样一个学校，是很自然的一件事，也很容易让人接受。……中科院有了自己的大学就等于有了基地，有了选拔人才的主动性，就可以从质量和数量上保证自己的科研需要。而且自己培养学生，能让他们从读书阶段就开始接受你的思想，一脉相承。……"中国科学技术大学"这个校名也是独一无二的，当时全国都没有以科学和技术命名的大学。只能创新，要独树一帜。①

图 5-2　1958 年杨承宗为中国科大招生简章撰写的专业介绍

首任系主任

1958 年 7 月 28 日，学校筹备委员会举行第一次系主任会议。在这次会议上确定了钱学森、郭永怀、赵忠尧、华罗庚、贝时璋、吴仲华、赵九章等当时最有名望的海归科学家作为首任系主任，杨承宗即被确定为放射化学和辐射化学系（学校各系按编号排列，放射化学和辐射化学系在建校时被编为 08 系，后文简称 8 系）的首任系主任，成为创建中国科大

---

① 杨承宗访谈，北京，2007 年 8 月 6 日。资料存于采集工程数据库。

的核心成员之一。出任系主任以后，杨承宗为 8 系的建设投入了极大的精力。教师队伍、课程设置和教学大纲，都由他亲自敲定。

8 系最初设有放射化学、辐射化学和同位素化学三个专业。放射化学专业分为放射化学和放射化学工艺学两个专门化。学制为五年半，放射化学专门化授课 4080 学时，放射化学工艺专门化授课 4176 学时。前三年半的时间系统学习理论基础课、技术基础课及专业基础课，自四年级下学期开始学习专业及专门化课程，五年级下学期用较多的时间参加部分科学研究工作或专题学习讨论。六年级上学期全部时间参加原子能所的研究工作，做毕业论文，确定今后的工作方向。[①]

与北大、清华放射化学专业教师多数由物理学家兼任的捉襟见肘相比，杨承宗为 8 系挑选的教师队伍阵容非常"豪华"，几乎囊括了国内所有知名的放射化学家：放射化学由他本人主讲；放射化学工艺学由刘允斌主讲；同位素化学由肖伦主讲；核化学由冯锡璋主讲；辐射化学由林念芸主讲。[②] 这些初步拟定的主讲教师均为原子能所研究员。他们身居核燃料研发任务的一线，非常清楚放射化学的应用和前沿动态。这种优势在 8 系的专业课程设置上体现的十分明显。

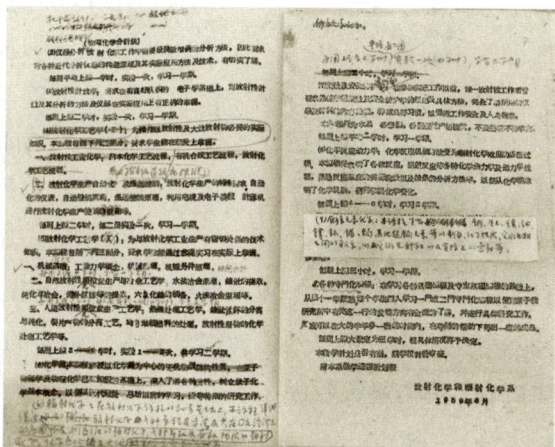

图 5-3　杨承宗亲笔修改的教学计划

以放射化学工艺学为例，刘允斌将这门课分为四大部分：普通化工原理和设备，天然同位素生产和冶炼工艺学，人工放射性生产工艺学，放射化学生产自动化和控制。授课分为两学期进行，每学期讲两大部分，学期

---

① 放射化学和辐射化学系教学计划说明（草案），1959 年 8 月，杨承宗自留本。

② 徐理瑛：难忘的几件事——庆贺杨承宗先生九十华诞。见：《杨承宗教授九十华诞纪念文集》。2000 年，第 85 页。

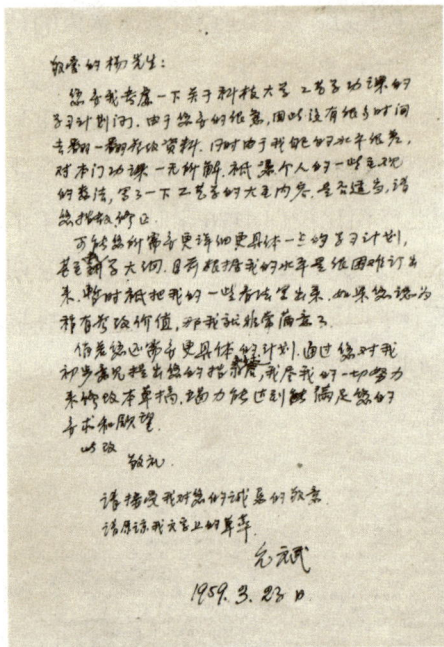

图 5-4　刘允斌关于放射化学工艺学教学
大纲给杨承宗的回信

结束后至少要有一个月的时间去工厂实习。刘允斌当时担任原子能所十室（负责核燃料后处理技术的研发）室主任，是二机部核燃料工程的主要负责人。他拟定的这份教学大纲完整而又系统。特别是与刘允斌从事的核燃料后处理研究方向对应的"人工放射性生产工艺学"，其内容包括了从沉淀法、离子交换法、萃取法到高温氟化法等各种后处理工艺，铀的回收与钚的精炼方法，裂变产物的综合利用和分离工艺等。[①] 很多内容都是当时的学术前沿知识，即使用现在的眼光来看也不过时。刘允斌、肖伦等人虽然受繁重的研究任务所限，最后并未亲自登台为本科生上课，但是他们大都已为各自负责的专业基础课拟定了主要的授课内容，基本被吸收进 8 系正式的教学大纲中。

为进一步筹建教学队伍，杨承宗从原子能所抽调了张曼维、孙鹏年、吕维纯、李虎侯等年轻骨干科研人员，又将刚留苏回国的徐理阮、章吉祥和范龙祥调入学校，在此基础上成立了放射化学教研室。教研室分三个教研组，即基础放射化学组、专业放射化学组和辐射化学组，分别承担放射化学、核化学、放射化学工艺学、同位素化学以及辐射化学等方面的教学和实验工作。[②]

8 系对实验教学非常重视，在玉泉路校址内的化学楼四层开设了放射化学、核化学、同位素化学、放射化学工艺学，以及核辐射计量学实验，

①　刘允斌致杨承宗信，1959 年 3 月 23 日。
②　辛厚文主编：《中国科学技术大学化学与材料科学五十年》。合肥：中国科学技术大学出版社，2008 年，第 8 页。

同时拟定了详细的放射化学实验教学大纲。大纲规定：课程目的是让学生通过实验验证理论，掌握放射化学的基本操作技术和培养学生独立展开放射化学研究的初步能力。课程共 128 学时，在第四学年开设。整个实验的内容安排有：放射化学引论，放射化学分离、分析；核转变化学及同位素应用。实验工作的特点一是在严格控制安全的前提下，让学生尽可能多地使用多种毒性较小、半衰期较短的天然和人工放射性同位素；二是尽可

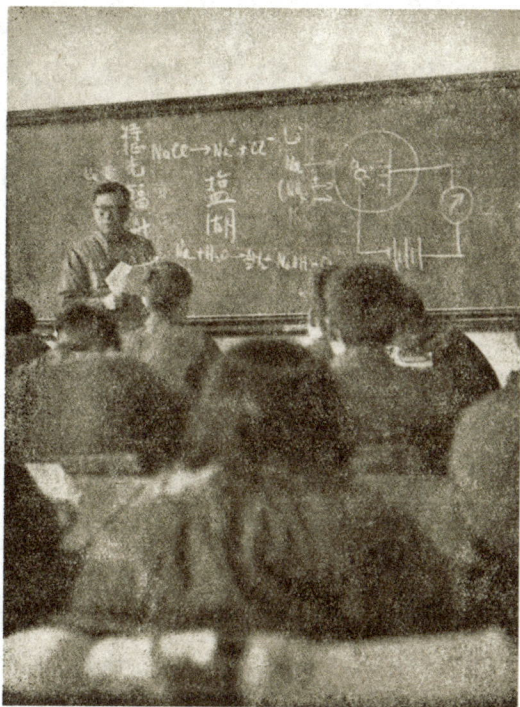

图 5-5　杨承宗给中国科大的学生讲课

能使用多种射线探测仪、各种计数管、闪烁计数器、电离室及核乳胶等。[①]

在繁忙的系主任任上，杨承宗还承担着中国科大本科生化学基础课的教学任务。中国科大对基础课非常重视，高等数学、普通物理和普通化学教学不按照系别设置，而是将全校本科生分为十个班。杨承宗和王葆仁、梁树权、刘达夫等十三人担任了全校化学基础课程的任课教师。杨承宗教授《无机化学》，每周五个学时。

尽管如此，杨承宗念兹在兹的还是 8 系的各项事务。受 1958 年全民大炼钢铁运动的影响，系里有些老师跃跃欲试，带领尚未学习专业课的学生围绕铀矿石开展了一些科研工作。随着专业课实验教学准备工作的深入以及实验设备的完善，发现个别实验室放射性污染严重。杨承宗获悉此情况后，十分重视，除了要求污染严重的实验室消除污染外，还提出进行化学

---

① 1963—1964 年度甲型放射化学实验教学大纲，近代化学系放射化学专业。合肥：中国科学技术大学，科大档案，1963-WS- 长期 -071-016001。

操作的所有实验室都要采取措施，以防今后再次污染。同时，作为一个已经从事放射化学二十多年的老前辈，杨承宗心里很清楚，这些初次接触放射性的学生即使再细心，也免不了有操作失误，只有想出一个即便失误也不至于使放射性物质渗入水泥的办法，才能最大程度降低放射性污染产生的可能性。最后，师生们群策群力，自己动手，利用暑假的时间，跪着、趴着把一块块的软塑料板按各化学实验室的形状大小，切割并焊成整体，使数百平方米的化学实验室面貌焕然一新。[①]

在 1960 年之后，8 系进行了多番调整。系名先是更改为时髦的原子能化学系，1961 年又改为近代化学系，同时将地球化学和稀有元素系的稀有元素专业转入该系，改设放射化学和稀有元素化学两个专业。1964 年 4 月，中国科学院党组同意中国科大关于调整系、室设置的意见，将原有十三个系合并为六个系。当时的化学物理系、近代化学系、地球化学系、高分子化学和高分子物理系以及化学教研室合并成一个系，定名为近代化学系，仍由杨承宗担任系主任。并系以后，原有的放射化学专业以放射化学教研室（后更名为辐射化学教研室）的形式存在。放射化学教研室下设基础放射化学组、专业放射化学组和辐射化学组三个教研组，分别承担放射化学、放射化学工艺学、同位素化学以及辐射化学等方面的教学和实验工作。[②]

由上述过程可以看出，中国科大的放射化学专业建制几经调整，专业名称、设置也根据任务和课题的需要多有变化。但是得益于杨承宗在建系之初组建了一支富有经验的教学队伍，并确立了比较完整系统的教学大纲，中国科大放射化学专业的人才培养工作在几年中进行的有条不紊。"文革"前中国科大放射化学专业共培养了三届毕业生，毕业去向如下表所示：

---

①　徐理阮：难忘的几件事——庆贺杨承宗先生九十华诞。见：《杨承宗教授九十华诞纪念文集》。2000 年，第 86 页。

②　辛厚文主编：《中国科学技术大学化学与材料科学五十年》。2008 年，第 7-8 页。

表 中国科大前三届放射化学专业毕业生（人）去向统计

	二机部	中国科学院	留校	其他部门（主要是军事部门）	共计
1963 年	32	36	12	5	85
1964 年	45	24	10	21	100
1965 年	57	14	1	28	100
共计	134	74	23	54	285

据用人单位反馈的评价，这些毕业生工作对口的占多数，工作表现较其他几所高校的学生为好，是当时全国同行中较强的一个专业。[①]

杨承宗为中国科大放射化学专业的建设倾注了很多心血。他在晚年回溯人生时曾说："我一生只做了两件事，一是为原子弹炼出了所需要的铀，还有就是在中国科大办了一个专业。"[②] 可见中国科大放射化学专业在他心目中的分量。1961 年 3 月间，原子能所党委书记郑林找杨承宗谈话，说组织上准备调他去支援中国科大。[③] 杨承宗虽然已在中国科大讲了三年课，当了三年系主任，花在教学上的时间比在原子能所工作的时间还多，但仍然算是"兼职"工作。为了更好地办学，为国家培养出更多的核科技人才，杨承宗欣然接受了这次工作关系的调动。3 月 27 日，他来到中国科大报到并办理了人事关系调动手续。从此以后，杨承宗虽有一些社会兼职，但人事关系一直在中国科大。他以校为家，潜心教学，默默奉献，成了地地道道的"科大人"。

---

① 杨承宗，关于恢复本校放射化学专业的建议，1978 年 8 月 23 日。手稿。
② 新中国放射化学奠基人杨承宗评价自己一生只做了两件事——为原子弹炼铀，为中科大办专业。《科学时报》，2010-09-20：A1 版。
③ 杨承宗：汇报（代自传），1968 年 12 月 17 日。手稿，第 15 页。

第六章
创建中国的铀工艺

通 州 五 所

从世界上首枚原子弹研制成功之日起，有核国家便一直依靠两大途径来获取核燃料：一是以六氟化铀为介质，通过气体扩散法（后来改进为离心法）富集得到武器级浓缩铀（铀-235 丰度高于 90%）；二是用后处理技术从辐照过的乏燃料（早期也称"热铀"）中分离提取钚-239。两种技术路线，均以天然铀[①]的生产为前提。

坐落在北京东郊通县（今通州区）的铀矿选冶研究所，正是以创建中国铀工艺为使命而筹建的。从铀矿石开始，经化学浓缩物（俗称"黄饼"）、重铀酸铵（ADU）、三碳酸铀酰铵（AUC）、三氧化铀至最终产品核纯二氧化铀，中间需要一亿倍的提炼浓缩。众所周知，中国是一个贫铀国家，铀矿品位低，矿床种类复杂，铀平均品位在千分之一至千分之三的

---

① 指直接从矿石中提取的核纯铀，绝大部分是铀-238（含量为 99.27%），铀-235 含量为 0.714%。

铀矿床约占一半。[1] 因此，要研发适用于不同铀矿特点的铀水冶纯化技术，难度极大。

为筹建铀工艺研究所，三机部于 1957 年 5 月决定在冶金部有色金属院设立"专家工作组"，禄福延、邓佐卿分任正副组长。"专家工作组"成员来自五个方面：三机部技术干部训练班三十人，留苏学生和实习生五人，冶金部支援十人，化工部天津俄语班为冶金部代培六人以及设计院四人。来自技术干部训练班的人员在北京大学物理研究室放射化学专业进修一年专业课，系统学习了放射化学、堆工理论、安全防护等课程，基本上掌握了原子能工业的基础知识。留苏学生和实习生在苏联留学的后期重点攻读原子能专业，有较为坚实的理论基础。

1958 年 4 月，冶金部决定以"专家工作组"为班底，组建成立铀工艺研究所，正式名称为"冶金部北京第六研究所"，选址定在北京东郊的通县。9 月，经中央批准，冶金部三司及研究所整建制划归二机部，研究所更名为"二机部北京第六研究所"（1963 年更名为北京第五研究所，简称"五所"）。[2] 五所是核工业系统内唯一的铀矿冶技术研究机构，承担着从铀矿石到重铀酸铵、三碳酸铀酰铵、八氧化三铀、二氧化铀、四氟化铀直至金属铀的整套铀湿法冶金技术开发任务。[3] 刘杰部长经常讲的一句话："五所处在核事业的龙头位置，龙头不动，龙尾就没法摆。"[4] 恰如其分地说明了五所的定位。

五所建立初期，苏联专家扮演了非常重要的角色。根据中苏相关核协定，1957 年至 1960 年先后曾有十三位苏联专家被派往五所工作。1957 年初期，М. 洛斯库托夫等六位教授在所里开设了铀矿选矿、铀水冶、分析和冶金理论等基础课程，并在实验室讲授操作要领。1959 年以 Ю.И. 扎林

① 夏润身：我国铀矿资源及其水冶工艺技术.《铀矿冶》，1997（04）：221-226。

② 由于保密需要，二机部下属研究所一般都有两个名称，如原子能所在内部称为"401所"。北京铀矿选冶研究所是六所对外所用的名称。六所于 1963 年更名为北京第五研究所，1989 年更名为核工业北京化工冶金研究院。由于该所人员习惯称其为五所，本书亦用"五所"作其简称。

③ 《核工业北京化工冶金研究院院史（1958-2007）》。北京：核工业北京化工冶金研究院，2008 年，第 2-4 页。

④ 夏德长访谈，北京，2013 年 6 月 15 日，资料存于采集工程数据库。

堡为组长的七名苏联专家又到所组织技术培训。在铀的提取纯化方面，系统地讲授了铀及其化合物的性质、从磷酸盐矿石中提取铀、两种不同铀矿石的混合处理、从含铁铀矿石中提取铀及浸出工艺、二氧化铀的生产方法、四氟化铀的制备等相关理论和技术。[①] 为了把苏联专家的技术学到手，五所还制定了"五定"（定人员、定内容、定时间、定要求、定措施）和"四结合"（领导、专家、技术员和工人相结合）的工作原则。五所当时的青年骨干夏德长在谈到这段经历时说："我自身关于铀的放射化学知识基本来自于苏联专家的讲授。"[②] 应该说，五所大部分科技人员从初识铀矿到逐步掌握铀及其化合物的各种物理化学性质，能够独立开展验证性实验，学术水平得以在短短几年中迅速提高，是与苏联专家的培训工作分不开的。

然而，凡事都有两面性。早在1953年，杨承宗在近代物理所就指导王方定、朱培基、邓佐卿等人，开展了铀的提取分离研究工作，并初步建立了分析方法。几年下来，五室在铀的提取、分离、分析方面积累了不少经验，也培养了一批技术干部。但是在酝酿组建五所期间，决策部门却并未有效利用五室的人才储备，而是从其他工业部门抽调了一批从未接触过放射性的人员。此后五室的铀化学工作也就不了了之。对于苏联专家的过度依赖，难免造成国内既有人才资源的浪费。同时，国际局势瞬息万变，中苏关系一旦恶化，五所乃至整个中国的铀工业都将陷入十分被动的局面。不幸的是，事情很快就发生了。

临 危 受 命

1958年以后，随着长波电台、联合舰队及炮击金门等事件的发生，中苏关系开始蒙上阴影。赫鲁晓夫对毛泽东领导的"大跃进"和"人民公社"的冷淡及批评，进一步加剧了中苏关系的恶化。苏联开始以种种借口

① 《核工业北京化工冶金研究院院史（1958-2007）》。第5-6页。
② 夏德长访谈，北京，2013年11月16日。资料存于采集工程数据库。

拖延根据协定应向中国提供的原子弹教学模型（即样品）和图纸资料。

1959 年 6 月 20 日，苏共中央通过了给中共中央的一封信。信中以当时苏联与美国、英国等西方国家正在谈判关于禁止试验核武器的协议，赫鲁晓夫与艾森豪威尔将在戴维营举行会谈为理由，提出暂缓按协定向中国提供原子弹模型和图纸资料，两年以后看形势发展再说。这实际上意味着苏联单方面废除了中苏 1957 年签订的《国防新技术协定》，毁约停援之势已昭然若揭。

1960 年 6 月布加勒斯特会议后，苏联单方将中苏两党关系的恶化扩大到两国关系上。1960 年 7 月 16 日，苏联向中国递交了关于撤走在华专家、停止供应原定设备材料的照会。至 8 月 23 日，在二机部系统工作的二百多名苏联专家全部撤走，并带走了重要的图纸资料，同时设备材料的供应也随即停止。[①]

苏联专家的撤退给正在建设中的中国核工业造成了巨大的损失和困难，许多工程项目被迫停工推迟甚至不得不重头做起。与此同时，由于"大跃进"运动的重大失误和三年自然灾害，整个国民经济已滑入谷底。特别是正在建设中的几个核工业重点工厂都处在最困难的地区，不仅物资供应困难，连职工正常的生活供应也难以保障。

在人祸天灾齐来的严峻形势面前，中国领导人反而更加坚定了独立研制核武器的决心。周恩来总理提出"独立自主、自力更生、立足国内"的方针，要求二机部缩短战线，集中力量解决最急需的问题，并决定调动各地区、各部门的力量支持原子能事业。

核燃料的生产最初有两条线同时建设。一条是铀 –235 生产线（"铀线"），另一条是钚 –239 生产线（"钚线"）。苏联专家撤退时，铀线的主要工程兰州铀浓缩厂已基本建成，配套设备也比较齐全；钚线的主要环节生产反应堆工程则只完成了初步的基建，后处理厂的工艺流程方案还尚未确定。为及早获得原子弹的核装料，二机部在 1961 年初决定将铀线列为"一线"工程，作为重点全力突击抢建。钚线则被列为"二线"，暂停建设。[②]

---

① 李觉等主编：《当代中国的核工业》。第 33 页。
② 李觉等主编：《当代中国的核工业》。第 42 页。

核纯二氧化铀的生产是铀线最基础的一环。作为最重要的铀化合物之一，二氧化铀既是生产四氟化铀和六氟化铀的原料，又可制成核纯陶瓷元件供反应堆使用。然而，由于种种原因，负责生产二氧化铀的衡阳铀厂的施工进度并未如预期的顺利。到了 1959 年年末，其建设速度滞后的局势立时变得严峻起来。按照进度，1960 年春兰州铀浓缩厂的土建工程就将基本完成。如果衡阳铀厂不能及时建成，生产出足量二氧化铀，后面一系列工厂就会陷于"无米之炊"的境地。尽管衡阳铀厂的建设进度一赶再赶，却仍不能满足铀浓缩厂对六氟化铀的迫切需要。[①]二机部党组经过认真研究，要求五所以各地土法冶炼的重铀酸铵为原料，先用简易方法生产出足够量的二氧化铀和四氟化铀，同时加紧验证衡阳铀厂的水冶纯化工艺流程，确保其早日投产。一时间，五所被推到了原子弹研制的最前线。

然而，此时五所的情势却不容乐观。受"拔白旗""反右倾"等接连不断的政治运动干扰，科研秩序较为混乱，对放射性废物的处置非常不规范，加工后的废矿渣到处堆放，像是一个"工地"，而非研究所。特别是苏联专家撤走之后，广大青年科研人员仿佛失去了主心骨，士气普遍较为低沉。五所急需一位学术领路人来稳定军心，继而带领这批青年科技人员攻克难关，完成国家重大任务。在这内外交困的关键时刻，由二机部部长刘杰亲自点将，杨承宗临危受命，奉调至五所担任副所长，负责科技领导工作。

那是 1961 年的 4 月 4 日，杨承宗突然接到原子能所通知，说钱三强副部长找他。见面后，钱告诉杨是刘杰部长要见他。过了一会儿，刘杰到了，谈起二机部的工作进展不快。刘杰突然问道："什么原因妨碍着我们的事业不能大步前进？"杨承宗一时愣在了那里，难以回答这个严肃、重大的问题。谈话之际，刘杰让随他一同来的五所党委书记李魁年，向杨简要介绍了五所的基本情况。谈话结束后，刘杰要李带杨承宗即刻去五所"看看"。

到五所后，杨承宗先看了图书馆，发现馆藏的有关铀化学方面的书籍

---

① 实际上，生产二氧化铀的衡阳铀水冶厂纯化车间到 1962 年年底才建成投产。

竟还不如他个人的多。这实难与上千人规模的研究所相称。问起管理员，答说"带'铀'字的图书已经全部在这儿了"。杨承宗讶异之余，也有些哭笑不得。而到各研究室看后更着实吃惊，许多研究室都缺乏必备的仪器设备。仅凭这样的实验装备条件，如何承担核燃料生产攻关的重大使命？杨承宗忽然明白，刘杰部长的用意是要激发他的责任心，从而让他留在五所工作。

起初杨承宗有些犹豫——自1955年国家决心创建核工业始，经过几番调整重组，放射化学研究机构的分布发生了明显变化。铀化学的工作完全归于五所，钚化学归于原子能所（坨里部分）新组建成立的后处理研究室，放射性同位素的制备和应用归于肖伦任室主任的原子能所（坨里部分）十六室。在国内最早开展放射化学研究工作的原子能所（中关村部分）五室，则处在了一个比较尴尬的位置。或许正因为如此，1958年中国科大建校之后，杨承宗将更多的时间精力投入到了放射化学专业的建设当中。经过近三年时间的精心耕耘，此时的放射化学专业已颇具规模，教学科研也步入正轨，呈现出一片大有可为之势。在教育人才上好好下一番工夫，何尝不是为国建功立业？！就在与刘杰部长见面的一周前，杨承宗正式调入中国科大工作。现如今，愿以绵薄之力为国家培养青年人才而努力的表态言犹在耳，却随即要改做他职，他感到难以向学校交代。于是，杨承宗向前来宣布他工作去向的郑林说出了心中的顾虑。郑林劝杨承宗安心到五所工作，表示他可以代表二机部向中国科大校方说明情况（郑林是二机部党组成员）。

最终，杨承宗坦然接受了组织安排，没接到正式调令、任命，也没有明确什么头衔，便前往五所工作。鉴于二机部对五所的任务要求紧迫，多方决定杨承宗要把主要精力放在二机部，三分之二的时间在五所（每周一、二、四、五），三分之一的时间在学校（每周三、六）。这段时期杨承宗非常忙碌，几乎打破了单位、部门的界线。女儿家翔后来谈道：

> 我父亲在原子能所的时候还能顾上家里，后来到五所以后就一点也顾不上了。五所在北京的东郊，我们家（中关村）在北京的西郊，

父亲上班要穿过整个北京城，路上得花一两个小时，刘杰专门给他配了辆轿车。每周一早晨司机开车把父亲从中关村接到五所，在五所工作两天，周三一早再把他送到科技大学。周三晚上父亲乘班车回家，然后周四再去五所，在五所两天，礼拜六再到科技大学工作。[①]

科 研 整 顿

在历经了"反右"运动、红专大辩论、批判资产阶级思想和"交心"运动等接连不断的政治运动洗礼，科学工作者逐渐丧失了话语权和讲真话的勇气。作为社会中最具科学精神的群体，广大科学工作者不仅未能逃脱"大跃进"运动对科学界的冲击，并且深深迷失在了狂乱的政治漩涡之中。几年下来，科学界积攒了许多亟待解决的突出问题和矛盾。例如在处理红与专关系上，不少单位对"红"的要求过高、过急，对"专"的方面则不够重视，将那些参加政治活动少、钻研业务多的人视为"只专不红"或"白专道路"。少参加了几次学习会，少贴了几张大字报，就被说成是想"成名成家"，搞个人主义。不仅破坏了科技人员的团结，也严重挫伤了工作积极性，致使科技人员不敢钻研业务，不敢放心做学术工作。又如，在当时急于求成的指导思想下，科研工作中浮夸风泛滥，工作做得不够踏实、不够严格，研究时间得不到切实保证，研究任务变动过多，真正拿到手的重要成果却很少。同时，领导部门瞎指挥风严重，任意取消一些有相当工作基础或有学术价值的研究课题，推行一些脱离实际，甚至违反科学的技术方案，以及强制推行突击献礼、"大办"和"大兵团作战"等。[②] 这些问题严重打乱了科研工作的正常秩序，阻碍了科技事业的健康发展。

1961 年，"八字方针"和《农业十六条》的颁布，为恢复经济和调整人民的生产生活起到了明显效果，同时也为科学界思考和调整"科学大跃

---

① 杨家翔、远泽清访谈，北京，2011 年 11 月 30 日。资料存于采集工程数据库。
② 聂荣臻同志在中国科学院院务扩大会议上的讲话，1961 年 10 月 15 日。

进"带来的弊端提供了有益的启示。中国科学院党组在对院属各研究所进行了广泛的调研后，开始着手制定相关规章制度，以便规范科研秩序。在副秘书长杜润生主持下，科学院于 1961 年 2 月提出了当前工作的若干条意见，后经集体讨论修改为十四条。聂荣臻看后认为草案很好，建议面向全国，文件改用国家科委党组和中国科学院党组联署上报，文件名确定为《关于自然科学研究机构当前工作的十四条意见（草案）》（以下简称《科学十四条》）。4 月以后，在聂荣臻直接领导下，国家科委党组和中国科学院党组又分别进行了一些调研和讨论，对《科学十四条》进行了修改和补充，最后由聂荣臻定稿。7 月 19 日，经中央政治局开会讨论通过，《科学十四条》正式以中央文件下发全国。

《科学十四条》总结了新中国发展科学事业的经验和教训，针对"大跃进"中存在的问题，就科研机构的根本任务、稳定科研秩序、发扬科学精神、干部培养制度、协作交流、"双百"方针以及知识分子工作等问题，规定了各项正确的政策和调整措施。因为遵照了科学发展的客观规律，真实反映了当时科学界的普遍愿望，并根据当时科学界存在的实际问题提出了针对性的解决措施，《科学十四条》受到广大科学工作者的热烈欢迎，被尊为"科学宪法"。它的制订和颁行，终结了科学界的"大跃进"，使全国的科研工作逐步踏上了健康发展的道路。

借着这股东风，杨承宗首先从整顿五所的科研秩序抓起。

五所建立伊始，缺少有关科研的规章制度和方法。五所多位技术骨干受苏联影响较深，他们中间有的是苏联留学生，有的在国内受过苏联专家培训，业已习惯于苏联专家的那一套方法。而苏联对华的核技术援助方式，一言以蔽之，即按照苏联国内核工厂的模式在中国复制一座。那么可以想见，五所这批科研人员最初对自身的定位更大程度上是确保工厂顺利运行的技术员，而非以追求工艺革新、探寻科学未知为宗旨的研究者。用当事人的话说就是"不太懂得 test 和 research 的差别"。[①] 因而有些时候出现实验设计和操作方面做得不够严谨、实验结果的数据记录得不够规范、

---

① 郑群英、汪淑慧访谈，北京，2013 年 6 月 16 日，资料存于采集工程数据库。郑群英时任五所四室（冶金研究室）主任。

对实验结果只知其然而不去研究其所以然等问题。杨承宗结合《科学十四条》的贯彻，针对性地提出在全所工作中要坚持严肃性、严格性和严密性的"三严"科研方法，力促有关部门加强和整顿实验的科学管理，建立了各级审核制度。如实验室的清洁卫生，对各种标准溶液的统一配制与抽查标定，要求试验记录的详细与真实等。在此基础上，五所相继制定了有关"文献调研报告""专题计划"、年度和季度"科研计划"等科研管理办法，从而使科研工作有章可循、有条不紊。

除此之外，杨承宗重点抓了五所图书资料的建设。他主持了图书馆楼的改建工作，发动技术人员到北京外文书店去订购书刊，派工作人员到北京、天津、上海等许多单位去调书、购书，强调几个重要的刊物如《化学文摘》（*CA*）、《工业与工程化学研究》（*IECR*）、《美国化学会志》（*JACS*）、《英国化学会志》（*JCS*）要尽量补全。他特别指示：为了科学的继承性和延续性，科技人员不仅要了解最新的科技动态，而且要了解各学科的发展历史。不到一年时间，馆藏量便增至图书数十万册、中外科技期刊上百种。

1961年11月，杨承宗组织科技人员编制了五所"1963—1969年七年规划"，明确了为中国天然铀的生产服务的建所目标，研究方向主要为选矿、水冶、纯化[①]、冶金，以水冶和纯化为核心。为配合铀水冶工艺研究，充分加强分析鉴定、有机合成、设备材料和剂量防护的研究工作。各研究室据此作出调整，所内主要技术骨干根据各自学科、专业方向进入不同的研究室，得以人尽其用，避免了之前技术骨干扎堆于某一个研究室的人才浪费现象。[②]

1962年1月，以杨承宗为主任、陈汉明副所长为副主任的五所学术委员会成立，成员有邓佐卿（纯化）、吴永兴（水冶）、董灵英（分析）、郑群英（冶金）、汪淑慧（选矿）等八位技术骨干。至此，五所重新建立了正常的科研秩序。

---

①　重铀酸铵还需经酸溶解、萃取、反萃取、沉淀、转化结晶、煅烧等工序，才能成为核纯级二氧化铀，这个过程被称为铀的纯化。

②　岑运骅访谈，北京，2013年11月15日。资料存于采集工程数据库。

分析是工艺的"眼睛"

　　杨承宗在五所领导的第一项科研任务是核燃料化学分析技术攻关。对于分析工作的重要性，他曾打过一个经典的比方："分析是工艺的'眼睛'，先睁开眼才能做好工作。"当时五所在铀纯化方面的实力不俗。技术骨干邓佐卿、禄福延、夏德长等在1960年秋的二氧化铀简法生产任务中，勇于开拓创新，针对土法冶炼的黄饼原料杂质量过大的问题，创造性地对苏联原有流程的不足进行了改进，用简法工艺流程成功生产出了一定量的二氧化铀，满足了后续生产的需要。[①] 但是，与生产同步进行的核纯产品的质量分析方法研究工作，由于以往重视不足而陷入了非常被动的境地，大量的微量和超微量元素分析方法亟待确立。为此，杨承宗从原子能所五室抽调了岑运骅、朱润生、刘开禄、张赞绪、季国坤和谢秀英来支援五所分析室的研究工作，并添置了能谱仪等多种仪器设备。

　　在核装料铀 –235 的制备过程中，从二氧化铀、四氟化铀、六氟化铀至金属铀的核纯产品，均有二三十项杂质元素需要严格控制。虽然每种中间产品要求的杂质项目多有重叠，但是下限标准不尽相同。因此，对于中子吸收截面大的重点元素，如硼、钐、铕、钆、镝、总稀土、钨、铬、钼、钒等，二机部组织了十几个攻关研究组，对上述重点元素均要求采用两种不同原理的分析方法进行核对。由于要求检测的元素多，而且都是微量和超微量级，如少数元素的灵敏度要求 $10^{-5}\%$，个别元素甚至达 $10^{-6}\%$，分析难度极大。二机部除要求原子能所、五所等部内科研单位承担分析方法外，还委托长春应用化学研究所和北京化学研究所承担了硼、总稀土等分析方法的协作攻关。为了统一验收多个单位大量的科研报告，二机部在 1962 年下半年成立了核纯产品分析成果验收领导小组（简称"验收小组"）。杨承宗和原子能所副所长汪德熙共同担任验收小组组长，组员主要

---

　　① 刘培、张志辉：中国第一颗原子弹所用二氧化铀的制备——北京铀矿选冶研究所二氧化铀的生产历程．《中国科技史杂志》，2015，36（1）：42–52。

有董灵英、朱培基等。

杨承宗深知验收小组责任重大，任何差错都将导致核试验的失败。在他主持下，验收小组制订了极其严格的分析研究成果验收工作条例。[①] 该条例主要规定如下：

一、灵敏度试验

核纯化合物杂质分析的工作曲线下限必须低于杂质要求指标下限的三分之一，并定义为测定灵敏度。如质量标准某元素$< 3×10^{-3}\%$则测定灵敏度为$1×10^{-3}\%$；若指标$< 1×10^{-3}\%$，则测定灵敏度为$3×10^{-4}\%$。

二、精密度试验

精密度分为室内精密度和室间精密度（不同人员）。每个试验测定六次，按数理统计方法计算精密度。

三、准确度试验

除与标准样品对照外，对无标准样品则用超纯八氧化三铀基体加入已知标准量，进行加入回收试验。

四、干扰元素试验

除对所测元素有关的干扰元素进行试验外，还须做混合干扰元素试验。

五、每种元素的研究报告

最后必须对实际样品用不同原理的方法进行核对试验。

在攻关过程中，对于不同的分析方法不同科研单位之间难免会出现意见不一致的情况。当时长春应化所张锐等人研究的是铀纯度化学光谱分析技术，与二机部系统采用苏联的高温蒸发光谱分析法有很大不同。作为验收小组的负责人，杨承宗对应化所的工作给予了支持，并表示有效的分析方法种类越多，越能够保证核纯铀分析技术攻关成功。张锐调入五所工作后，杨承宗更是亲自参与指导这项研究。后来张锐奉命前往核基地参与浓

---

① 董灵英：杨承宗老师带领我们攻克核纯铀中微量和超微量杂质的分析技术关。见：《杨承宗教授九十华诞纪念文集》。2000 年，第 48–49 页。

缩铀的纯度分析技术攻关。由于核基地刚刚建成，浓缩铀非常宝贵，取样量极受限制。化学光谱法凭借着取样量少、适用性广泛等优点，在铀浓缩厂投产初期的困难时期里解决了多项重要的分析难题。①

从 1962 年四季度至 1963 年年底，验收小组共分批验收了二百多份科研报告，从而建立起一整套的核纯铀产品质量检验方法。这些方法科学性强，分析监测数据可靠，保证了第一颗原子弹核装料的质量。

在整个技术攻关中，杨承宗不失时机地多次到部里为五所争取外汇，先后从国外引进了一批 X- 荧光光谱仪、极谱仪、液相色谱仪等先进仪器设备，并鼓励科技人员自主研发重要仪器部件。几年下来，五所因分析手段齐全、人员素质高而成为核工业的重要分析基地。

硕 果 累 累

杨承宗出身经典放射化学，熟谙天然放射性元素分离分析方法及其应用研究，对铀的放射化学尤为精通。他与五所的结合可说是相得益彰，聪明才干、知识技能得到了充分施展。归结起来，杨承宗在五所的工作主要有如下几项内容：

一、重要研究专题的审查；

二、研究进程中一些重要技术问题的发现与解决；

三、科研成果报告的审定；

四、各研究室探索新研究方向与开辟新研究领域的调查研究；

五、研究技术干部的分配与培养计划；

六、国外进口器材的购置与分配；

七、参与少数专题的具体研究工作。

在他的带领之下，五所广大职工各司其职，科研水平迅速提高，科研

---

① 张锐：良师益友，深情无限——回忆两三件往事。见:《杨承宗教授九十华诞纪念文集》。2000 年，第 75 页。

成果不断涌现，为中国铀工业的建立提供了重要的技术支撑。

衡阳铀厂的工业生产线投产以前，五所在相当长的一段时间内扮演着"中间试验厂"的角色。二机部对五所的要求是，一方面用简易方法快速生产出满足后续工厂试验的核纯二氧化铀，另一方面以五所为扩大试验厂，验证补充由苏方设计的衡阳铀厂二氧化铀生产工艺流程（代号"414流程"）。简法生产任务完成后，五所随即展开了对414流程的验证工作，就纯化流程中原料的杂质净化、萃取、重铀酸铵沉淀、三碳酸铀酰铵转化结晶、三碳酸铀酰铵的热分解等诸多课题进行了研究。

414流程在当时是较为先进的技术，除采用了欧美铀工业普遍应用的 TBP 萃取工艺之外，尾端还衔接了 AUC（三碳酸铀酰铵）纯化工序。AUC 工艺是苏联独创的一项铀纯化技术，其原理是基于三碳酸铀酰铵晶体和杂质元素在母液中所生成的化合物在溶解度上的差异。当三碳酸铀酰铵晶体析出时，这部分杂质化合物仍留在溶液中，通过固液分离并洗涤三碳酸铀酰铵晶体，即可除去杂质。然而，这套流程并不完全适用于实际生产。

重铀酸铵的沉淀是414流程中比较关键的一步工序，沉淀效果的好坏直接关系到最终产品的质量。国内生产的首批铀矿石原料中硫酸根杂质含量较高，如果按照原设计的工艺条件操作，溶液体系中极易形成难除的碱式硫酸铀酰晶体杂质。大量的试验研究表明，碱式硫酸铀酰晶体主要在 pH=4—6 的区间内形成。科技人员通过分步沉淀法和改变温度、搅拌强度等其他工艺参数，巧妙地跃过容易形成这种杂质的 pH 值区间，从而保证了重铀酸铵产品的纯度。[①] 在三碳酸铀酰铵转化结晶工序中，粗晶产率是衡量晶体质量的重要指标。经过反复试验，五所科技人员确定了碳酸铵浓度、加入速度、转化结晶时间等最佳工艺参数，既提高了三碳酸铀酰晶体的粗晶产率，又最大限度地避免了可能的杂质夹带。通过这些研究，五所科技人员逐渐熟悉、掌握并成功地解决了衡阳铀厂的中国第一套核纯二氧化铀生产线，在建设、试车和正常运转中出现的一系列问题，使这套装

① 夏德长访谈，北京，2013 年 11 月 16 日。资料存于采集工程数据库。

108

置成功地运行了几十年。[①]

中国首次核试验成功后，杨承宗根据国内铀矿体量小、品位低、分布散的客观条件，不失时机地倡导起铀矿堆浸技术的研究。堆浸的全称是堆置浸出，即在矿山就地用浸出液（一般使用稀硫酸）对铀矿石进行淋洗，之后回收处理含铀的浸出液。矿石在破碎时受到强烈冲击，会产生无数裂缝。这些裂缝的毛细管作用，正好作为浸出液流入矿石内部及向外扩散的动力。同时，堆浸技术也包含了自然浸出的作用。一般来讲，矿石中多多少少都会含有黄铁矿，在酸性条件下，经过较长时间的水和空气的作用，最后总会形成不同浓度的硫酸铁。这些高铁离子一方面能够氧化低价态的铀，促使铀的浸出溶解趋于完全；另一方面氧化反应生成的 H^+ 离子，又提高了浸出液的酸度，从而降低浸出液的消耗。[②] 很明显，堆浸法省去了溶解、分离、净化等多道工序，与经典浸出方法相比具有投资少、建设周期短、成本低、操作简单、废水量低等优点，而且能够有力解决长途运输的费用和沿途放射性污染问题。中国铀矿堆浸试验始于 1965 年，历经地下堆浸、地表堆浸条件和工业性试验三阶段长达二十载的磨砺，终于在铀矿山得到了大规模应用。1987 年七一九矿万吨级堆浸试验获得成功，1989 年停止了常规水冶生产，改为全堆浸型的矿山。[③] 现如今，堆浸早已发展成为国内铀矿开采领域的一项主流技术。

围绕新一批铀矿山和水冶厂的建设，五所与铀矿冶设计研究院及水冶厂的技术人员协同试验，根据不同类型铀矿石的特性，成功研发了多种新一代水冶工艺流程。由此，铀矿冶事业的发展从以消化和吸收苏联技术为主的初创阶段，跨入到独立自主研发具有中国特色的先进工艺的新时期。

首批铀水冶厂采用的是苏联设计的矿浆吸附流程，该流程的主要工艺特点是用离子交换树脂从矿浆中吸附铀，简化了固液分离程序，适用于含

① 邓佐卿：我国天然铀纯化技术研究的发展与现状。《铀矿冶》，1998（04）：231–238。

② 杨承宗：堆置浸出法的发展。见：中国科学院原子核科学委员会编辑委员会：《铀矿石堆置浸出法汇编》。1963 年，第 1–13 页。

③ 李明、全爱国：铀矿堆浸在我国的试验研究与发展。《铀矿冶》，1990（04）：8–12+31。

铀量不高的碳硅泥岩型铀矿石。第二批铀厂的矿石原料多为花岗岩，这类型的铀矿石虽然品位较高，但是矿砂沉降速度快，对离子交换树脂磨损大，因此不适宜采用矿浆吸附流程。杨承宗在狠抓水冶流程之外，也十分重视水冶工艺中的机理研究。对于工厂运行中出现的许多问题，诸如离子交换树脂中毒和萃取乳化等，他要求五所科技人员开展深入研究，分析原因、提出解决办法。几年下来，五所先后成功合成了高效聚丙烯酰胺絮凝剂、叔胺萃取剂等一批性能优异的有机材料，为研发出适用于处理花岗岩型铀矿的清液萃取流程打下了牢固基础。国内首座采用清液萃取流程的广东翁源七四三水冶厂在 1960 年代中期建成投产。运行实践证明，与第一批铀水冶厂相比，七四三水冶厂生产率提高了 1.6 倍，金属回收率提高了 2.6%，矿石量增加了 3.3 倍。[①]

在研发清液萃取流程的同时，五所成功探索出可以从不同萃取体系中直接获取高纯度三碳酸铀酰铵的碳酸铵结晶反萃取工艺。这一工艺不仅具有流程短、成本低、环境污染小等优点，更是结束了水冶厂产品必须经过纯化厂再精制的历史，开创了由矿石直接制取核纯铀产品的先河。时至今日，碳酸铵结晶反萃取工艺依然是我国具有自主知识产权的铀水冶领域的领先技术。[②]

为了补强工艺流程中的条件控制这一短板，杨承宗十分注意引进非放射化学专业的人才，鼓励在所内进行多学科的交叉研究。当时华罗庚正在推广"运筹学"的应用研究，杨承宗遂将华门弟子董振福调至五所工作。他向张华所长说明请学应用数学的毕业生来所工作时，风趣地说："我请他来是想让他与研究工艺流程的同志合作。他学的'运筹学'好比是一位'算命先生'，他们合作的好，就能算出采用什么样的工艺条件能得到最高的金属回收率，使加工成本降到最低。"想到工艺流程中的传质传热问题时，杨承宗又调来了复旦大学流体力学专业的毕业生卓克聪。他对同事说：应该用电子计算机对工艺流程设备进行仿真；要研究怎样建立数学模

---

① 陈新祥、王忠：光辉历程五十年，风雨磨砺铸辉煌——核工业七四三矿发展纪实。《中国经济信息》，1999（13）：77。

② 夏润身：我国铀矿资源及其水冶工艺技术。《铀矿冶》，1997（04）：221-226。

图 6-1　2013 年 6 月五所老同事在核工业北京化工冶金研究院杨承宗铜像前留影
（左起：刘虎生、殷晋尧、刘开禄、岑运骅、张锐、聂国麟、
远泽清、夏德长、祝振鑫、刘培）

型；只有各专业协同作战，才能确定最佳的工艺流程，实现工艺流程的最佳控制。

　　此后第三批铀厂项目的上马，为铀水冶工艺又提出了新的难题。在"加紧战备"和"三线建设"思想指导下，第三批铀厂多选址于交通不便的崇山峻岭之中。这些地区的矿石原料多为品位低、含钼多、共生组合复杂的火山岩型铀矿，加之地理条件的限制，已有矿浆吸附、清液萃取流程均不适用。国外对于类似种类复杂的矿床，一般采用淋萃流程（Eluate extraction，简称 Eluex）处理。Eluex 流程由稀矿浆吸附、硫酸淋洗解吸、叔胺萃取三部分组成，同时利用了离子交换工艺与溶剂萃取工艺。[①] 但是这种几乎兼容了所有纯化工艺的"全能"流程，仍难以处理国内火山岩型铀矿，而且胺类萃取剂毒性大，无益于环境保护。为此，五所研发了矿浆吸附－硫酸淋洗后用 D_2EHPA（2-乙基己基磷酸）＋ TRPO（三辛基氧化磷）代替叔胺的协同淋萃流程。科技人员充分利用了 D_2EHPA 和

---

① 杨伯和：《铀矿加工工艺学》。北京：原子能出版社，2002 年，第 405 页。

TRPO 的煤油混合溶剂在从硫酸溶液中萃取铀时产生的协同效应，并确定了 D_2EHPA、TRPO 二者的比例、有机相中铀浓度等产生协同效应的最佳工艺条件。该协同萃取剂在大幅提高萃取能力的同时能有效抑制钼和铁的萃取，确保了产品纯度。这一具有中国特色的新工艺流程既可处理低品位矿石，又能充分利用回水，减少废水排放量，取得了良好的经济和社会效益。[①]

三批铀矿冶工程的相继建成投产，不仅完全满足了核工业对于天然铀产品的需求，也标志着中国在核燃料循环前段已经初步形成了比较健全的工业生产能力。这其中凝聚着杨承宗和他领导的五所研究团队所付出的心血。

眼 疾 恶 化

作为有近一千五百名职工的五所最高技术负责人、学术委员会主任（当时所内拥有工程师以上职称的技术骨干不足十人）[②]，杨承宗肩上的担子极重。单是科研成果报告，每年都有上百篇需要他签署审查意见。在长期的工作高压之下，杨承宗早年因修复北京协和医院提氡设备而损伤的右眼眼疾出现了严重恶化，几乎一年不能工作。对于父亲这次突发眼疾，女儿家雷后来回忆道：

第一颗原子弹爆炸前夕，为了向中央专委领导汇报工作，父亲和二机部五所的同事们夜以继日地连续在所内工作，很久没回中关村家里休息，甚至没有换洗衣服。有一天早晨，他在五所的宿舍里起床后，突然发现右眼看不清了，里面好像贴了一层塑料膜，看东西模模

---

① 夏润身：我国铀矿资源及其水冶工艺技术。《铀矿冶》，1997（04）：221-226。

② 金锁庆：杨先生亲手培植了"中国式天然铀工艺"。见：《杨承宗教授九十五华诞纪念文集》。2006 年，第 108 页。

图 6-2 1961 年全家福

（前、后排由左至右分别为：幼子家建、赵随元、杨承宗、三女家翔、
二女家雷、长女家粹、长子家成等）

糊糊。但是，为了完成工作汇报，他没有马上去医院，而是继续坚持
工作，直到汇报完毕才去医院。眼科医生立时诊断为视网膜脱离，必
须马上住院进行手术。由于耽误了手术医治的最佳时间，第一次手
术没有成功，不得不再接受难度更大的第二次手术。幸运的是第二
次手术勉强成功了，为了保持右眼的视力，医嘱要求他定期回医院
检查。①

视网膜虽然被成功补了回去，却留下了严重的后遗症。由于手术刺
激，触发了严重性白内障，右眼当时就看不清物象。后来发展到只有强光
才有感觉，无法视物。医生诊断说要恢复右眼视力还须再进行一次手术，
取出白内障，但是短期内手术无法实施。一方面，因为在摘除白内障时，

----

① 杨家雷：我的父亲。见：《杨承宗教授九十五华诞纪念文集》。2006 年，第 137 页。

视网膜有重新脱离的危险，这就使得手术难度很大。如果视网膜再次脱离，右眼将彻底失明。另一方面，之前两次视网膜修复手术的效果还未清楚，将来摘除白内障后视力能恢复到何种程度，难以预见。医生最终建议先慢慢调养，等右眼白内障成熟再说。

突发的眼疾给杨承宗造成了很大困扰，只能依赖左眼独力视物，强撑病体勉力工作。慢慢地，负担日重的左眼情况开始恶化，最终并发了白内障，几乎失去视力：一米以内才能认清人，一个物体能看成四个象，站在公交站牌下还看不清车次路线，光线稍有不足便看不见东西。医生并无良策，只是一再提醒他注意休息，延缓恶化速度，并劝慰说如果注意护理，等时机成熟顺利实施手术，恢复视力的希望很大。根据医生判断，今后右左两眼的病情发展，最理想的结果是一段时间后等右眼白内障成熟，摘除手术顺利，右眼视网膜愈后良好，基本恢复视力；然后依靠右眼独立工作和生活，反过来等左眼白内障成熟，再将其摘除。如此左右眼交替工作，互相帮助，直到最后双眼分别恢复视力为止。[①]

此时距首枚原子弹爆炸成功已有一段时间，五所的核燃料研制任务不再像之前那么紧迫，杨承宗便听从医嘱，安心养病。双眼虽暂时不能视物，心中的思考却从未停止，他在筹划盘算五所和钍工业未来的发展蓝图。国内铀矿资源并不丰富，总有挖完的一天，而钍资源含量要丰富得多。与铀-238一样，钍是可转换核素，它俘获中子后可生成具有良好核性能的易裂变核素铀-233。在杨承宗主导下，五所于1965年初组建了"333"专题小组。杨承宗十分钟爱这项课题，亲自制订了工作总体方案，即将钍经短时间的中子照射，然后快速分离出生成的镤-233，再等待镤-233蜕变为铀-233，简称为"短照、快分、等生长"。如果这一方案得以实现，不仅会成功开辟一条核燃料生产的新途径，同时必将大大拓展五所的科研领域。[②]

在杨承宗心中，五所不应该满足于国内一流，而是有朝一日能够成为像美国阿贡实验室（Argonne）、布鲁克海文实验室（Brookheaven）那样的

---

① 杨承宗：汇报（代自传），1968年12月17日，第45-46页。手稿。

② 尹鸿歧：不忘师恩。见：《杨承宗教授九十五华诞纪念文集》。2006年，第115页。

大型综合性研究机构。不幸的是，"文化大革命"阻断了杨承宗的宏愿，而他右眼的眼疾也因随之而来的动荡再也没能治愈。

风云突变

1966 年 5 月，"文革"洪流席卷全国，即便自然科学界也没能幸免，大凡正直而稍有名气的科学家几乎全部受到了冲击。但杨承宗的遭灾有点特别，他不是群众运动起来后被"揪"出来的，而是在狂潮掀起之前。在这一点上，杨承宗的遭遇和钱三强十分相似。

1966 年 6 月 17 日，根据二机部的部署，原子能所党委召开全所"文革"动员大会，党委负责人作"高举毛泽东思想伟大红旗，横扫一切牛鬼蛇神"的动员报告。会后，钱三强被作为"资产阶级学术权威"的"靶子"抛了出来，全所进行揭发批判，迅即组织贴出大量大字报。[①] 五所紧随其后，杨承宗和五所副总工程师一道被认作"资产阶级学术权威"揪了出来。当时有人统计过，6—7 月内五所一共贴了杨承宗七百五十张大字报，占全所总数的 4%。[②] 大字报除了批评杨承宗政治思想上的缺点错误以外，主要集中攻击他倡导的科研方向路线问题，指责他"业务挂帅""崇洋媚外"，想把五所带向"背离毛泽东思想的科研道路"。例如，杨承宗提倡的两步沉淀法和电渗析法从浸出液中提取铀，被说成"电解地球"的工艺流程；说他要把五所建成美国阿贡、布鲁克海文那样的研究所是"脱离实际，搞修正主义一套"；他力推的"333"课题成了"黑项目"，课题组也随即遭到解散……

面对这些来势汹汹的指责，杨承宗并未惊慌失措。早在 1958 年上半年的在一次政治学习中，杨承宗就曾被突然贴出上百张的大字报批评说，他"在理论上坚持纯科学的研究，在技术上因循守旧，对青年同志施行家长

---

① 葛能全：《钱三强年谱》。2002 年，第 189 页。

② 杨承宗：汇报（代自传），1968 年 12 月 17 日，第 39 页。手稿。

制作风，对老同志不会团结，以及积压研究用器材"，等等。1962 年原子能所党组织对以前遗留的各种问题进行甄别时，杨承宗才知道批判的重点是他比较强调不要忽视纯科学性的，即短期内看不到实际应用价值的研究工作，而且把他的学术问题当作思想问题来批判了。[①] 这是杨承宗经历的第二次思想改造运动。相对于 1952 年的"和风细雨"，1958 年的批判方式显然比较剧烈，让他对政治运动中的批判长了见识。也正因于此，杨承宗能较为平静地对待日后"文革"中的种种不公。

那时杨承宗在五所虽然受到批判，被非正式地停了职，并从办公楼下到了实验室，但由于他的口碑和人缘好，平时与同志相处融洽，并没有受到像"文革"中常见的"皮肉之苦"（挨打、罚跪、挂牌游行），也没有被逼着去干脏活或粗活（如扫厕所、扫马路等）。有时还出现这样的情景：在全所召开批斗大会时，一部分群众呼喊着口号要他上台与其他人一起接受批斗。杨承宗刚刚走上楼梯准备上台，另一部分群众则用更大的嗓门呼喊着让他下来。进退两难之时，杨承宗忽想起西方人的一个动作，便两手一摊作无可奈何状，引起哄堂大笑。

即便如此，在那个知识和人格得不到尊重的年代里，杨承宗还是受了不少磨难，家中也曾险些被抄。儿子家成后来在回忆母亲的文章中写道：

> 一天上午，有一批身着草绿色服装、臂戴红袖章的青年闯入我家，气势汹汹地说要"扫四旧"。母亲说好啊，你们看哪些是"四旧"。其实当时我们家屋内基本上是空荡荡的，一目了然。母亲问他们哪些是"四旧"，他们默然。因为我家的墙上是空白的，没有字画没有镜框，地上没有地毯，桌上没有摆设。除了桌子、凳子、藤椅、三个沙发外，唯一比较显眼的是当时科学院领导为了嘉奖有关科学家而让我们买的一台北京牌黑白电视机。他们没有表示什么，往卧室里走。当时我家单元的最西北一小间是我的卧室，我在天津工作，平时此房基本上是空的，房内只有一张双人木板床，靠门的地方摆了三个

---

① 杨承宗：汇报（代自传），1968 年 12 月 17 日，第 34 页。手稿。

木板箱子。他们看看没有发现什么可扫。扭头一看，三个箱子是旧的，都没有加锁。问母亲里面是什么东西。母亲说是儿子的衣服、被子等。有人动手掀开了第一个箱子的盖，看到的确实是些叠的整齐的冬衣。有一个人说下面呢，母亲说也是暂时不用的衣服被子。母亲问要不要打开，且主动盖好第一个箱子的盖子，对他们说哪一位帮我一下把它抬下来。他们互相使了一下眼色，其中一个说算了，说完就走了。母亲把他们送出家门，赶紧取下了窗帘。

在被批判和抄家的恐惧氛围中，杨承宗做了一件让他深为痛心的"傻"事。那时钱三强刚被抄家，个人日记本和许多私人材料被抄走。杨承宗担心自己家迟早保不住，就把老父亲生前最后两三年的书信，家人以及法国居里实验室朋友的来信，尤其有一批重要的研究资料和北京大学、清华大学部分毕业生资料等全部捆起来，用牛皮纸包好，带到五所扔进锅炉房的炉膛里，亲眼看着熊熊烈火把它们化为乌黑的纸灰，变作烟烬。"那是一个人才库和资料库啊！"多年后回忆起这件事，杨承宗依然遗憾不已。

第七章
南迁安徽

憾 别 五 所

　　"文革"的前几年中，杨承宗依旧延续着之前的工作习惯：四天在五所，两天在学校。在"科学研究要为设计生产服务"的口号指引下，五所因承担着为国家第二批铀矿冶工程提供工艺流程的国防任务，科研工作在"文革"中几乎未曾中断。杨承宗虽然早已靠边站，但在五所期间仍然得以从事业务工作，不时还能够参加所里重要工程项目的讨论会。至于中国科大，则完全是另一种境况了。

　　在"文革"风暴中，北京的高校首先受到冲击，招生、教学、科研等工作被迫停顿。1966 年 6 月 17 日，中国科大党委书记刘达被停职反省。代之而起的是持续不断的揭发会、批斗会、大字报、大辩论，全校陷入混乱。1961 级本科生在校长达六年半之久，至 1967 年 12 月才落实毕业分配方案，走出校门，研究生至 1968 年才派遣完毕。而 1969 年突如其来的战备疏散令，更是将中国科大推入了绝境。

1969 年 10 月 18 日，根据毛泽东关于国际形势有可能突然恶化的估计，中央军委办事组向全国下达《关于加强战备，防止敌人突然袭击的紧急指示》，要求全军进入紧急战备状态，在北京的高校中引起了极大的反响。同时，在"教育革命"和"文革"极左路线等诸因素影响下，北大、清华等在京高校纷纷动员迁往内地办学。10 月 21 日，驻中国科大军宣队召开紧急会议，要求学校"立即搬，全部搬，立即运行""马上开会，马上研究，今天确定前面去的人，同时就动员""夫妇双方一方在外单位已走的，可同意这一方跟着走，其余在京的一家不留，科大物资、器材都带走""清华北大已走光了，我们落后了"等。会议决定派出以军宣队李玉林为首的先遣队带着刘西尧给河南省革委会主任刘建勋的亲笔信前往河南联系下迁地址。在次日召开的革委会常委扩大会议上，军宣队提出了"分四批走，自 11 月 5 日至 20 日走完，家属都要走，包装自行解决"等具体方案。但由校宣传队带队，校革委会分别派往湖北沙市和河南选点的两组人员都遇到了困难。沙市已有科学院的干校，不再有合适的地方给中国科大；河南组虽带有刘西尧的亲笔信，受到了河南省生产指挥组组长的接待，在南阳山区和邓县看了不少地方，但河南省只同意在平汉路以西的南阳专区的唐河、新野一带山区、丘陵地带临时战备疏散，若在河南建校他们表示有困难。两组选址人员回到北京，都表示这两个地方没有条件，不能去。

10 月 26 日，中共中央发出《关于高等院校下放问题的通知》，决定国务院各部门所属的高等院校，凡设在外地或迁往外地的，交由当地省、市、自治区领导；与厂矿结合办校的，交由厂矿领导。教育部所属的高等院校，全部交给所在省、市、自治区领导。此后，中央所属的高等院校全部下放地方管理，部分高等院校被撤销或合并。当晚，中国科学院革委会召集中国科大宣传队、革委会有关人员开会，传达国务院业务组关于学校下迁的《十条意见》，表示"主要精神是高校战备疏散问题"。学校根据《十条意见》与河南选址的情况，提出应进行疏散的意见。经科学院同意，确定了先在京疏散后选点的两步走方案。

11 月 1 日，刘西尧亲自到学校传达中央《关于高等院校下放问题的通知》及《十条意见》。针对很多人对于疏散与搬迁异同的疑虑，刘西尧表示"搬迁就是疏散，疏散就是搬迁"，要求学校分两步走，先疏散，再选点搬迁，家属、仪器、设备、工厂、有科研任务的人员暂时不动。

在安排疏散的同时，学校经请示刘西尧同意，又派出两个小分队分赴江西、安徽选点。江西省明确表示不能接收，而安庆方面则表示欢迎。11月底，刘西尧通知校革委会负责同志，说"已同李德生同志商量好了，去安徽安庆，没征求你们意见"。12月1日，在校革委会副主任杨秀清向刘西尧、王锡鹏及其他院革委会负责人汇报情况之时，刘西尧下达了疏散到安徽省安庆市的指示，并说："其他学校都下去了，科大没动，开头早，走的晚"；"安徽欢迎去，条件不错……领导上支持你们，国务院业务组都表了态，同意去，纪登奎和李德生同志同意去，李先念同志也表了态同意去"；"校址定不下来，先在安庆疏散"……这就决定了中国科大最终落户在安徽的命运。

得知消息后，近代化学系的蒋淮渭急匆匆赶到中关村杨承宗家中，告诉赵随元："刘西尧已经在科大做动员，要求科大马上下迁安庆，说这是战备疏散的需要。杨先生是跟我们一起下迁，还是留在二机部？如果跟科大一起下迁，一路上我们还能帮助照顾一下。如果要留在二机部，我们就把杨先生的人事关系转到五所。请你们近几天拿个主意。"[①] 赵随元认为此事关系重大，连夜赶到中关园附近一家公用电话亭将这个消息告诉了杨承宗。

其时，北京矿业学院、北京石油学院、北京地质学院等高校已纷纷下迁。迫于当时的极左情势，无形当中形成一种"早下迁早革命、晚下迁晚革命、不下迁反革命"的气氛。赵随元说，现在北京整天乱哄哄什么也干不成，跟科大下迁到安庆这样小点的地方说不定会清静一点儿。而且科大这批年轻人品质都不错，工作也努力，如果你不去，那么放射化学系的存在就成问题，这批人的前途会很困难。这样不好，应当去。杨承宗被爱人说动了，但一想到要离开自己为之奋斗了九年的五所，离开自己钟爱的工

---

① 杨承宗访谈，北京，2007年8月6日。资料存于采集工程数据库。

作岗位，确有不舍。五所的很多同事也劝他留下来。何去何从，一时拿不定主意，杨承宗决定请示五所军管会。军管会领导答说做不了主，需要请示二机部军管会。1969年11月1日，五所军管会主任传达部军管会主管人事和政工的王姓副主任的指示说，杨承宗的工资关系在科大，二机部没有权力把他留下来；要把他留在五所，必须要与科大协商，征得对方的同意才行，这件事不是短时间能够办妥的。反正现在他处于停职状态，不如让他先随科大下去锻炼一两年再说，等以后工作需要时再让杨承宗回来。①这种看似颇为周全的处置，实则是对有功之人的极度不负责任，特别是在那样一个政局诡秘、风云变幻的特殊年代。实际上，二机部的军管会很快就撤走了，相关责任人也都走了，结果弄成了一个难了之局。

离开五所之前，杨承宗将自己调试仪器的胶片、试验记录，自己设计加工制作的一些调焦和制样工具，以及翻译的十几本法文仪器说明书中、法文本装订成册，一并交人保管。但杨承宗觉得自己不能就这样悄然离开，于是写了一张"辞别信"贴在五所食堂的门口，上面写着：

> 接部军管会王主任通知，要我先随科大下去，从此关山远隔，不能再为大家服务了。我在五所工作九年，和同志们朝夕相处、充满感情，谢谢同志们对我工作的大力支持。我们后会有期。

所里的一位年轻同事高良才（中国科大59级学生）帮杨承宗提着箱子步行到通县南站，搭乘火车离去，而五所军管会没有派一辆车、一个人送行。世事难料，想当初，刘杰和钱三强二机部一正一副两位部长亲自出面邀请杨承宗来五所力撑危局，那是何等的重视。而现在，他只身一人凄然离开，又是何等的冷落！

看到杨承宗写的"辞别信"后，五所群众"炸了锅"，纷纷质问"为什么要让杨先生离开五所"。迫于群情鼎沸的局面，1970年1月2日五所军管会不得不到中关村杨承宗家中，表示要收回成命。杨承宗一方面觉得

---

① 祝振鑫：再记我的恩师杨承宗先生几件事。见：《杨承宗教授九十五华诞纪念文集》。2006年，第104页。

自己不能出尔反尔，违背对学校的承诺，另一方面确实对军管会的冷遇感到寒心，没有答应他们的劝说。在退掉居住了近二十年的房子——中关村宿舍十三楼一〇五室后，杨承宗毅然跟随学校南迁，不离不弃地与中国科大一同度过了一段最艰辛的岁月。

接受劳动再教育

1969 年年底，中国科大南迁的前两批九百多人陆续抵达安庆，被安置在安庆市委党校的一栋仅能容纳三百人的三层小楼里。小楼位于郊外的一座小山上，与外界不通公路，也不通自来水，生活用水要越过一条沟到对面的山上去挑。房间门窗在"文革"的武斗中被全部拆除，有的用砖石堵死。一场大雪使天气骤冷，连睡地铺的草垫也难以购买。如此艰苦的条件根本无法支撑近千人的基本生活，致使局面非常混乱。在多方面因素的影响下，向安庆的搬迁很快停止。

1970 年 1 月 6 日，刘西尧指示学校有关负责人到合肥向安徽省革委会主任李德生汇报情况，并办理下放移交手续。对于中国科大迁皖，李德生指示："安徽来了一二十个单位，但都是找个基点，领导关系还在原上级机关；我们原来以为科大也是如此，现在情况更具体了，关系下放了；经过研究，安徽有困难，可考虑住合师院。"由此，中国科大正式迁至合肥，在原合肥师范学院校址办学。

这次搬迁重挫了学校的元气，大型仪器设备损失三分之二，教师流失一半以上。教学、生活用房严重不足，校舍面积不到六万平方米。合肥师范学院原是个文科院校，开设的都是文、史、哲和艺术类的系科，也没有实验室，整体面积很小。而科大搬去的东西太多，放不下，只好都堆放在临时搭建的棚子里，秩序也比较混乱。杨承宗和爱人在 1970 年初到达合肥，目睹了几次事故，他后来回忆说：

这期间曾发生了好几件事。一是教学楼前的大棚突然失火，里面堆放的化学实验桌、物理实验桌被烧掉不少。这些实验桌都是至少五厘米厚的东北红松制造的，付之一炬实在太可惜了。二是一个大约一吨重的压缩氯气罐被扔在马路边的草地上任凭风吹、日晒、雨淋，随时有爆炸的可能。我建议学校尽快送给合肥自来水厂消毒用掉，消除这个隐患。三是图书馆一楼大厅突然发生剧烈爆炸，厚厚的水泥墙被炸出直径约一两米的大窟窿，钢筋都炸断了。[①]

迁至合肥后，学校的领导权由淮南煤矿工人组成的工宣队接管，其中一些人抱着扭曲的心态对待这些来自北京的知识分子。全校人员分散到淮南、马鞍山、铜陵、合肥等地厂矿、农场进行"斗、批、改"。杨承宗与近代化学系64级放化专业（6432班）的学生被分配到马鞍山南山铁矿，接受劳动再教育。

当时南山矿的生活条件之恶劣程度与安庆的三层小楼相比有过之而无不及：每八个人挤在一间比学生宿舍还要小的所谓招待所的房间内。时至酷暑，通常室温都在35℃以上，浑身被汗湿透的师生只有一周洗一次澡的权利。夜以继日的揭发批斗早已使大家身心疲惫，晚上躺在吊得十分低矮的蚊帐内却又难以入眠。但是在学生眼中，年近花甲的杨承宗总是一副毫不在乎的神情，只是认真地听取同学们的发言，从不给所谓的批判添油加醋。6432班的冯大诚后来回忆这段往事时写道：

> 杨先生跟我们这些年轻人一样，劳动、开会、睡地铺。即便在这样的逆境当中，他从来不怨天尤人，一直很乐观，跟同学们聊天、谈心，听不到他唉声叹气，也看不到他愁眉苦脸。真是孔夫子说的"君子固穷，小人穷斯滥矣"。他的浩然正气，时穷益见。1970年7月，我们盼来了毕业分配。但是多年"文革"中互斗的熬煎，特别是工宣队的极左行事，让几乎所有的同学心如死灰，恨不得马上一走了之。

---

① 杨承宗访谈，北京，2007年8月6日。资料存于采集工程数据库。

图 7-1　1970 年在马鞍山南山铁矿与 6432 同学合影留念（三排右四为杨承宗）

　　杨先生却坚决主张拍一张毕业合影。他意重情深地说，不要为一时不快而造成终生遗憾，一定要拍个全班集体照，留作永远纪念，如果经济有困难，他愿意资助。于是才有了我们的毕业合影。在合影时，杨先生坚持不坐前排中央，而是和同学一样按身高排列。在"文革"特殊的境况里，杨先生同样显示了教育家的伟大风范。[1]

　　其实，这是杨承宗第二次与 6432 班的同学一起参加劳动。早在 1968年夏天，杨承宗就曾跟这个班的同学们一起接受"工农兵再教育"，在京原铁路良各庄车站工地劳动，晚上同住在铁道兵帐篷里面。因此，他后来说过一句很有分量的话："我跟 6432 班的同学是患难之交，患难之交不可忘。"[2]

　　同在马鞍山南山铁矿劳动改造的还有早已被罢官的校党委书记刘达，只不过在他的"劳动"前边还要加上"监督"二字。在杨承宗印象中，刘达非常精明能干，早年从事抗日救亡工作，参加过"一二·九运动"，1946 年曾担任哈尔滨市的第一任市长，1948 年创办东北农学院并任院长，后来还担任过黑龙江大学校长，是一位老资格的革命家、教育家。"文革"开始后，造反派提出了"不能让刘达溜达"的口号，刘达被下放参加劳

①　冯大诚：乐只君子，邦家之光——纪念杨承宗先生。《科学时报》，2011-11-24：A6。
②　杨家翔、远泽清访谈，北京，2011 年 11 月 30 日。资料存于采集工程数据库。

动。共患难的时光里，两位智者豁达地看待这一切，有时还开起玩笑。一天晚上，杨承宗从宿舍出来，看见刘达拿着一个大蒲扇坐在外边乘凉，正和几个学生聊天。看到杨承宗后，刘达就招呼说："来，来，你这科大资产阶级学术权威和科大最大的走资派坐在同一条板凳上！"说完，就把坐的长板凳挪出个地方。大家哈哈大笑。

然而，杨承宗不知道的是，身在合肥的爱人因为担心他的境遇而终日忧心忡忡、寝食不安。在赵随元看来，丈夫心地善良，为人正直，但重业务而不大习惯世故，对于一些看不惯的事喜欢说公道话，做公道事，有时还有些任性。如果生活在一起，她还能多少阻拦他一下，不在一起，很担心他会说出顶撞别人的话。这是要得罪人的，而有些人是得罪不起的。刚到合肥，当地的气候也难以适应。虽然赵随元出生在江南，但在北京住了二十年，早已习惯了北方的气候。又因为全校是被迫紧急搬迁，没有合肥户口，刚开始连最基本的生活必需品，如食盐、肥皂等按户口分配的物质都得不到供应，生活非常困难。心情的极度紧张及水土不服，给善良的赵随元种下了病因，各种疑难杂症接踵而至，竟到了始终没有一个医生能给

图7-2　1988年中国科大三十周年校庆时杨承宗（右一）与刘达（中）

出明确诊断的地步，最终卧病在床生活无法自理，需要有人全时间地看护和照顾。

放化专业停办

1970 年，关闭四年之久的清华大学和其他少数高校重开了校门。7 月 21 日，《红旗》杂志发表张春桥、姚文元主持撰写而由"驻清华大学工人、解放军毛泽东思想宣传队"署名的文章《为创办社会主义理工科大学而奋斗》。文中提出的"工人阶级必须在斗争中牢牢掌握教育革命的领导权"等所谓"六条基本经验"，被推广成为教育革命中全国高等院校的办学指导思想。"六条基本经验"虽是"文革激进派"提出的教育政策，且与客观办学规律严重相违背而早已被历史否定，但其中的"开门办学，厂校挂钩，校办工厂，厂带专业，建立教学、科研、生产三结合的新体制"这条经验，重新建立起了大学、研究机构与工厂之间的有效联系，并使大学在重组中受益。"文革"中无事可做的大学教师亦看到了借由办厂重新开展科研工作的希望。

中国科大布置全校教师学习清华大学经验以迎接教育革命时，杨承宗刚刚从马鞍山矿场回到合肥不久。他顾不上休养身体，更没有因自己只是连队普通一兵（三系三排）的身份而心存顾虑，所思所谈便是如何抓住这次难得的机遇，结合安徽省的既有条件，将放射化学专业继续办下去。对于放化专业的主要方向，杨承宗思前想后，初步选定了核燃料前处理。根据自己在五所工作九年的经验来看，限制二机部发展的主要因素还是在于铀原料的难以获取，现有厂矿劳动生产率低，成本高，建设周期慢。为二机部培养前处理人才和工人学员，是大有可为的。同时，放眼望去，全国在办的几个放射化学专业中，清华大学工程化学系的注意力一向在后处理方面；北京大学技术物理系的专业方向很广，但主要不在前处理；至于兰州大学原子能系，主要是配合四〇四厂研究放射性废液的处理问题。中国科大放化专业选取前处理为突破口，既有必要，又有可能。

1970 年秋，放化专业的李虎侯、王庚辰和地球化学专业的几个教员得到校工宣队的支持，在省内做了初步勘察，随后又连续出去踏勘选点两次。勘察结果显示，安徽境内存在铀矿迹象的地方至少有五六处：

1. 潜山铀矿：三一一地质队在探勘，可以利用其副产矿石做原料。

2. 屯溪铀矿。

3. 庐江钒矿：该矿含铀十万分之五，品位很低，但产量很大，每年一百万吨。

4. 铜陵铜矿：据说该矿有放射性物质的存在，有放射性就很可能有铀。该矿工人同志患白血球下降、头发脱落等类似放射病的很多，曾几次派人来我校要求去看看。为了工人健康，为了战略物资不致流失，都应该派人前去调查，回校研究，得出结论。

5. 安庆磷肥厂：该厂原料从约旦国运来，内含铀一万分之二左右，应该设法提出，既可以得到铀，又可以避免该厂生产的磷肥被放射性物质玷污，妨害农民健康。[1]

既然省内存在铀资源，那么校办铀厂就有很大的可行性。之后，杨承宗三易其稿，最终形成了厚达三十七页的"统筹兼顾，自力更生，为发展安徽地方原子

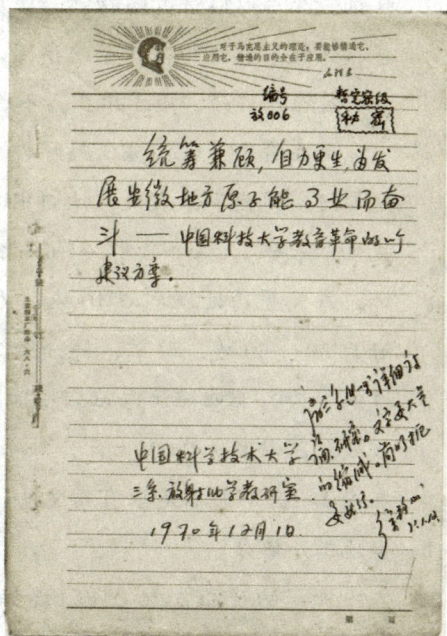

图 7-3　杨承宗请人誊写的建议书首页（右上角编号和暂定密级为杨承宗亲笔所加）

---

① 杨承宗：放射化学专业筹建小型铀工厂的建议，1970 年 9 月 14 日。手稿。

能事业而奋斗——中国科技大学教育革命的一个建议方案"，对"办工厂建专业"的思路进行了完整系统的论述。

方案中详细论证了校办铀厂的意义和具体措施：

> 校办铀厂的意义甚广。它的产品是铀，是原子能事业中最根本的原料。它的产品既可以留作本校建立原子反应堆积累原料，也可以直接供应国家需要。

> 通过教学，这类铀厂的原则，可以在全省（以至全国）小铀点得到推广，起到样板厂的作用。由此而获得更多数量的铀产品，可以帮助我校、我省（以至我国）发展原子能做出很大贡献。这种厂将是放化专业的第一个生产基地，长期有用。

> 还可以通过综合利用原则，从现有工厂的含铀废水中很经济地回收铀。既可以取得有用物资，还可以使放射性物质不至四处流散，危害人民健康。这种回收铀的车间，应该及早建立，决不能放弃；但由于它特殊性较强，难于推广，不能以其作为主要基地。

> 现在看来，我们可以搞两种、两个校办铀厂。它们在技术上的原则要好，规模不必太大，计划中的铀厂设在烟村或大龙山（请雷达部队生产采矿），每年能取得铀（化合物）2—3吨。以矿石品位为0.1%计，每天平均处理矿石10吨，为了留有余地，设计的每班处理量最好为30—50吨，碎矿、筛分等工序为每天一班，化学提取（溶解、过滤）为每天四班（每班六小时）。计划中的综合利用铀车间设在庐江矾厂，以品位0.005%计，每年均可回收铀1.5吨（矾矿发展计划不在内）。这个来源是很有意义的，这个厂可以由校办，也可以由校与当地工厂协办。

> 铀厂的产品方案（即最终铀的产品是铀金属还是铀的某种化合物）要讨论，因为要与同位素分离使用的铀的化合物状态相符合。为了请×机部加工方便起见，产品方案也可暂定为四氟化铀或三碳酸铀酰铵。为了适应厂矿所在地区的供应限制，还可以采用其他产品方案。

针对每一地区的矿石来源和相应的产品方案要求，就要有适当的化学流程和设备流程，使铀由矿石中的 0.1% 上升到 99.9% 以上，杂质由 99.9% 下降到百万分之几以下，要对此开展大量的科学研究。放化专业对此是义不容辞的。

对于"厂带专业"，他写道：

铀厂带专业多种多样。首先，铀矿的化学勘探（水文地质探矿），是近来证明最有效果的勘探铀矿方法，我们希望三系地球化学专业和本省一些地质队的铀矿勘探部分挂钩，像合工大一样，把这些地质队作为"同位素地球化学"的教学基地，得到发展和成绩。

分析工作要先行，它是一切化学工作的眼睛。最大量的铀的分析和工艺中某些主要杂质元素的分析由放化专业负责。但自然界的矿石中杂质很多。在品位为 0.1% 的铀矿石中，99.9% 是杂质，要对矿石中或半成品中对提铀工艺特别有害的大量杂质加以分析。取得铀以后，要对金属铀或其化合物产品中对以后同位素分离特别有害的极少量杂质加以分析。这两种分析——矿石中常量杂质的全分析和产品中微量杂质的个别分析，工作量大，要求高，我们希望二、五排同志参加。

在提取、纯化铀的工艺中，各种类型的离子交换树脂和有机萃取剂是证明极有效的试剂。它可以在我国市场购到。但为了发展新工艺，需要新的更有效的交换树脂和萃取剂。对于进行同位素分离的科研时，更是为此。我们希望三系四排搞有机合成和树脂工作的同志，能够为铀"量体裁衣"，研制新型交换树脂和萃取剂。

在三系以外，我们如果不得到本校其他系的支援，铀厂将办不好。铀矿、铀厂的放射性物质的测量方面，还有很多事情要做。铀矿石的安全防护，在 × 机部没有很好解决。我们希望四系在这些工作原来的基础上有所发展，把铀矿山和铀厂的测量计量工作提高一步。

放射性测量仪器、仪表的轻便化、自动化，希望得到本校二、六系的支持。

招生对象主要有三种，遵照毛泽东"从哪儿来到哪儿去"的指示，全部可以"厂来厂去，社来社去"：

Ⅰ. 二机部的前处理厂、矿的工人学员

为二机部培养前处理工人学员，系统提高他们的科学知识，从而破除对苏修的迷信，改进他们的工艺流程，加速未来厂矿的设计建设，对×机部的铀原料生产工作将有很大益处。

前处理的对象是矿石。各个地区的矿石大同小异，各有其特性，需要分别对待。故而每个地区都需要有自己的技术队伍。革命的、新型的、有科学技术知识和实践经验的工人学员将永远是这些地方最好的技术人员。

为二机部的前处理厂培养现有工人人数 10% 的学员，要我们至少十年工夫，亦即我校放化专业每年只能培养二机部放化工人需要量的百分之一。只由此故，放化专业就要及早办和长期办下去。这是放化专业的主要服务对象。

Ⅱ. 各地方（省、县、部队）现有铀厂（矿）的工人和解放军战士学员

现在我国铀厂，除二机部经营外，尚有一批储量不大（几十吨到百多吨），由各省、县或部队经营者，以及某些工厂附设车间，作为副产品提取者。这样的厂，全国现在至少有十余处，尚有数十处待开发。他们的办厂热情很高，但技术力量薄弱，依赖二机部在技术和设备上支援，双方互有困难。一般情况为回收率低，成本高，安全防护很差。

从这些地方铀厂招收工农兵学员教员，我们可以学到他们"自力更生，艰苦奋斗"的高贵品质，也可以帮助他们提高科学理论和实践方法，让他们自作设计、科研，回去自己解决问题。

Ⅲ. 本省各个小铀点所在的工农兵学员

从本省各个小铀点招收所在地的地质队工人、工厂（综合利用车间）工人、公社农民（注意招收上山下乡和回乡知识青年）和解放

军战士，发动基本群众，给以必要的科学知识和实践教学，加以简单仪器设备的武装，让他们"到学校学几年以后，又回到生产实践中去"。①

如此翔实的规划其实还只是第一步。等放射化学专业在两三年后获取几十吨的铀产品，再进行同位素分离研究，生产一定量的低浓铀。届时便有望建设一至两座反应堆，为原子能专业的第二个教学、生产基地创造条件。反应堆建成后，可以进一步研究后处理化学工艺和试制新型放射性同位素。按照杨承宗的预期，科大放射化学专业的研究范畴将涵盖核燃料循环的方方面面。身处逆境还能有这般雄心壮志，杨承宗对于放射化学的钟爱和痴心，甚至"痴迷"，由此可见一斑。

可惜事与愿违。由于放射化学教研室的教师有的分散在外，有的心思归京，有的则是因为合肥不具备必需的排水条件，对专业未来早已失去信心，对于建议书响应寥寥，校办铀厂的事情也一直没有什么眉目。杨承宗看在眼里，急在心上。1971 年 10 月，他又以个人名义向五所去信一封，在信中提出了三点初步想法：第一，科大放化专业以五所（前处理）为主要方向，工作上共同协作；第二，五所在科大投资进行一些基建，平时作为放化的科研、协作生产基地，一朝有事，作为五所的后方基地；第三，放化专业担负五所的贫矿、小矿及综合利用的任务（1968 年国家计委向五所提出，五所因其他任务无力完成），既为省内服务，又为国家增加生产。在得到五所的积极回应后，杨承宗向校领导提出报告，表示如果学校认可归口五所的方向，愿意再进一步提出较为具体可行的想法。②

这里有必要论及当时中国科学院与中国科大的关系。"文革"中二者远非此前母子般亲密。1967 年 10 月，毛泽东批准聂荣臻提出的《关于国防科研体制调整、改组方案的报告》，将中国科学院新技术委员会及其归

---

① 中国科学技术大学三系，放射化学教研室：统筹兼顾，自力更生，为发展安徽地方原子能事业而奋斗——中国科技大学教育革命的一个建议方案，1970 年 12 月 1 日。手稿。

② 杨承宗：关于放射化学专业归口长远方向的一个建议的报告和请示，1971 年 11 月（具体日期不详）。手稿。

口各单位全部划归国防科委。因中国科大建校时所设的系科专业大多与"两弹一星"研制相关，如此一来，与科学院各研究所对口结合的很多系都离开了中国科学院。在教学、科研工作基本中断的情况下，中国科学院与中国科大之间仅维系着上下级关系，"所系结合"已名存实亡。杨承宗此举实际上是希望通过五所，将放射化学专业归口于二机部。归口方向一定，则放射化学专业的长远发展就有了保障。此后，校领导武汝扬、钱志道等多次与二机部负责同志沟通谈判，但二机部认为科大"一搬三年穷"，表示不再支持放化专业。

木已成舟，回天乏术，杨承宗最不愿看到的一幕最终还是发生了。1973 年 5 月 4 日，中国科大校党委发出指示：放射化学停办；青年员工内部消化，中年教师符合条件者调离学校，老年教师退休改行。[①] 放射化学专业从北京建校时的兴起到初具规模，南迁以后从略有生气到散沙一盘，直至最后落个停办待命。亲眼目睹这一切的杨承宗无比心痛，他专门撰写了《放射化学专业的湮灭》一文。该文是杨承宗少有的激愤之作，或许在他看来，如果不是人为失误的因素，中国科大的放射化学专业是可以办下去的。他在文中这样写道：

> 不可能办么？本来是可能的。"文化大革命"以前，校领导把拨给放化专业的专款第一年造了卫生所，第二年造了图书馆，第三年落个放化实验楼一场空，俱往矣。下迁以后，经过教师的努力和省的支持，70 年取得了同位素仓库。当时校领导还建议在附近造三四千平米的实验室基地……而今尽付东流。唯一听起来有理的理由是：放射性废水污染不好处理！真为此吗？搞"核扩散"的难道不会搞"核集中"？何况正是在这个科技大院里，今天、明天，今年、明年仍然有放射性在扩散；后天、后年，在对面那个小院里，也会有放射性将扩散。你怕放射性，放射性就偏钻到你的肚子里、你的脑子里，就在你（当然也在我和他）的身上，难道没有一点钾，没有可测量的碳 14 同位素的放

---

① 杨承宗：关于恢复本校放射化学专业的建议，1978 年 8 月 23 日。手稿。

射性吗？要注意的只是：可能性蕴藏在广大的群众之中，事在人为，领导不去发掘、不去爱护，本来可能的也就变成不可能的了。

……

事到如今，放化一去难返了。气已泄，人已散，大势已去。但是，放射化学在安徽省内只有科大的一个专业。放射化学工作者是防原子（放射线）的最好技术骨干民兵。我们这样地停办放化专业，让专业教师全部"消化"，将来如果有个三长两短，我们能对得住衣我食我的三千五百万江淮人民吗？我们恳切呼吁安徽省和校领导以长远为重，保留一些放化种子，给他们一点支持，只要加以培育，我想他们会在将来发挥作用的。

……放化专业的教训，现实就在我们大家的面前，提出放化灭亡史这面黯淡的镜子，值得我们每一位教员、每一位领导和每一位真正想办好新科大的负责同志，一点一滴地去对照、回忆，得出自己的结论和改进措施。[①]

客观上看，中国科大放射化学专业的停办很大程度上是学校在危境下的无奈选择。事实上，不单单是放射化学专业，当时整个学校都处在崩溃的边缘。1971年年底，中国科大的领导体制归口第三机械工业部。三机部是主管国家航空工业体系的领导部门，而中国科大的办学方向是"理工结合，以理为主"。全校三十七个专业中有十七个专业与三机部不对口，放射化学专业和近代物理系的四个专业尤为突出。三机部有关领导明确表态，与三机部不对口的专业，部里不能承担其科研经费。为解决这些不对口专业的问题，学校于1972年先后向上级递交了"关于早日确定原子能专业业务归口的请示报告""关于中国科技大学的体制、归口、专业方向的请示报告"等。经过种种努力，中国科大最终于1973年5月7日，时隔近两年重新回到中国科学院系统。在一番大的专业调整后，绝大多数专业都归口科学院，但仍然保留了空间物理、半导体物理、飞行器结构力学等

---

① 杨承宗：放射化学专业的湮灭，1973年11月20日。手稿。

十三个对口中央部委的专业。① 如果有二机部的支持，中国科大的放化专业是有很大机会继续办下去的。

无论如何，专业终究是停办了。作为国内最具声望的放射化学家，杨承宗从此脱离了科研教学前线，学术生涯无奈提前进入暮年。这不仅是他本人的憾事，而且也是中国科大的憾事，更是中国放射化学学科发展的憾事。

尽管如此，在艰辛的岁月里，杨承宗依然不忘为学校的发展谋求出路。1973 年初，七机部（航天工业部）下属研究机构 42 所与近代化学系联系，表达了希望后者能够承担火箭固体推进剂研制相关任务的意愿。作为系主任，杨承宗积极回应，多次召集会议对研究方案、人员分工、实验设备等问题进行论证，并鼓舞大家要抓住这次珍贵机会。是年 12 月，杨承宗亲自在安徽省稻香楼宾馆主持了七机部推进剂燃烧机理学术会议，参加单位有中国科大、42 所、北京工业学院（北京理工大学的前身）和西安3 所等。在此基础上，中国科大近代化学系与 42 所正式建立了科研协作关系，课题组也被杨承宗颇具深意地命名为"4203 科研组"（近代化学系在校内编号为"3 系"）。② 至今，42 所与中国科大仍然保持着良好的协作关系。

重回五所的努力

虽然身在合肥，杨承宗仍然关注着五所的发展。1972 年美国总统尼克松访华以后，英语学习在国内开始逐步升温。时任五所情报室主任刘有锡发现，国外新出版的荷兰学者 E. H. 科德芬克所著《铀化学》一书内容简洁、全面。全书共分十四章，不到二十万字。刘有锡决定将其译成中文出版，找室内同志翻译完成后，由分析室的祝振鑫、殷晋尧等人负责校对。

---

① 丁兆君、柯资能：中国科学技术大学南迁合肥的背景与动因浅析。《科学文化评论》，2015，12（01）：69-83。

② 杨承宗，4203 小组工作笔记（1973-1977 年）。手稿。

至1973年年底，译稿全部完成，除了图表和参考文献外，约有十六万字。原子能出版社其时刚刚恢复正常的业务工作，正缺少合适的书稿，很快接受了出版该书的请求。只是责任编辑提出，最好再请一位著名学者校对一遍，尤其是从专业角度把好关。杨承宗自然是最合适的人选。但考虑到杨承宗工作繁忙，加上来往交通等相关费用无着落，一直拖到1974年春夏之交，祝振鑫才提笔给杨承宗写信说明情况，看他有什么办法。杨承宗在回信中表示费用问题不必挂怀，他可住在二女儿家雷家中，利用暑假时间帮忙校对，并让祝先把书稿寄到合肥，抽空先看起来。

8月下旬的一个星期天，祝振鑫骑车赶到海淀区四道口的石油科学院宿舍杨家雷家中取书稿。当时他能带给杨承宗的答谢物只是一书包的老玉米棒子。见到新摘下来的玉米棒子，杨承宗十分高兴，连说有好长时间没有吃到这么新鲜的玉米棒了，送这个比送什么贵重的东西都好。进屋之后祝振鑫才注意到，家雷的婆婆也在一起住。原来老师为了校对书稿，把一直伴随在身边的爱人留在合肥，整整一个暑假只身一人挤住在女儿家中。由于患有严重的白内障，杨承宗读书看报都要借助于放大镜。但出于对学生的关爱，对放射化学的执着，在当时电扇还是稀罕之物的炎热酷暑中，逐字逐句地校对了十六万字的文稿，四百多页厚的原稿几乎每页都有多处修改。另外还附了三十三页纸，把书稿中的主要错讹、修改理由以及初译者往往把握不准的一些介词、前置词和习惯用语的正确用法都一一列出。[①]

时隔五年再度重逢，师生之间自然有一番深谈。祝振鑫明显感受到，

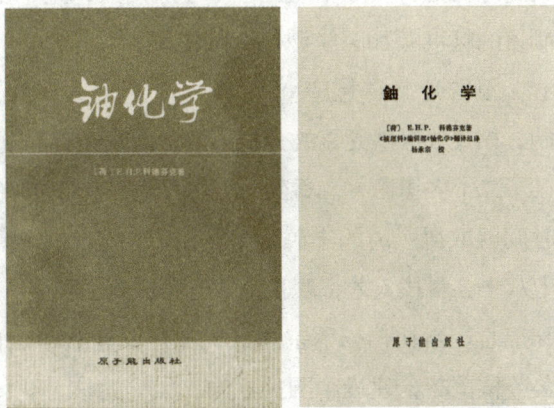

图7-4 杨承宗校对的《铀化学》一书的封面与扉页

---

① 祝振鑫：记我的恩师杨承宗先生几件事。见：《杨承宗教授九十华诞纪念文集》。2000年，第103-104页。

老师爽朗笑声的背后，其实是因为放射化学专业停办而无事可做的压抑与苦闷。他心里明白，当初老师跟随学校南迁，虽说是听了师母的劝说，很大程度上也是因为南迁之前校领导曾专门托人传来口信"安徽很需要放射化学，希望尽早下来"，相信同放射化学专业的师生一起，将会在江淮大地开辟一番新的境地。现如今既然学校不再需要放射化学，何不设法请老师重回五所指导工作？回所后和几个同事一商量，大家无不赞同，并提出最好请一位部领导出面，等下次杨承宗来所公干的机会正式邀请他回所工作。邓佐卿自告奋勇，为此事积极奔走、牵线搭桥。

1975年10月，位于辽宁兴城的五所分支机构国营七五〇厂举办科研成果报告会，杨承宗应邀主持。七五〇厂是中国唯一的一所镭工厂，起源于五所的303工程。七十年代以前，中国工业用镭源主要靠进口。为立足国内，1965年五所承担起建立镭基准的重点研究任务。杨承宗主持制定了工程项目的研究计划，经常过问实验工作的进度，对存在的问题和困难及时指导解决。303工程先后有上百人参与，是五所当时除了铀工艺之外最大的一个工程项目。七五〇厂于1969年在兴城动工兴建，其工艺流程打破了传统的分步结晶法衔接钡做载体的离子交换，采用铅作载体，选择性沉淀的离子交换法，具有建筑面积小、投资省、生产步骤简单、周期短、费用少等优点。1973年七五〇厂建成投产，生产出满足镭基准研制需要的镭，制备的标准源和医学源供全国使用。[①]

报告会上，七五〇厂的科研、生产人员就镭工艺的特点、过程自动控制、相关放射性元素的分析方法，以及镭管的制备及其临床应用等专题，宣读了二十多篇论文。看到七五〇厂的广大职工在艰苦条件下，仅仅用了五年时间就取得一流的丰硕成果，杨承宗心潮澎湃。但是看到七五〇厂集中了七八十名科技人才，职工人数已膨胀到三百多人，欣喜之余不免又感到忧虑和担心。当初，杨承宗向二机部建议建立中国自己的镭标准，是出于打破美苏核垄断，建设中国独立的、完整的核工业体系的目的。他清楚地看到，世界镭工业已日趋衰落，价格低廉、危害性小而又能够大量生产的钴-60、

---

① 岑运骅：杨承宗教授对我国核科技事业的贡献。见：《杨承宗教授九十华诞纪念文集》。2000年，第63页。

铯 −137、铱 −192、金 −198 等人工放射性核素使镭管的医疗价值大大降低。如果七五〇厂不尽快拓展研究领域，封闭在镭的世界里，路将越走越窄。

七五〇厂如此，五所亦然。遍观世界有核国家，没有一国有像五所这样上千人规模的铀矿选冶专业研究所，整个美国也仅有二十多名从事铀工艺研究的科研人员。[①] 中国的铀矿资源并不丰富，总有挖完的一天。如果五所不早点转变研究方向，到无米下锅时就来不及了。因此，杨承宗建议五所除了继续进行铀工艺的研究外，还应该关注铀以外的天然放射性同位素的利用方面，特别是中国的钍资源、稀土资源非常丰富，在这些领域中五所的广大科研人员必将大有用武之地。此外，五所还应该把为建设铀工业而发展起来的先进技术、先进材料和先进工艺辐射到国民经济的其他部门中去。唯其如此，五所才能有辉煌的前途。

然而，杨承宗为五所广大职工的前途指点方向的即席发言，却被某些人认为是资产阶级思想的"大暴露"。有人暗地带信给五所时任党委书记兼革委会主任，诬告杨承宗在兴城不指名地批评五所的科研工作，要五所放弃铀工艺这个科研发展的主方向。如果让杨承宗回所主持科研工作，五所就会偏离毛主席的革命路线。这位领导生怕被人再扣上资产阶级权威的保护伞这顶帽子，既未做任何调查研究，也不等陪同杨承宗去兴城的其他人回来汇报，径去五所主管单位二机部矿冶局（部内称"十二局"）局长那里，声言五所不要杨承宗回所工作。

据五所一位同事回忆，这位老红军出身的局长从个人观感上说并不欣赏非党员的杨承宗。在杨承宗任职五所副所长期间，他便认为杨的一些做法损害了五所的自身利益。例如，杨承宗治下的五所分析工作突飞猛进，成为二机部重要的分析基地，常常吸引许多其他单位前来做分析测试。但在这位局长看来，这是典型的"为他人作嫁衣"的行为。而在首次核试验前夕发生的一件事，更是让他对杨承宗存有很深的成见。1964 年 4 月，二机部部长刘杰直接找到杨承宗和五所四室室主任郑群英，商量金属铀样品的质量分析事宜。这位局长知道后，认为刘杰部长不经自己而是直接跨级

---

① 刘开禄访谈，北京，2013 年 11 月 15 日。资料存于采集工程数据库。

找到下属单位的人员，意味着五所很有可能要脱离矿冶局的管辖而成为一个独立机构，此事非同小可。[①] 现在五所方面主动提出不要杨回所工作，那自然就多一事不如少一事了。因此他既没有对五所领导做说服工作，也没有去请示部领导，听任事情不了了之。

局中人却被蒙在鼓里。从兴城回京后，杨承宗被安排住在南礼士路一百号二机部的招待所中。根据事先的安排，第二天就应受到二机部刘伟部长的接见，趁接见时刘部长代表部党组、局党委和五所领导正式邀请杨承宗回所工作。可是住进招待所后，一连十多天也不见有人来安排部长的接见日程。直到近两周后，矿冶局局长才露面见了杨承宗。见面也只不过是一般的寒暄几句，闭口不谈回五所工作的事。[②] 等邓佐卿等人过了一段时间终于了解情况后，事情已无法挽回了。

其时"文革"寒冬行近结束，科学春天即将到来。八十年代以后被学界后辈尊称为"放射化学四老"的其他"三老"——吴征铠、汪德熙、肖伦，于此前后各自从劳教中解脱，重新回到工作岗位。吴征铠原是复旦大学原子能系主任，1960 年调至二机部，负责气体扩散法生产浓缩铀的核心部件分离膜的研制工作。1978 年起，吴征铠担任二机部科技局总工程师。汪德熙 1960 年从天津大学化工系奉调至原子能所后，便一直分管该所化学线的工作，并具体领导了萃取法核燃料后处理工艺的研制任务。1977 年，汪德熙恢复了党籍，官复原职，仍任原子能所副所长。肖伦则一直聚焦于放射性同位素的研究，在军用和民用放射性核素以及特种军用放射源的应用和生产方面做出了很大贡献。"文革"结束后，肖伦继续在原子能所从事放射性同位素的研究工作，后任部科技委委员兼同位素组长。

至于"四老"中资历最深、与二机部渊源也是最久的杨承宗，却因为某些造谣生事居心叵测者，失去了 1975 年这次最好的回所机会。这就意味着杨承宗与二机部之间近二十年的工作关系，至此画上了句号。而他后来遗憾落选院士，也实种因于此。

---

① 郑群英、汪淑慧访谈，北京，2013 年 6 月 16 日。资料存于采集工程数据库。

② 祝振鑫：记我的恩师杨承宗先生几件事。见《杨承宗教授九十华诞纪念文集》。2000 年，第 104—105 页。

图 7-5　1997 年全国核化学与放射化学学术研讨会 "四老" 合影
（左起：肖伦院士、吴征铠院士、杨承宗、汪德熙院士）

落　选　院　士

　　中国科学院于 1955 年建立了学部委员制度。在首批学部委员评选中，原子能所所长钱三强、实验核物理组组长赵忠尧、宇宙线组组长王淦昌、理论组组长彭桓武皆榜上有名。钱三强所长手下的四员大将，只有第二研究大组放射化学组组长杨承宗没有入选，盖归因于彼时放射化学太过新奇、学科地位尚未确立等客观历史条件。

　　在中国科学院拨乱反正工作中，学部已于 1979 年 1 月经中央批准恢复。1980 年，中国科学院启动了首次大规模增选工作。此时，原哲学社会科学学部已改称中国社会科学院完全独立，原有数学物理学化学部、生物学部、地学部和技术学部的学部委员从原有的一百九十人减为一百一十五，平均年龄达到七十三岁。1979 年 3 月，中国科学院向国务院呈递了进行学部委员增选的报告，决定增补三百五十名学部委员以加强学部委员的力量，恢复学部原有的职能，不久获得批准。5月，中国科学院制订了"中国科学院学部委员增补办法"，并发出了增补学部委员的通知。"增补办法"规定，"凡研究员、教授、高级工程技术人员（或有相当水平者）有丰富专业知识，在科学技术研究工作方面有重要成就与贡献者，可选为学部委员"。[①] 此次学部委员候选人的推荐和遴选主要有两种方式：一是由两名以上的学部委员联名推荐；二是由中国科学院所属分院和研究机构，中央部委所属研究院、研究所（包括国防系统），各省（市）、自治区科委，中国科协所属各学会，推荐本系统、本地区、本单位的有关候选人。各有关主管部委、各省（市）自治区科委、中国科协和中国科学院分别对各自系统的候选人进行遴选后，将候选人报送至中国科学院。

杨承宗在二机部五所任职九年，亲自组织、领导和参与了核燃料前处理、核装料质量分析技术攻关等多项科研工作，二机部原是最为合适的推荐单位。事实上，二机部也确实曾将杨承宗列入拟推荐人选。

二机部于1979年恢复高级职称的评定工作，部内成立了高级技术职称（研究员级）评定委员会，其成员以部系统在京老专家为主，也有一些来自中国科学院、北大、清华等单位的部外专家。由于当时部人事局不太熟悉部内具体学科的发展情况，故委托科技局帮助受理初选工作。因为有此评定高级职称积累的经验，科技局对部内各位专家的情况比较了解，故此时任部长刘伟决定二机部推荐学部委员的工作由科技局牵头办理。[②]

据当时具体承办此事的萧兴寿[③]回忆，推荐新学部委员人选的具体条件为：一、担任研究员（教授）三年以上的科学家；二、在国内中央一级学术期刊上或在外国学术期刊上发表过学术论文或正式出版过学术专著，在某个学科领域做出突出贡献并被国内外同行认可；三、获得国家级科技奖的前三名，包括中国科学院1956年的自然科学奖、1978年的全国科学

---

① 王扬宗：从学部委员到院士制度。《科学文化评论》，2015，12（03）：69-84。
② 萧兴寿：核工业部推荐院士的前前后后。《中国核工业》，2015（05）：60-61。
③ 萧兴寿（1937- ），中核总教授级高级工程师。1964年毕业于中国科学技术大学放射化学专业，分配至原子能所十室，在萃取法核燃料后处理技术攻关任务中担任"突击队"串级组组长。后调入二机部科技局任处级干部，长期从事科研管理工作。

大会奖等。非国家级机关或学术团体设立的奖项不算数。杨承宗当然符合全部推荐条件，五所旧友以及包括萧兴寿在内的杨门子弟随即着手准备材料，还搜集到他在居里实验室所做的关于离子交换法分离稀土元素的博士论文。但是仔细一查，却发现杨承宗的人事关系已经转到中国科大，中国科大属于中国科学院系统，所以二机部无权推荐。①

后中国科大将杨承宗和另两位教授作为学部委员推荐人选报送至中国科学院。但在资格审查时杨承宗没有达到五人以上的本学部推荐数，他得三票，还有地学部和生物学部各一票，因此没有成为初步候选人，未能进入最后的投票程序。② 而二机部推荐的三位放射化学家汪德熙、吴征铠、肖伦，最终全部当选。

从中国科大档案馆中翻检出当年杨承宗的申报材料，中国科大的推荐意见为：

　　一、在放射化学和放射性同位素在国民经济中的应用等方面发表了若干高水平的论文；二、精心从事教学工作，为我国培养放射化学方面的人才，为中国科技大学及其放射化学和辐射化学专业的创办和发展做了许多工作，做出了贡献；三、为了发展我国原子能方面的事，他曾辛勤工作，争取国际支援，起到了桥梁的作用。今年，他还把珍藏了三十多年的"标准镭盐溶液"献给了国家。③

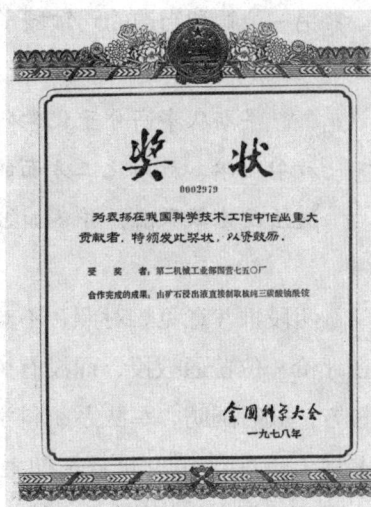

图 7-6　杨承宗主持的"由矿石浸出液直接制取核纯三碳酸铀酰铵"课题获 1978 年全国科学大会奖

---

① 萧兴寿访谈，北京，2015 年 12 月 28 日。

② 知名中国科学院院史专家王扬宗据查档笔记给笔者的回信。

③ 中国科技大学关于学部委员候选人龚昇、方励之、杨承宗的推荐书。合肥：中国科学技术大学档案馆：1979-WS-C-59。

另一位顺利当选的同领域学者的推荐意见则是：

> 早期从事高分子化学研究，作出了优秀成果。1960 年以来，从事放射化学、放射化工方面的科研工作，他积极支持将钚生产流程由沉淀法改为萃取法，并参加组织领导了这项重要的科研工作……①

　　两段推荐意见相对照，不难看出杨承宗的推荐理由较为空泛平淡，似在评价一位普通教授，而没有突出他最重要的学术贡献。当然，这也无怪校方，彼时国防、军队系统科学家的工作因保密关系而不为外界了解是普遍现象。直到 1999 年曾长期主持中国科学院工作的张劲夫同志撰写回忆文章"请历史记住他们"，其中提到"法杨"的一些工作，"一文出而天下惊"，杨承宗为中国核事业发展所做的重大贡献才广为世人知晓。

　　简言之，1980 年当选学部委员对于杨承宗来说本应顺理成章，结果二机部想推而不能，中国科大能推而不力，阴差阳错。其后，随着中国科学院对学部委员（1994 年 1 月改称院士）年轻化的要求越发严格，杨承宗最终与"院士"头衔无缘。论其学识、资历和贡献，杨承宗与同时代最顶尖的科学家相比也不算逊色，而其人品操守更获学界公认。杨承宗的遗憾落选不仅成为其家人眷属、故友门生一直萦怀于心的憾事，也是中国科学界一显失公允之例。

---

　　① 中科院关于推荐和遴选学部委员人选的汇总简报。合肥：中国科学技术大学档案馆：1980-WS-C-80。

第八章
推动学科转轨

制 订 规 划

中华人民共和国成立后的二十多年中，放射化学在研制核武器的国家需求大力推动下取得了飞速发展。一大批放射化学研究机构相继成立，北京大学、清华大学、中国科大等高校创办了首批放射化学专业。放射化学工作者出色地完成了制备核装料的历史使命，为国防事业做出了重要贡献。然而，就学科自身建设来说，放射化学的发展却是不平衡的。由于过度依赖国防需求，放射化学在一定程度上只被视作支撑核事业发展的工具，基础研究十分薄弱。同时，因保密因素所致，除了在某些共同承担的研究任务中有过协作之外，科学院、高校与产业部门三者之间的研究机构一直未能建立起一种正常的沟通渠道和学术交流机制。可以说，放射化学长期以来是处于非正常的发展轨道之中，没有成为一门真正独立的学科。

"文革"十年，整个放射化学学科更是受到重创，特别是中国科学院的有关研究所和高等院校的放射化学专业，研究队伍离散严重。长春应用化学研究所、上海有机化学研究所等利用协同参与核军工研究任务的机遇，增置了许多必要的科研仪器设备，并逐步培养了一批熟悉铀钚放射化学的研究队伍，为以后开展创新性的放射化学基础研究工作奠定了良好基础。但是，这些辛苦积累起的成果在"文革"中烟消云散。例如承担核军工任务较多的长春应化所，所内镧系元素化学与锕系元素化学两大方向的研究工作在"文革"期间几乎全部中断，机构拆散，人员改行。①

"文革"结束后，随着核燃料的生产工艺基本成熟，核电站的发展规划一时又不甚明朗，核工业对于放射化学的直接需求大幅减少。在这种情况下，"文革"中被严重削弱的科学院系统和高校中的研究工作大多没有恢复，而这也是放射化学相较于无机化学、有机化学、物理化学等其他传统化学分支学科，最有苦难言的地方。因此，在随之而来的科学春天里，当其他学科重振旗鼓，纷纷步入正轨时，放射化学却有些无所适从。

对于学科发展的不利局面，杨承宗看得非常清楚。在 1977 年 10 月举行的全国基础科学学科规划会议②上，他携手吴征铠、汪德熙和肖伦等一同列席的学界前辈，以制订"放射化学学科规划"（以下简称"规划"）为契机，提出了加强基础理论研究和建立专业学会的设想，以此推动学科回归正常发展轨道。

放射化学小组分会于 10 月 29 日在北京友谊宾馆举行，由杨承宗主持，参会人员有吴征铠、汪德熙、肖伦、郭景儒、秦启宗、邱陵、苏峙鑫、段存华、陈国珍、王玉红、周懋伦和胡济民。经过两天的研讨，与会专家以加强基础研究工作为基本思路制订并讨论通过了"放射化学学科规划"（以下简称"规划"）。"规划"全文如下：

---

① 中国科学院长春应用化学研究所:《中国科学院长春应用化学研究所所志》。中国科学院长春应用化学研究所，2008 年，第 122 页。

② 为了准备全国科学大会召开和《1978—1985 年全国科学技术发展规划纲要》的制订，1977 年 9 月 27 日至 10 月 31 日，中国科学院主持召开了全国基础科学学科规划会议，来自中科院各所、全国各科研单位和高等院校的专家学者和管理干部一千二百余人，经过一个多月的认真研究和讨论，制订了数学、物理学、化学、天文学、地学和生物学的发展规划。

一、前言

放射化学与原子核物理同属原子能科学技术中两大基础学科。它研究原子核运动和化学运动之间的互相联系，对发展核能源、核武器和放射性同位素应用起着重要的作用。

从第一个自然放射性元素的发现，人工放射性的发明，核裂变现象的发现，以及超铀元素直至第106号元素的人造成功，放射化学以其独特的研究方法，对原子能科学技术发展作出了很大贡献。

当前，各国广泛利用原子能。全世界大小反应堆及核电站已有四百多座，人类已进入原子能时代。国外放射化学的基础研究仍很活跃，每半个月发表的数千篇核科学研究报告中，涉及放射化学的工作约占十分之一。美、苏两霸和其他资本主义国家发表的研究报告往往经过解密处理，内容残缺不全，数据难以置信。近十多年来，放射化学一方面紧密联系核燃料生产和放射性同位素的应用，进一步发展核燃料化学、放射性核素制备、锕系元素化学；另一方面，对各类加速器产生的粒子进行核反应的化学研究，值得引起注意。

此外，与放射化学密切联系的放射性标记技术及示踪原子的应用，已经在化学、物理、生物、医学和其他学科的基础研究，以及工农业生产中广泛应用，效果显著。一些属于核过程的化学应用，如中子或带电粒子的活化分析，γ射线、质子及其他粒子激发的X荧光分析，中子衍射和散射技术及穆斯堡尔效应等，对近代分析化学和结构化学等方面都有重要贡献。

我国原子能科学技术在毛主席英明领导下和周总理亲自指挥下，独立自主、自力更生地得到飞跃发展，在很短的时间内获得了震惊世界的成就。与此同时，放射化学也获得相应的大发展。但是，我国放射化学的发展途径与苏、英、法等国不同，这些国家都以原有的放射化学研究机构，如"镭学研究所"等作为研究基地，有较好的基础。而我国由于国际阶级斗争的需要在短期内掌握核技术，放射化学侧重于应用研究，基础工作做得很少，这在当时是完全应该和正确的，但是这样就导致我国放射化学工作发展不平衡，基础研究十分薄弱。

回顾六十年代中期，我国原子能事业的蓬勃发展已为开展放射化学基础研究提供了极为有利的条件，但因林彪和"四人帮"的干扰破坏，近十年来这门基础学科遭受严重摧残。曾为我国原子能事业作过重要贡献的科学院有关研究所和一些高等学校，研究队伍散失，人员调离，辛苦劳动建立的放射化学实验室遭到肢解，现在仅有高能所保留一个研究室在艰难地工作，有三个综合性大学招生并做一点研究工作，还有四所高校虽然队伍未全部拆散，但没有招生。从全国范围看，除生产部门外，现在从事放射化学研究的工作者已不多，研究内容或侧重应用或任务方向不明，实验设备也很落后，经费缺少、放射化学基础研究没有主管的领导单位，因此，这门学科面临十分严重的状况。当然也应看到，我国放射化学工作者在毛主席革命路线指引下，尽管条件困难，这几年来在锕系元素化学和放射性同位素生产和应用研究方面，仍取得了可喜的成果。

认为我国的原子弹、氢弹已发展到一定阶段，基础研究不是当务之急，可以慢慢来的看法是错误的。法国核武器的发展本来比我国慢，而现在已实现了多弹头系统的原子弹，美国已经造出了中子弹。他们发展快，重视基础研究是主要原因之一。他们很多新的放射化学工作，我们都是空白，需要急起直追。我国的放射化学基础研究如不认真抓起来，长此下去，对原子能军、民两用的大步前进，都将带来严重的后果。

现在，在党中央英明领导下，抓纲治国，为发展原子能科学技术创造了极为有利的条件。我国已有一些核反应堆和加速器，今后还将建造高能质子加速器、重离子加速器、电子同步辐射加速器，以及各种新的反应堆和核电站，并且要继续大力推广同位素及射线应用技术。这些都将给放射化学基础研究提出更多的新任务和新条件。

四个现代化必然对原子能科学技术提出更高的要求，我国的放射化学一定要重整旗鼓，积极发展，订好规划，努力工作，为赶超世界先进水平做出应用的贡献。

二、奋斗目标

三年内恢复和加强放射化学基础研究的队伍和机构，重点建立几个放射化学研究室，并充分利用现有的反应堆、加速器，在锕系元素化学、放射化学分离、分析、同位素制备和应用的基础研究方面做出成绩。在其他方面要落实分工、培养干部，打好基础，为今后发展做好准备。

后五年，利用300亿电子伏高能质子加速器、重离子加速器及较高中子通量反应堆，重点发展锕系元素化学、超锔元素化学、放射化学分离分析和核化学，要在人工制造有特殊用途的同位素等方面有所突破，培养出一支具有先进水平的研究队伍。

二十三年设想：除了上述一些放射化学的重要领域要有所突破之外，要充分利用我国自建的最新的高能加速器及其他实验手段，在超重元素化学、核化学研究新同位素和基本粒子化学的某些方面赶上和超过世界先进水平，协同做出由我国命名的新的超重元素，发现新的"基本"粒子。

三、三年、八年重点研究项目规划（附表，略）

四、本学科的全面安排问题

1. 在新建的重离子加速器、300亿电子伏高能质子加速器、其他各种类型加速器，以及各种核反应堆时，都要考虑设置放射化学用的管道和孔道，并在附近建设相应规模、设备较好的放射化学实验室，以资充分利用加速器和核反应堆。

2. 现在科学院高能所第五研究室是我国建立最早、力量最集中、最早培养人才的放射化学研究基地之一，建议高能所继续充实五室力量，扩大实验场所，增添新的仪器设备，不要再将人力分散，并给以培养新生力量的任务，使五室建设成为我国放射化学基础研究中心之一。

3. 当前放射化学基础研究有不少力量在六、七所高等学校中。建议这些高校建立相应研究机构，充实人员，实验室和仪器设备要有步骤地不断充实、更新，教育部要在人力、物力方面大力支持。

五、领导体制、机构、分工及其他措施

1.建议中国科学院有关局负责本学科规划的分工、执行和检查。

2.八年内争取在我国几个大行政区建设有堆、有器、各有特色、设备先进，能开展放射化学基础研究和同位素生产应用研究的基地。二十三年内，在若干省（市）建立条件同上的放射化学基地。

3.建议四川大学结合现在建设的 1.2 米回旋加速器，尽快将放射化学实验室建立起来，迅速开展工作；承担任务的各大学放射化学实验室的修建和扩大，都要加紧进行，落实任务。

4.建议成立放射化学学会，在上级机构领导下，每年举行一次年会，交流经验，互相帮助，调整计划。[①]

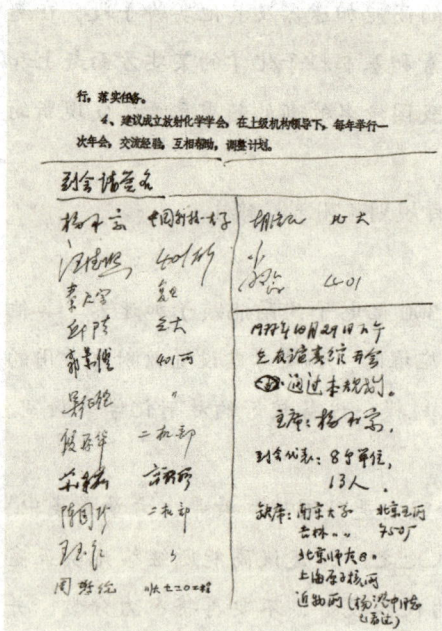

图 8-1 放射化学小组分会签到记录

这份"规划"无疑体现出杨承宗他们那一代的放射化学家，对于加强基础研究工作，寻求学科全面健康发展的迫切希望。但是受参会人数所限[②]，缺乏充分讨论，"规划"中的对策和建议较为笼统，重心不明，某些表述有些空泛。同时，"规划"中提出的一些"雄心勃勃"的目标，也反映出"文革"结束后的中国科技界急于赶上或超过世界先进水平的心态。例如，"在超重元素化学、核化学研究新同位素和基本粒子化学的某些方面赶上和超过

①《放射化学学科规划》标准本，1977 年 10 月。杨承宗自留稿。

② 由于经费有限，很多放射化学一线科研工作者并未参会，如清华大学汪家鼎、朱永赌，北京大学刘元方，原子能所林漳基、王方定等。而参会的成员中，苏峙鑫和段存华是行政负责人，陈国珍是分析化学家，胡济民则是核物理学家。

世界先进水平，协同做出由我国命名的新的超重元素，发现新的基本粒子。""八年内争取在我国几个大行政区建设有堆、有器、各有特色、设备先进，能开展放射化学基础研究和同位素生产应用研究的基地。"显然，这些表述呼应了改革开放初期国家经济建设领域中出现的"洋跃进"，在当时都是无法实现的。

相形之下，成立专业学会，构建正常的学术交流网络，则是切实可行的安排。于是，筹备成立中国放射化学学会被提上了日程。

兰 州 会 议

鉴于"规划"中存在的诸多问题，时隔一年后，学界同人于 1978 年10 月 21 至 23 日又在兰州大学举行了"规划"修订会议。会议仍然由杨承宗主持，修订后的"规划"（以下简称"修订稿"）全文如下：

一、前言；国际概况

放射化学与原子核物理学同属原子能科学技术两大基础学科，它研究原子核运动和化学运动之间的关系，对发展核能源、核武器和放射性同位素多种应用起着重要的作用。原子能的利用，今日已成我国四个现代化的标志之首。放射化学的需要，方兴未艾。

放射化学以其独特的研究方法，从第一个自然放射性元素的发现，人工放射性元素的发明，核裂变现象的发现，锕系元素理论的确立，以及许多新元素直至第 106 号元素的人造成功，对原子能科学技术的发展都曾做出极为重要的贡献。人们获得的放射性核素已超过两千种。核裂变释放的巨大能量导致军用，促使放射化学的研究迅速冲破实验室的狭小天地而步入惊人规模的发展阶段，从而广泛渗透到地质勘探、矿物提取、冶金、同位素浓集以及热铀处理等一系列化学工业技术领域。

当前，各国广泛利用原子能，全世界各种核反应堆共有四百多座；为解决能源危机，1977 年止，有二十一个国家或地区建成各类核电站二百零八座。铀原料用高中能加速器增殖核燃料的需求、核电的发展，都对放射化学科学技术提出更高的要求。

另一方面，随着各种高能加速器的建造，重离子核反应的实现，放射化学正向核的更深层次基本结构或超重元素两个极端进行探索；或在亚原子领域向奇异原子进军。这三种发展趋势值得深思。

此外，与放射化学密切联系的放射性标记技术及示踪原子的应用，已经在化学、物理、生物、医学、人民健康以及工农业生产中广泛应用，效果显著。一些属于核过程的化学应用，如中子或带电粒子的活化分析，γ 射线、质子及其他粒子激发的 X 荧光分析，中子衍射和散射技术及穆斯堡尔效应等，对近代分析化学和结构化学等方面都有重要贡献。

人类已经进入原子能时代！

二、国内情况，差距

我国原子能事业，在毛主席英明领导下和周总理亲自指挥下，独立自主、自力更生地得到飞跃发展，在很短的时间内获得了震惊世界的成就。与此同时，放射化学也获得相应的大发展。但是，我国放射化学的发展途径与苏、英、法等国不同；这些国家都以原有的放射化学研究机构，如"镭学研究所"等作为研究基地，有较好的基础。而我国由于国际阶级斗争的需要在短期内掌握核技术，放射化学侧重于应用研究，基础工作做得很少，这在当时是完全应该和正确的，但是，这样就导致我国放射化学工作发展不平衡，基础研究十分薄弱。

例如，在锕系元素方面，美、苏都已用二十多年时间，人工合成 98 号到 106 号元素；我国则刚开始用放射化学方法对 98 号元素锎研究分离。对于有重要意义的超钚元素锎-252 的化学提取工作，美国在 76 年底已达 211 克，而我国远未及此。国外在十多年前已用锔-242、锔-244 作为能源用于宇航，而我国犹处于开始研究阶段。核反应化学没有开展系统的工作；热原子化学基本还是空白，高能核反应化学和奇异原子等研究尚在初步准备。虽然我国已经成功地进行核燃料后处理十年，取得很大成绩，但它的成本与劳动生产率比先进水平差距很大。例不胜举。

认为我国的原子弹、氢弹已发展到一定阶段，基础研究不是当务之急，可以慢慢来的看法是错误的。法国核武器的发展本来比我国慢，而现在已实现了多弹头系统的原子弹，美国已经造出了中子弹。他们发展快，重视基础研究是主要原因之一。

回顾六十年代中期，我国原子能事业的蓬勃发展，已为开展放射化学基础研究提供了极为有利的条件，但因林彪和"四人帮"的干扰破坏，这门基础学科遭受严重摧残。曾为我国原子能事业作过重要贡献的科学院有关研究所和一些高等学校，研究队伍散失，人员调离，辛苦建立的放射化学实验室遭到肢解。到77年为止，科学院系统仅有高能所保留一个研究室在艰难地工作；有三个综合性大学招生并做一点研究工作，还有四五所高校虽然队伍未全部拆散，但没有招生。从全国范围看，除产业部门外，现在从事放射化学研究的工作者已不多，研究内容或侧重应用或任务方向不明，实验设备也很落后，经费缺少，放射化学基础研究的主管单位不明。因此，这门学科面临十分严重的状况。当然也应看到，我国放射化学工作者在毛主席革命路线指引下，尽管条件困难，这几年来在锕系元素化学和放射性同位素生产和应用研究方面，仍取得了可喜的成果。

现在，在党中央英明领导下，抓纲治国，拨乱反正。今年四月，英明领袖华主席为我国原子能事业题词，号召我们要"树雄心，立壮志，攀登原子能科学技术新高峰，赶超世界先进水平。"给我们巨大的鼓舞。我国已有一些核反应堆和加速器，目前正在建设或引进高能质子加速器、重离子加速器、电子同步辐射加速器以及各种新的反应堆和核电站，并且要继续大力推广同位素及射线应用技术。这些新时期下的新条件，必然对原子能科学技术提出更高的要求，必将给放射化学基础研究提出更多的新任务和新课题。我国的放射化学一定要重整旗鼓，积极发展，订好规划，落实计划，脚踏实地，努力工作，为把我国建设成为社会主义现代化强国做出应有的贡献。

三、奋斗目标

（Ⅰ）近期中心课题

（一）锕系元素化学

继续深入研究钍、镤、铀、镎、钚等元素的水溶液化学、分离分析化学及化合物的结构化学等。

（二）化学法浓集同位素

从离子交换、冠醚化合物等的化学交换反应及激光化学等方面，进行试验，同时开展相应基础理论工作，争取将铀 –235 从天然丰度进行化学法浓集到 2%–3%。

（三）核化学

在裂变化学、热原子化学、正电子素化学以及核化学的应用基础研究等方面进行工作；为在我国今后新建加速器及反应堆上广泛开展工作做好充分准备。

（Ⅱ）中期规划

在几年中，化学法浓集轻、重同位素打好坚实的基础，取得明显的发展。核化学除了继续以前工作外，开始在 50Mev 质子加速器、200Mev 质子直线加速器及 50Gev 高能加速器、重离子加速器和其他加速器上进行多种工作，并在人工合成有特殊用途的新元素、新核素和探索超重元素等方面做出成绩；锕系元素化学扩大到超锎元素，并在实验技术和理论水平上有较大的发展和提高；其他各个方面，也要取得较大的成就。大步接近或赶上世界先进水平。

四、措施、要求及建议

（Ⅰ）领导体制

放射化学既是化学学科的一门分支学科（例如锕系元素化学），又是一门边缘学科；它既与物理学紧密交叉、相辅相成（例如核物理、重离子物理），又通过它而使原子能科学技术为一切化学工作服务（例如放射性同位素应用于国民经济各个部门）。它又是军民两用的学科。这些都是放射化学的特点。因此，如果抓好此环节，原子能的利用兴旺发达可期。

大体上，放射化学工作人员绝大多数现在产业部门，但他们生产任务重，绝大部分不搞基础研究。中国科学院及高等院校适于搞放射化学基础研究，但他们人数少，支持不足。多年以来，产业部门、科学院、高校，都受到林彪、四人帮的干扰破坏，三支放化力量缺乏统一的集中领导。

要求国家科委审查、批准和检查本学科规划，分送三方领导机构切实执行。

（Ⅱ）布局

要分区分点，逐步充实或建设几个设备先进、各有特色、能开展放射化学各种基础研究的实验室，供全国共同使用。

几年内至少要大力建立或装备下列六个实验室：

北京原子能研究所超钚元素化学实验室；

清华、北大、北师大联合核研究中心放射化学实验室；

四川大学放射化学实验室；

上海原子核研究所中子活化分析实验室；

北京高能物理所放射化学实验室；

兰州近代物理所核化学实验室。

科学院、高校和产业部门要加强协作，各有侧重。院和校着重放射化学基础学科及应用基础研究，产业部门着重核燃料和核技术的应用基础研究及应用研究。

（Ⅲ）技术措施

在新建各种类型加速器和反应堆（如高能质子加速器、重离子加速器、高中子通量反应堆等）时，都要考虑设置供放射化学研究用的窗口和管道，并在附近建设相应的放射化学实验室。

在北京高能实验中心 200Mev 直线加速器和 50Gev 主加速器上，引出质子和低 π、μ 介子、中子等次级束流，并建立相应的核化学实验场地和附属实验设施（如在线同位素分离器，散裂脉冲中子源），作为国内高中能核化学和介子化学的实验基地。

（Ⅳ）仪器设备（略）

（Ⅴ）培养人才

放射化学基础研究队伍孱弱，故要特别重视培养人才，要有计划有重点的向国外选派科技进修生、研究生及短期研究工作小组。还要邀请国外有真才实学的著名放射化学专家来华短期讲学或工作。

目前的高等院校放射化学专业除已招生的以外，建议吉林大学、兰州大学、中山大学以及中国科学技术大学等校恢复专业。应该充分利用这些高校现有条件，予以调整、补充、更新，各有侧重，继续培养人才。将来毕业学生，由国家计委统一分配，可以去有关产业部门，可以去中央或地区研究机构，也可以去放射性同位素应用单位。

为了促进我国四个现代化的实现，还建议全国所有高等院校有关系科，都要设置"放射性同位素及射线的应用"课程，以推广原子能的利用到国民经济的各个领域中去。

（Ⅵ）学术活动

加强与国外放射化学研究机构的联系。今后要努力工作，以自己的成就参加有关放射化学、核化学和放射化学分离、分析等方面的国际学术会议，了解国外最新学术动态。

大力宣传国内外放射化学最新进展及其在实现四个现代化中的重要性，争取在1980年前创办《核化学或放射化学学报》。

建议在中国化学会领导下，建立"放射化学分会"。或与无机化学合并，成立"无机与放射化学分会"，协力创办《无机与放射化学学报》。还要与全国核科学学会保持密切联系。

放射化学分会今后要每年举行一次年会，经常举行各种学术讨论会或专题讲习班，交流经验，相互学习，调整计划。第一届放射化学学术讨论会争取于1979年8月举行。①

"修订稿"基本保持了"规划"的主体结构，主要增加了两方面的内

---

① 《放射化学学科规划》（修订稿），1978年10月。杨承宗自留稿。

容。一是把工作计划分解并落实到具体部门执行，使之与各单位的实际情况相结合。二是在第三部分"奋斗目标"中依照重要次序提出了锕系元素化学、化学法浓集同位素及核化学三个中心课题，这种在突出优势领域基础上弥补弱势的安排就显得更为合理。除此之外，"修订稿"对"规划"中的个别提法亦进行了调整。例如关于领导体制的问题，"规划"原提法为："建议中国科学院有关局负责本学科规划的分工、执行和检查。"但是当时中国科学院系统内只有北京高能物理所、兰州近代物理所和上海原子核所的少数科研人员在从事放射化学研究工作，绝大多数的放射化学工作者都集中在二机部。中国科学院的有关局自然无法对二机部所属的研究所行使管理权。显然，"规划"需要级别更高的跨部门机构来监督施行。"修订稿"相应修改为："要求国家科委审查、批准和检查本学科规划，分送三方领导机构切实执行。"

几十年来，这是中国放射化学家首次依据自身发展诉求来制订学科规划。杨承宗对此十分珍视，在主持规划的修订工作期间也格外用心。细读之，能发现不少体现杨氏学术理念的表述，如"放射化学既是化学学科的一门分支学科，又是一门边缘学科；它既与物理学紧密交叉、相辅相成，又通过它而使原子能科学技术为一切化学工作服务。"等等。

兰州会议之后，经过与未到会的汪德熙等人讨论补充，杨承宗于1978年11月2日将"修订稿"提交给国家科委化学学科组副组长柳大纲。但柳回复说因国家科

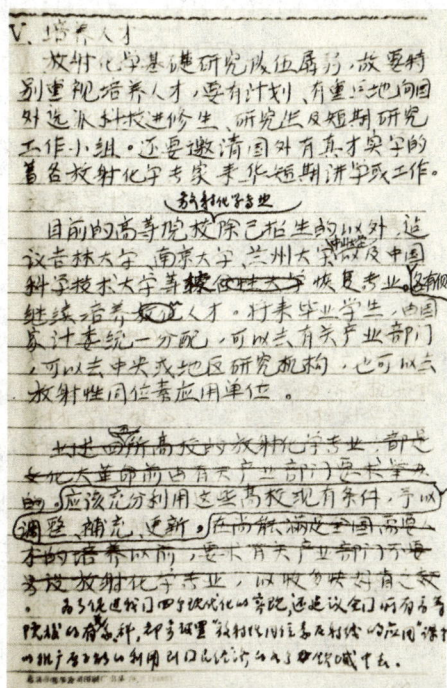

图8-2　杨承宗亲笔修改的《放射化学学科规划》

委对各学科规划还要详细研究，手续费时，故暂难印发全文。[①]"修订稿"只得被搁置一边。事后来看，这份规划所起的作用非常有限。这可能是当时科技规划的一个共性。改革开放以后，中国的经济体制经历了深刻的变革，政府的科技政策和管理方式也发生了相应的转变，计划赶不上变化，学术资源的配置更多是靠科研单位通过竞争获得。在这种情况下，科技规划难以履行计划经济时代所具有的协调、监督全国相关科学活动的职能。

除了修订"规划"，兰州会议的另一项主要议题是商讨组建放射化学学会筹备组。在学会的组织隶属关系问题上，杨承宗的看法起了主导性的作用。他认为放射化学虽然是核科学技术的两大基础学科之一，但始终首先还是化学的一门分支学科。也就是说，酝酿中的放射化学学会应是中国化学会下的一个分会，或至少以化学会为主。杨承宗之所以持有这种学术理念，应缘于他深刻认识到放射化学的发展过于依附核事业，造成与化学其他分支学科交流不足的缺憾。

二十多年来，围绕"两弹"攻关任务，放射化学与核物理密切联系，分工合作。前者运用化学手段制备核燃料，后者研究核反应的发生机理。在国家大力扶持下，固然促进了这两个学科的突飞猛进。但放射化学长期依附于核事业发展，导致自身定位不够明确、学科特点不够突出。加之放射化学没有核物理那么大的知名度[②]，致使在公众理解上常常进入一个误区，提到放射化学总是先想到原子弹。二十世纪七十年代就曾流行这样一种看法："原子弹氢弹试爆成功，放射化学已经过关，可以慢慢来。"

此外，从高等院校的教学体系看，放射化学专业也几乎都与核物理设置在一起，而不是纳入到化学学科群中。北京大学技术物理系、复旦大学原子能系等均是如此（复旦大学放射化学专业最初直接叫物理二系）。这样的专业设置固然是为了短期内培养出国家急需的核科技人才，但长远看来，却阻碍了放射化学与化学中的其他专业更好地交流与结合，甚至在无

①　杨承宗：兰州会议汇报，1978 年 11 月 15 日。
②　在 1999 年"两弹元勋"的评选中，当选的核科学家均为核物理学家。放射化学与核物理的地位相差悬殊，由此可见一斑。

形当中产生一种隔阂。当时发生的一件事情很能说明问题。在兰州会议之前，由于当时无机化学与放射化学情况类似，规模较小，曾有人提出与无机化学联合起来，成立"无机与放射化学分会"，这一提议也被写进了"修订稿"，最终还是遭到无机化学家的反对而告吹。[①]

杨承宗认为，在国家发展重心逐步转为国民经济领域的新形势下，放射化学首先要改变过去完全依附核事业的境况，明确学科定位，加强学科基础建设，与环境、生物、医学等其他学科或领域开展交叉研究，才能拓宽发展空间。[②] 那么加入中国化学会，便是放射化学回归"化学"属性的第一步。美国核化学与工艺分会（Division of Nuclear Chemistry and Technology，以下简称"NUCL"）即为一个成功的典范。虽然美国也设有核学会，但 NUCL 一直隶属于美国化学会。作为美国化学会所属的三十四个分会之一，尽管 NUCL 属于小型分会，但与其他分会交流非常广泛。截至 1990 年，NUCL 曾先后与其他二十一个分会联合举办过研讨会。在其出版的十七部专题研讨会论文集中，主题不仅有诸如放射性废物的地质处置、酸雨的化学行为等放射化学与地质学、大气科学等学科间的交叉，也有相当数量的基础研究内容，如穆斯堡尔光谱及其应用，超钚元素的制备与回收，等等。凭借在推动美国放射化学发展方面所做出的一系列卓有成效的工作，NUCL 于 1986 年获美国化学会杰出分会奖。[③]

此次参会的代表绝大多数来自高等院校和中国科学院相关研究所，他们十分认同杨承宗的理念。按照上述思路，会议起草了中国放射化学学会会章（初稿），同时成立了以杨承宗为组长、汪德熙和吴征铠为副组长的中国化学会放射化学学会筹备组。学会的筹备工作由此全面铺开。然而，在随后学会相关具体事宜的讨论中，学界内部出现了分歧。

---

① 张志尧访谈，北京，2013 年 11 月 15 日。资料存于采集工程数据库。

② 刘元方：回忆与杨承宗老师在一起的几件事。见：《杨承宗教授九十华诞纪念文集》。2001 年，第 40 页。

③ Elliot S. Pierce：The Division of Nuclear Chemistry and Technology's First Twenty-five Years。http://www.nucl-acs.org/?page_id=103。

成 立 学 会

1979 年 4 月 26 日至 30 日，中国化学会工作会议在北京召开。期间，杨承宗、吴征铠等放射化学学会全体筹备组成员在分组会上就学会名称、挂靠单位、学会刊物等事宜进行了充分讨论。[①]

首先是学会名称。不少代表倾向于用"核化学学会"之名，他们认为尽管放射化学这一名称历史较早，各大学设置专业亦皆用此名，但其在学科分类上定位于理科。核化学则不仅可以将核材料工程、辐射防护等囊括进来，至少在名头上还能与核物理"旗鼓相当"。反对的代表则提出从国内出版的几本放射化学领域的书籍来看，核化学的定义都较为狭窄，不利于与其他学科进行交叉研究，而且也不能把辐射化学纳入其中。他们认为放射化学在广义上可以把核化学和辐射化学都包括进去。看起来，似乎用"核化学"或"放射化学"来命名学会都存有问题，一时委决不下。吴征铠提出可以绕过这个问题，不用过于苛求，并以物理化学为例说，用物理化学还是化学物理好？用哪个能包括的多一些？严格来讲用哪个都不够确切。最后，大家求同存异，选用了"核化学与放射化学学会"这一略微复杂的名称。

仅对学会名称一事就进行如此反复讨论，并不多见，其中一个重要原因是国内对放射化学的定义太过宽泛。在中国，放射化学不仅包括核化学，甚至包括辐射化学，包括一切利用放射性物质及其辐射效应的化学研究。[②] 客观上讲，尽管核化学的起源和研究内容与放射化学密切相关，但侧重于对原子核结构与核反应研究的前者，和侧重于放射性元素的分离与分析的后者，仍存有本质的区别。国际上也没有将核化学作为放射

---

① 见"1979 年 4 月中国化学会放射化学分专业委员会会议讨论记录稿"，第 4–25 页。张志尧提供。以下关于会议讨论的内容除单独注释外均引自此，不再另注。

② 《大辞海·数理化力学卷》。上海：辞书出版社，2005 年，第 461 页。

化学分支学科的惯例。[①] 例如，美国学者 G. Friedlander 与 J. W. Kennedy 合著的放射化学经典教材 *Introduction to Radiochemistry*（译名《放射化学导论》，1949 年初版）在 1955 年出增订本时，书名就改为 *Nuclear and Radiochemistry*（译名《核化学与放射化学》），已明确将核化学与放射化学区别开来。[②] 辐射化学则是利用放射性衰变放出的辐射能进行化学反应和相应观测，与放射化学研究领域的区分更为明显。

但是即便如此，按照几十年的惯例，名称取为"放射化学学会"似乎亦并无大碍。争论背后的实质问题恐怕还是在于学界内对于学科未来发展方向持有不同看法。二机部下属单位的一些专家认为放射化学还是应坚持服务核军工生产任务的主线，相应地，学会刊物编辑部和挂靠单位也应该设在实力最为雄厚的原子能所。

学会刊物是由筹备组副组长汪德熙提议拟采用《放射化学》。《放射化学》经由二机部呈报国防科委批准，定于 1979 年第四季度创刊，1980 年出版季刊，出版和发行工作由原子能出版社协助解决。为了与学会名称保持一致，刊名相应改为《核化学与放射化学》。《核化学与放射化学》以刊登基础理论和实验研究工作论文为主，也刊载研究工作简讯、国内外核化学和放射化学动态、综述及消息，其主要内容包括放射化学、核化学基础研究，放化工艺研究，同位素化学、辐射化学及有关方法研究。[③]

至于挂靠单位，绝大多数与会代表不赞成设在原子能所，理由是其"军工色彩"较强，且地处北京西南郊的坨里，交通多有不便。何况学会刊物和挂靠单位如果都设在原子能所的话，高校和科学院的研究队伍力量难免更加式微，于学科整体发展不利。多数人建议可将挂靠单位设在中国科学院高能物理研究所。一方面高能所是除原子能所外研究力量相对较为集中的放射化学研究基地，所内设立的低能应用部偏向于基础研究；另一方面学会筹备组组长杨承宗也是高能所兼任研究员。综合比较，高能所是

---

① 郑群英、汪淑慧访谈，北京，2013 年 6 月 16 日。资料存于采集工程数据库。

② （美）G. 弗里德兰德、J. 肯尼迪：《高等学校教学参考书：核化学与放射化学》。冯锡璋等译。北京：原子能出版社，1988 年，前言。

③ 关于《核化学与放射化学》杂志的几点说明，1979 年 7 月。张志尧提供。

更为适宜的挂靠单位。此议也得到了原子能所方面的支持。[①] 会议商定，会后将通过中国化学会正式向高能所提出挂靠申请。

以上学会名称、挂靠单位和刊物等各项事宜获得筹备组全体成员认可之后，经化学会常务理事会讨论通过，1979 年 4 月 30 日中国化学会核化学与放射化学专业委员会举行成立会议。主任委员杨承宗、副主任委员吴征铠、汪德熙以及刘元方、汪家鼎、张志尧（秘书）等共十五位委员出席会议。同时成立了中国化学会核化学与放射化学分会[②] 筹备组和《核化学与放射化学》杂志编委会。会议讨论议定了三项内容。第一，9 月份在成都与无机化学专业委员会共同召开论文报告会。同时，拟在成都再度讨论核化学与放射化学学科规划。为做好准备工作，印发"修订稿"供作参考。第二，专业委员会拟设立如下专业组，分别是：锕系元素化学、放射化学、核化学、放射化学分析、同位素化学、放射性同位素制备及其应用、辐射化学。第三，在成都会议上，将酝酿成立中国化学会核化学与放射化学分会。[③]

事 与 愿 违

1979 年 9 月 21 日至 27 日，全国首次核化学与放射化学论文报告会在成都举行。会议共收到论文一百二十八篇，内容涉及核燃料工艺、放射分析化学、放射性同位素标记化合物、萃取化学等许多研究领域，这些论文集中展示了近二十年放射化学取得的各项成就，是中国放射化学的一大盛事。[④] 令人遗憾的是，原本热烈的会场气氛却因理事长人选的巨大分歧而降温。

---

① 见张志尧致杨承宗信，1978 年 12 月 9 日。
② 按照中国化学会的组织结构，学科分会为二级单位，专业委员会为三级单位，见中国化学会主页 http://www.chemsoc.org.cn/nlr/?hid=146#。
③ 关于成立中国化学会核化学与放射化学专业委员会的通知，1979 年 5 月 7 日。张志尧提供。
④ 杨承宗：中国核化学与放射化学第一次学术报告会会议小结，1979 年 9 月 27 日。手稿。

在许多代表心目中，杨承宗最早在国内开创放射化学事业，精心培育了新中国第一代放射化学人才队伍，又为核燃料工业的创建立下了不朽功勋，是学会首届理事长的当然人选。更不用说学会的一系列筹备工作原本就是在杨承宗的主持下进行的。然而，一大实力单位却在会上力推二机部的一位副部长出任理事长。杨承宗一贯淡泊名利，对此事持豁达态度，但一些中青年学者却抑制不住心中的不平，与会代表意见出现严重分歧。[①]其实这家单位此举并非被人诟病那般单一是为了行业垄断和部门利益，而是考虑到如果能请来二机部的领导亲自担任学会理事长，无疑能增强学会的地位，相应在经费方面也能获取更多支持。[②]只是事出突然，而且对于杨承宗来讲确实有失公道，经过多次讨论和表决，分歧始终未能得到解决。最后，会议只得决定暂不选举理事长，理事会的一切工作事项继续由原筹备组负责进行。[③]成都会议突显的矛盾加剧了放射化学在中国化学会内的尴尬地位，间接导致了核化学与放射化学分会未能成立。

八十年代初期，尽管与核试验相关的放射化学问题已有不少解密，但大部分的研究成果还是因标有"密级"不能公开发表。例如1982年中国化学会为庆祝成立五十周年，通过所属六个专业委员会征集到的二百八十四篇学术论文中，放射化学只选登了七篇。[④]可以想见，放射化学家们在化学会内是没有什么话语权的。2008年出版的《中国化学会史》一书在有关章节，就未提及中国化学会核化学与放射化学专业委员会成立一事。这也从一个侧面印证了放射化学在中国化学会内不太受重视。[⑤]加上部分化学会理事持有门户之见，总觉得"放射性扎人"。成都会议后，他们大都不愿介入放射化学的内部矛盾，甚至有人主张放射化学应从化学会脱离出去。[⑥]在此前后，高能所方面又表态拒绝了核化学与放射化学专业委员会

---

① 张志尧访谈，北京，2013年6月14日；郭绍晋访谈，北京，2013年6月16日，资料存于采集工程数据库。另见王蕴玉：献给杨先生九十华诞的寿礼。见：《杨承宗教授九十华诞纪念文集》。2000年，第69页。

② 萧兴寿访谈，北京，2015年12月28日，资料存于笔者处。

③ 杨承宗：中国核化学与放射化学第一次学术报告会会议小结，1979年9月27日。手稿。

④ 见张志尧致杨承宗信，1982年3月21日。

⑤ 中国化学会：《中国化学会史》。上海：上海交通大学出版社，2008年，第34页。

⑥ 张志尧访谈，北京，2013年11月15日。资料存于采集工程数据库。

的挂靠申请。该所在给中国化学会的回函中称：该所已有高能物理和粒子加速器两个学会挂靠，无力再负担放射化学，建议挂靠在原子能所云云。一时间学会组织的境遇颇为窘迫。

针对这些重要但又悬而未决的问题，学会主要成员在参加 1980 年 2 月中国核学会第一次全国代表大会和 3 月中国科协第二次全国代表大会期间，都曾有所讨论。他们设想以一个基层学会同时隶属中国化学会及中国核学会，以便取得双方领导的支持，但皆因会期仓促而未能提出具体的解决方案。[①] 直到 1982 年 11 月中国化学会第二十一届常务理事（扩大）会议期间，由化学会理事长卢嘉锡提出"两个组织"（即中国化学会核化学与放射化学专业委员会、中国核学会核化学与放射化学学会），"一套领导班子"的折中方案，杨承宗为主任（理事长），汪德熙、吴征铠和刘元方为副主任（副理事长），才算尘埃落定。[②] 这套方案虽然暂时终止了放射化学学术团体的人事和隶属关系方面的争议，但也有一些问题遗留下来。

首先，尽管学会理事长依然由杨承宗担任，但成都会议上发生的人事纠葛已严重削弱了学会的权威性，同时也在研究队伍内部制造了裂痕，两方心中的疙瘩直到多年以后仍难以完全消弭。由于杨承宗所在的中国科大早已撤销了放射化学专业，缺乏科研团队的支撑使得他很难在更为实际的学术资源分配过程中施加影响。这些因素都限制了对放射化学的未来发展具有远见卓识的杨承宗，通过学会的运行去发挥更大的作用。多位放射化学专家在接受笔者访谈时都曾提过一个设想，即如果当时杨承宗处在科研一线，团结起学界人士向政府部门呼吁，有可能扭转中国放射化学自八十年代末以来的严重颓势，至少不会这般低迷。

其次，这套方案并非仅仅"一个机构，两块牌子"那样简单。实际情况是在中国化学会内，只能成立"专业委员会"而不能成立"分会"；在中国核学会内，则只能成立"学会"而不能成立"专业委员会"。隶属关

---

① 关于中国核学会核化学与放射化学学会组织机构成员通讯选举的通知附件，1980 年 4 月 29 日，第 3 页。张志尧提供。

② 中国核学会第一届第二次全体理事（扩大）会议文件：核化学与放射化学工作总结，1983 年 6 月 23 日，第 1 页。张志尧提供。

系不同，名称不一，人员组成不同，级别不同，学会工作自然很多不便。在学会成立最初几年中，有关文件中一般都要作两个署名："中国化学会核化学与放射化学专业委员会"和"中国核学会核化学与放射化学学会"。工作汇报往往也是一式两份分别提交给中国化学会和中国核学会审核。而从八十年代后期开始，学会的各项活动基本就仅以中国核学会核化学与放射化学学会的名义进行了。

最后，由于高能所方面拒绝学会挂靠的意向较为坚决，学会的挂靠单位与专业刊物的编辑部最终都设在了原子能所。而这样的结果就表明，高校、中国科学院和产业部门之间的研究力量分布失衡更为严重。

虽然杨承宗对于学科发展的诸多预期构想皆未能实现，甚至事与愿违，放射化学专业学会的建立始终是以他为代表的那一代放射化学家群体，为推动学科回归正常发展轨道所做的一次努力尝试，其作用也是毋庸置疑的。

图 8-3　1979 年成都会议期间杨承宗（一排左六）与刘元方（一排右五）等与会代表留影

　　学会最为突出的一项成绩是学术活动的频繁举办。截至 1986 年，学会相继组织和承办了四次大型学术会议，如下表所示：

表　1979—1986 年国内举办的核化学与放射化学学术会议概况

时间	地点	主题	提交论文与报告数（篇）	与会人数
1979 年 9 月	成都	全国首次核化学与放射化学论文报告会	128	165（56 家单位）
1982 年 9 月	南京	庆祝中国化学会成立五十周年纪念论文报告会核化学与放射化学组报告会	不详	不详
1983 年 9 月	屯溪	第二次全国核化学与放射化学学术讨论会	153	150（48 家单位）
1986 年 10 月	北京	国际核化学与放射化学会议	288（国内 106 篇）	300（国内 130 人）

　　从各次会议提交的论文和报告的研究内容看，除了核燃料循环这一传统研究领域，放射性同位素标记化合物、活化分析等与国民经济联系紧密的其他分支受到的关注越发广泛。例如在屯溪举办的第二次全国核化学与放射化学学术讨论会上，刘元方等人就分别作了题为硒等痕量元素的生物化学及放射性示踪法的一些应用、短寿命放射性同位素药物的快速标记、核化学在考古方面的应用、核子天文地质学的大会主题报告。[1]

　　对外交流方面，学会曾多次派出代表团参加国际学术会议。杨承宗在数次组团时均表态自己不去，由中青年骨干先去，他作为学会理事长只起铺路搭桥的作用。1981 年，以刘元方为首的代表团赴美国拉斯维加斯参加了第二届北美洲化学大会。此后，以吴征铠和肖伦为首的代表团赴英国布莱顿参加了第二届国际核化学与放射化学讨论会，由张志尧、徐鸿桂等人组成的代表团赴荷兰格罗宁根参加了第六届国际核药物化学讨论会等。[2]这些频繁的学术活动不仅为国内国际同行开展学术交流打下了坚实基础，也推动了放射化学研究的多元化。

————————————

　　[1]　关于第二次全国核化学与放射化学学术讨论会（屯溪）的情况汇报，1983 年 10 月。张志尧提供。

　　[2]　张志尧访谈，北京，2014 年 12 月 13 日，资料存于笔者处。

1986 年 9 月，国际核化学与放射化学会议首次在中国召开，成为中国放射化学的一大盛事。杨承宗和中国核学会理事长姜圣阶、1951 年度诺贝尔化学奖得主前美国原子能委员会主席西博格（G. T. Seaborg）共同担任会议主席，会议有将近三百名来自五大洲二十六个国家的中外知名学者、教授和研究人员参加。[1] 其中一位重磅学者正是三十多年前在居里实验室给杨承宗做助手的小姑娘，如今已成为居里实验室主任的莫妮卡·帕杰丝教授。在北京科学会堂庄严的讲坛上，帕杰丝向各国的科学家介绍了她最前沿

图 8-4　1986 年国际放射化学会议间歇与居里实验室主任莫妮卡·帕杰丝合影

的研究成果之后，动情地说："我的第一个启蒙教授是中国人，他现在就在会场，他叫杨承宗。我将永远感激他！"

分别时刻，杨承宗送给帕杰丝一幅中国水墨画，画上是一朵硕大怒放的芙蓉。杨承宗告诉帕杰丝："你的姓氏叫芙蓉，芙蓉在中国是一种很美的花，所以特地选一幅花送你留念。"说完，杨承宗兴之所至，随手在画上题了一首小诗：

三十五载喜重逢，昔年今日如梦中。

天公何时能作美，我侪不分西与东。

---

[1]　李大明：国际核化学与放射化学学术讨论会在京举行。《核化学与放射化学》，1986（04）：256。

第九章
创办合肥联合大学

科大副校长

可能杨承宗自己也没有料到，在他不能继续从事钟爱的放射化学科研工作之后，行政领导职务竟接踵而至。1978 年 11 月，67 岁的杨承宗被任命为中国科大副校长，分管科研工作。此后，他不辞辛苦，为学校第二次艰苦创业殚思竭虑。

杨承宗优秀的行政管理才能早在任职五所副所长期间已有充分展示。十多年后再次走上领导岗位，自是轻车熟路。杨承宗上任后抓的第一件事是帮助解决了一些教职工的户口问题。学校迁至合肥后，"教师不安心，人心思京"是一个存在多时的突出问题。1978 年 11 月初，中国科大近代物理系 77 级 1 班通过新华社记者向方毅副总理递交了一封全班学生署名的信，信中表达了对该问题的关切。杨承宗想到了胡耀邦 1975 年在中国科学院主持工作期间为了让科研人员安心工作而提出的"五子登科"①措施。他认为，对于从北京迁来的科大教职工来说，户口是除"五子登科"以外的另一件大事。1979年初春，杨承宗在参加全国人大会议期间特地向安徽省委副书记顾卓新谈及此事，希望能保留南迁教职工的北京户口，以解除他们的后顾之忧。顾卓新对此十分支持，并建议杨去拜会北京市委负责同志。不久，中国科大南迁教工保留北京市户口的政策得到落实，一度持观望态度、想调离合肥的教工得以安心定志。

中国科大一向重视外语教学，作为副校长的杨承宗还兼任了外语教研室主任。由于"文革"造成的混乱，当时外语教研室人心不稳，对于大小语种争论较多。同时，过去长期不提倡学习外国现代科学文化，导致除外语专业以外普遍地对外语学习不够重视。杨承宗从指导思想上提出外语教学应以英语为主，全面兼顾，既要向先进科学技术学习，又要向现代科学发源地国家学习。自此中国科大不仅在全国高校中由俄语转向英语最快，而且是外语教学收效最好的学校。整个八十年代，中国科大才俊出国留学蔚为风潮。后来在教育部讨论 CUSPEA②问题的会议上，因为前两届 CUSPEA 录取的学生有很多是中国科大的，教育部副部长黄辛白特别咨询了出席会议的另一位中国科大副校长钱临照的意见，说："你们最多，你们什么道理？"钱临照答道："我们没有什么办法，只有一个我们是比较有特色的，就是我们的杨校长，副校长亲自抓外语教研室。"③

中国科大放射化学专业虽然在"文革"中遭到停办，但辐射化学专业得到了保存和发展。要开展辐射化学的教学与研究工作，放射性钴源是必不可少之物。考虑到学校当时经费并不充足，杨承宗向安徽省的有关单位提出借用放射性钴源的要求。由于在"大跃进"年代里发生过辐射育种用钴源意外造成人员死亡的事件，不少单位把钴源当作累赘，纷纷表示可以

①　所谓"五子登科"，指的是"票子、房子、妻子、孩子、火炉子"。胡耀邦了解到科技人员的普遍困难是：工资收入低，为生活犯愁；住房拥挤，屋里放不下书桌；夫妻两地分居，长期得不到解决；孩子进托儿所困难，没有人照看；没有煤气罐，烧饭困难。胡耀邦亲自同有关部门领导磋商，请求支持，终于使大部分问题得到解决。"五子登科"后来在科学院传为美谈。

②　CUSPEA 即中美联合培养物理类研究生计划，全称为 China United States Physics Examination and Application。此项目在李政道教授的推动下，于1981年建立，1989年取消，进一步打开了中国学生留学之门。数年来，近千名中国学生通过该考试公费留学美国攻读学位。

③　杨承宗访谈，北京，2007年9月2日。资料存于采集工程数据库。

图 9-1 1979 年杨承宗主持中国科大校长办公会议
（右一起：石钟慈、包忠谋、杨承宗、李宓、任知恕、项志遴、黄茂光）

免费奉送。只不过这些钴源剂量都太小，难以满足辐射化学研究应用之需。杨承宗进而向学校提出从国外购买大钴源、建立钴源实验室的申请，结果很快得到批准。基于放射性防护，钴源实验室的设计十分严格，各种方案需要反复论证。杨承宗特别举荐了辐射化学教研室的章吉祥和陈文明两人具体操办。1984 年 4 月 10 日下午，从英国进口的钴 -60 运输铅罐到达合肥，并于当天晚上安全顺利地完成投源工作。5 月 5 日，六万居里钴 -60 强辐射源安装成功，顺利通过验收。辐射化学教研室充分利用了这一有利条件，在高分子材料的合成、辐射治理三废、辐射加工工农产品等基础理论和应用研究方面取得了多项成果。[1] 在培养了大批人才的同时，也为学校创造了相当可观的经济效益。

除了辐射化学专业，杨承宗对推动中国科大化学学科的建设也做了很多工作。1984 年经国务院学位办批准，中国科大成为全国三个仅有的放射化学博士学位授予点（另两个是北京大学和北京师范大学），杨承宗为博士生导师。早已停办的中国科大放射化学专业竟能成为博士点，很大程度上要归功于杨承宗在学界内的非凡资望和崇高声誉。事实上，放射化学博士点是中国科大第一个化学博士点，也是八十年代全校仅有的两个化学学科博士点之一（另一为分析化学）。在相当长的一段时间内，化学学科

---

① 近代化学系：我校钴 -60 强辐射实验室初步建成投入使用。《中国科学技术大学学报》，1984（03）：395。

的多个学科方向都挂靠在放射化学博士点培养博士研究生。[①]比如物理化学、无机化学和高分子化学与物理专业本科或硕士毕业的一批优秀年轻人在入学时都报考放射化学，需要的时候杨承宗也予以热情指导。其中相当一部分

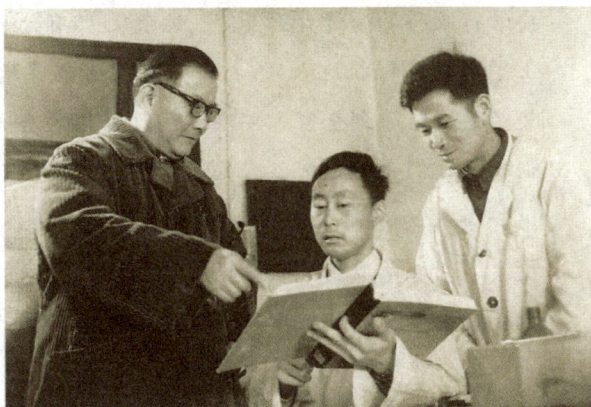

图 9-2　八十年代杨承宗在指导青年教师（居中坐者为陈祖耀，右侧站立者为刘清亮，二人后来均为教授、博士生导师）

人取得博士学位留校任教后，又回到原来的学科方向工作。这些人后来大都成为这些学科方向的重要中坚力量。[②]

　　平心而论，比起平常时期的副校长，杨承宗的工作量要大出很多。这毕竟是"文革"刚刚结束，一切都要从头开始的年代。而且，在"文革"中目睹太多领导干部被肆意揪斗的情景之后，不少年轻人忘记了尊敬师长。女儿家雷后来写道：

　　　　父母亲搬迁到合肥之后，我第一次探望他们时，他们住在一套小三间的单元房中。父母亲的住房除了厨房、厕所和一小条走廊外，就是三个房间，其中两间是卧室，一间用做饭厅兼客厅。在星期日和平常父亲下班之后，这饭厅兼客厅的房间里总是坐满了来访者，除了有原化学系的熟识的老师们和同学们外，绝大多数的来访者都是我不认识的。有一次我应门铃声去开门，来者是一位年轻的女士，自报为行政科的会计。我认为行政科的会计与父亲业务副校长的职务毫无关系，请示了父亲，父亲还是让我请她进来加入到排队等候与父亲谈话的行列中。事后我问父亲："你自己业务范围内的事情都忙不过来，还

①　辛厚文主编：《中国科学技术大学化学与材料科学五十年》。2008 年，第 7 页。
②　俞书勤：情系科大　无私奉献。见：《杨承宗教授九十华诞纪念文集》。2000 年，第 60 页。

要管行政科的会计什么事？"父亲说："有什么办法呢？她都找到我门上了，我不好拒绝人家。"每天来访者们靠墙顺序坐在房间里等候与父亲谈话，等到全家人要在这两厅并用的房间吃饭的时候，等候的人们就说你们先吃饭吧，我们等你们吃完饭之后再谈。我们几个人就在这一群人的包围中、在大家的众目睽睽下，食之无味地迅速填饱肚子，席间父亲边吃还要边回答一些问题。我的第一次回合肥探亲就是在这种乱糟糟的环境中度过的，本想与久别的双亲聊聊别后思念的愿望却成了泡影。①

在繁忙的副校长任上，杨承宗获悉了五所希望他担任所顾问的请求。彼时五所因为缺少一位资历名望都够分量的科学家，在国际国内学术交往中倍觉吃力，五所新任领导十分希望杨承宗能够继续回所指导工作。但一方面现在杨承宗已为中国科大副校长，另一方面也为当年杨承宗受到的不公正冷遇抱愧，五所领导闫学思于 1979 年 9 月 10 日给已是中国科学院副院长的钱三强写信求助，希望钱三强能促成杨承宗继续担任五所顾问一事。钱三强于 9 月 15 日给中国科大党委书记杨海波写信告知了五所这一请求。② 思索犹豫了整整半年之后，杨承宗才提笔给杨海波写了请示信，全文如下：

> 海波书记：
>
> 79 年 9 月，二机部五所来信及钱副院长和您的批示，早悉。因为意见难定，不能早日复报，歉。
>
> 经过长期酝酿，我现在工作较多，时值暮年，难加重任。但是，在钱三强同志长期领导下，对原子能利用的科学技术未能忘情，五所同志对我近十年来表示的盛情难以忘怀。现拟同意，鼓我余勇，在基本不妨碍本职工作的原则下，利用寒暑假期，为五所、为我国可能将

---

① 杨家雷：我的父亲。见：《杨承宗教授九十五华诞纪念文集》。2006 年，第 138 页。

② 中华人民共和国第二机械工业部关于请杨承宗同志指导五所工作的函件，(80) 二矿字 106 号。合肥：中国科学技术大学档案馆：1980-WS-Y-3-42。

临的原子能应用事业第二次高潮做一些事。

若蒙同意，请复告钱副院长，由我校函致第二机械工业部为幸。

当否，请示。

此致

敬礼！

杨承宗

三月五日 ①

信中流露着他对原子能事业、对放射化学难以割舍的热爱。即使已做到一流名校的副校长，地位和待遇都远高于昨日，但是在杨承宗的内心深处，始终还是更愿意做一名纯粹的放射化学家。只是随着肩上的领导担子进一步加重，他实在没有精力顾及此事了。

1979 年 12 月，杨承宗当选为安徽省人大常委会副主任，一年后又当选安徽省科协主席。他的视野从中国科大的校园扩展到江淮大地、淝水之滨。杨承宗多次提议安徽省应建造一座科技馆来提高民众科技水平，并组织人员赴京考察，热情鼓励开展项目招标会、人才推介会等。作为省人大副主任，杨承宗常有机会深入到各市、县去考察，对各地情况比较了解。在一次调研中，个别乡镇领导竟然当众介绍农闲时组织农民出去要饭的经验，杨承宗听到之后非常反感和气愤。作为政府的一级领导，应该去想办法怎么样发展生产、改善环境，怎能

图 9-3　1980 年为蚌埠市"人才、技术、信息展览会"剪彩

---

① 杨承宗 1980 年 3 月 5 日写给杨海波的请示信。合肥：中国科学技术大学档案馆：1980-WS-Y-3-42。

提倡这种好逸恶劳?! [1]

杨承宗认为,要促进安徽经济的发展、社会进步、生活康乐,发展教育是主要出路。在四化建设当中,设备、资金可以引进,但国民素质是引进不来的,只能依靠教育。终于,在七十岁的高龄上,杨承宗为国家科教事业的发展做出了最后一件大事——创办新中国第一所自费走读大学——合肥联合大学。

创办缘起

改革开放初期,国家百废待兴、百业待举,急需大批的科技人才,但"文革"造成的人才断层却又远不能满足社会需要。"文革"十年中积聚了大批失学青年,恢复高考制度后出现了千军万马争过"独木桥"的现象。然而,能进入大学深造的青年人,在同龄人中毕竟是少数。尽管各级政府对教育十分重视,但是对教育的实际投入远远不能满足经济建设和社会发展对人才的需求与人们求学的渴望。总体上看,改革开放初期国家在高等教育的供给和社会的需求之间,出现了一个巨大的缺口。据当时统计:我国同龄人中能进大学的仅占百分之一;高考升学率不到百分之四,有的只差一分就落榜;每万人中在校大学生只有十四人,在联合国有关组织调查的一百三十七个国家中,中国排名第一百二十九位(倒数第八)。[2]

作为中部欠发达的省份之一,安徽的情况更是雪上加霜。据统计,八十年代初,全省四千八百多万人口中,历年所培养的大学生只有五万多人,这五万大学生中还要支援全国。全省二百三十五万职工中,具有大学文化程度的只有百分之四点二。相对于全国平均水平的十四人,安徽省每

---

① 杨家翔、远泽清访谈,北京,2011 年 11 月 30 日。资料存于采集工程数据库。

② 贾荣书:桑榆未晚桃李芬芳——杨承宗教授创建合肥联合大学纪实。见:《杨承宗教授九十五华诞纪念文集》。2006 年,第 33—34 页。

万人中在校大学生只有六七人。①

作为襟江带淮、沿江通海的安徽，在历史上是出文人、出才子、出名流的地方。华佗、曹操、包拯、张廷玉、李鸿章、陈独秀、陶行知、胡适等风云人物灿若星辰，给中华文化留下了无数绚丽的篇章。而如今，安徽落后了，杨承宗感到忧心忡忡。在一次去省立医院的路上，他看到马路边围墙底下有不少年轻人围聚在一起，觉得奇怪，就问司机他们在干什么。司机告诉他说："小孩子们打台球呢。他们没考上大学，又没工作干，就在这儿打球。"看到这么年轻的孩子本该是受教育的时候，却无所事事，杨承宗很是震惊。

1979 年 8 月，杨承宗在安徽省高教局召开的一次会上，偶然间听一位与会者谈起女儿只差 0.2 分没能考上大学。原来那位老师的女儿考试分数的尾数为 0.3 分，如果再多 0.2 分变成 0.5 分，那么可以四舍五入进 1 分，恰恰就是这 0.2 分令他女儿失去了上学的机会。杨承宗惋惜之余也有疑惑，高考择优录取当然很好，但能精确到 0.2 分吗？为此，他专门咨询了一位有经验的数学教师：阅卷评分能够精确到什么程度？得到的回复是：在有标准答案的情况下，一份考卷两个老师分别评阅，分数相差 5% 不足为奇。听罢杨承宗心中久久不能平静，许多人的人生道路仅是因为差零点几分而致云泥之别，是何其不幸！他作出判断，落榜的考生中有可造之材，只是没有可造之机，那么能否为那些分数接近高考录取线的学生提供一个读大学的机会？

在国家教育单一化的矛盾短期无法解决的情况下，有识之士认为另辟蹊径已成势在必行。1980 年 6 月 13 日，国务院副总理方毅在中国科大考察工作时指出："高等教育的体制结构，同时也要考虑改革，不能只有一种模式办学，要提倡多样化。走读制，分校，学分制，电视大学，函授大学，广播大学，夜校，补习班，各种不同年限、不同学制的专科学校，都可以试验嘛。"陪同考察的杨承宗闻之备受鼓舞，更加激起他探索高等教育改革的热情。他后来形象地比喻道：正规大学挑走了"奶油"，剩下的

① 贾宝余、远泽清：联办公助增华彩自费走读辟先河——杨承宗教授教育思想探析。见：《杨承宗教授九十五华诞纪念文集》。2006 年，第 16 页。

"牛奶"还是可以吃的嘛！能不能创办一所大学，让这些取走"奶油"后留下的"牛奶"发挥作用，不要浪费掉！①

1980 年 6 月 21 日,《光明日报》发表了该报安徽记者站记者胡羊的报道"中国科学技术大学副校长杨承宗主张招收一些自费大学生"。报道中指出，杨承宗认为在现有大学里设"公办民助"班，是符合多出人才、快出人才精神的。他建议在每年国家统一考试招生之后，招收一些有培养前途、有自费条件，还够不上录取分数线的学生。② 杨承宗的这些"主张"见报后，立即在社会上引起强烈反应，尤其是高考落榜生及其家长。一位山西太原的读者写信给杨承宗说："升学问题，今天是笼罩在每个家庭上的一朵乌云，很多社会问题都是从这里派生出来的。杨先生的这项创举，实在是大有益于青年、大有益于社会、大有益于中国。"③

联 大 成 立

有了一定舆论支持后，杨承宗便着手筹划办校细节。自然，此事必须要获得中国科大和安徽省的支持。他首先向中国科大党委书记杨海波、安徽省副省长杨纪珂汇报了办校动因和办学思路。三位当时是安徽省内知名度颇高的"三杨"，他们几乎同时在中国科大和安徽省委省政府工作任职。杨海波是中共安徽省委第二书记，又是中国科大的党委书记、副校长。杨纪珂是分管文化、教育、体育、卫生等事务的副省长，早年毕业于美国俄亥俄州立大学统计系，获硕士学位，是国内著名的数学家、统计学家和环保专家。1966 年，杨纪珂调入中国科大工作，后在管理系任教授。以改革创新闻名的后两位非常认同杨承宗的构思。杨海波充分肯定了各校挖掘潜

---

① 温新红：杨承宗：创办新中国第一所自费大学.《科学时报》：2006-8-29：B3。

② 胡羊：中国科学技术大学副校长杨承宗主张招收一些自费大学生.《光明日报》：1980-6-21：2。

③ 贾荣书：桑榆未晚桃李芬芳——杨承宗教授创建合肥联合大学纪实. 见：《杨承宗教授九十五华诞纪念文集》. 2006 年，第 33-34 页。

力办自费走读大学，说学校一定全力支持，教育上要创新，不要受社会舆论所左右，不要单从经济上考虑。[1]

之后，杨承宗挑选贾志斌、丁世有、麦汝奇、黄吉虎等几位中国科大的年轻教师，以此为班底建立了办校筹备小组。杨承宗带领小组成员先后与钱临照、马西林、卢岗峰、包忠谋几位副校长商讨创办自费走读学校一事。大家同意从中国科大借出几间教室和办公场所，在不影响学校教育质量的前提下，支持部分基础课教师在未来的自费走读大学兼职。不仅如此，杨承宗又走出校园，率队分别拜访了合肥工业大学校长王成福、安徽大学蔡副校长以及安徽农学院、安徽医学院、安徽建工学院、安徽中医学院、安徽教育学院等院校领导，得到了全力的支持和帮助。[2]

根据杨承宗的建议，中国科大讲师赵立人于 1980 年 7 月 12 日向安徽省委第一书记张劲夫呈交了利用在肥大学的潜力试办"安徽自力大学"的意见材料。张劲夫在该意见上批示：要广开就学门路。7 月 16 日，中国科大以校字〔1980〕第 129 文向安徽省人民政府上报了"创办安徽自力大学的计划"的报告。[3]

一向热心教育的时任合肥市委书记的郑锐自然注意到了杨承宗要办自费走读大学一事。他对此议深感兴趣，主动登门拜访。郑锐后来回忆说："第一次接触，我们就结下了不解之缘。为了创办合肥联大这

图 9-4　1980 年合肥市委书记郑锐（右二）与杨承宗、赵立人（左一）、贾志斌（左二）讨论工作

---

① 贾志斌：杨承宗先生与合肥联大。见《杨承宗教授九十五华诞纪念文集》。2006 年，第 31 页。

② 黄吉虎：忆合肥联大的创办——恭贺我国放射化学的奠基人、教育家杨承宗先生九十五华诞。见《杨承宗教授九十五华诞纪念文集》。2006 年，第 47 页。

③ 合肥联合大学大事记（1980–1999）。合肥：合肥联合大学，2000 年，第 1 页。

个共同的目标，我们走动密切，经常在一起探讨，不仅是并肩奋斗的战友，还成为了亲密的朋友。"①

万事俱备，只欠东风。新创办的大学用什么校名呢？1980 年 7 月下旬的一天，在从校办公楼回家途中，杨承宗突然问黄吉虎："要成立的自费走读大学总得起个名字，你看叫什么大学好？"黄吉虎对此事也考虑了很久，答说："因为学校是合肥地区高校联合起来办的，不妨起名为'合肥联合大学'。"杨承宗赞道："不谋而合，可取，可取。抗日战争时，西南联大不就很有名吗？清华、北大、南开等联合在一起办学，这所大学培养出杨振宁、李政道及众多的世界级优秀人才。"②在与郑锐商定过之后，合肥联合大学（以下简称"合肥联大"）作为校名被确定下来。

1980 年 8 月 25 日，安徽省副省长侯永主持召开了第三十八次省长会议，着重研究创办合肥联大问题，结论是"积极支持这一'功在千秋'、利国利民的大好事"。会议决定：批准设立合肥联合大学，安徽省人大副主任杨承宗担任校长；学校设立董事会，由合肥市委书记郑锐任董事长，吸收省、市有关部门、合肥地区七所高校的领导及社会知名人士、教育专家二十四人为董事会成员；学校实行收费走读，试行学分制，学生修业期满，考试合格者发给毕业证书，不参加统一分配，由人事、教育、劳动等部门向用人单位推荐，择优录用。8 月底，安徽省高教局根据省委、省政府的指示，组织中国科大、合肥工业大学、安徽大学、安徽医学院、安徽中医学院、安徽农学院、安徽工学院等在肥高校筹建"合肥联合大学"。合肥联大创办之初，以中国科大为基地聘请教师、借用教室、实验室。中国科大委派贾志斌、陈德跃、赵立人、贾荣书、谢永和等五人共同负责合肥联大工作，贾志斌任教务长，陈德跃、赵立人任副教务长。③

1980 年 10 月 11 日上午，合肥联大在安徽省科委礼堂举行成立暨首届新生开学典礼，安徽省委、省政府、合肥市委、市政府主要负责人、各高

---

① 郑锐：力举高教改革大旗，开拓联合办学之路。见《杨承宗教授九十五华诞纪念文集》。2006 年，第 25–26 页。

② 黄吉虎：忆合肥联大的创办——恭贺我国放射化学的奠基人、教育家杨承宗先生九十五华诞。见《杨承宗教授九十五华诞纪念文集》。2006 年，第 48 页。

③ 合肥联合大学大事记（1980–1999）。合肥：合肥联合大学，2000 年，第 2 页。

等院校主要负责人，合肥联大董事会各位董事出席典礼。安徽省委书记顾卓新在开学典礼上讲话时指出："合肥联大这样的办学方式是大有作为的。当前我们一定要解放思想，放宽政策，广开学路，把科技教育事业搞活，改变过去在教育方面

图9-5　1980年杨承宗在合肥联合大学开学典礼上致词

统得太死、卡得太紧的现状，不能抱残守缺，不能压抑人才，积极进行教育改革，充分发挥安徽省在科技教育方面的潜力，为培养人才服务。这是安徽党政领导对合肥联合大学办学方式的充分肯定。"

作为合肥联大首任校长，杨承宗在开学典礼上做了题为"树立优良学风，办好新型大学"的讲话。[①] 他说：

> 党中央多次指出，要在发展生产的基础上，全面地提高我国的科学和文化水平。发展教育事业，特别是发展高等教育事业，是提高和普及我们物质文明和精神文明的重要措施。可是，我们国家现在还很穷，一时难以创办更多的高等学校来满足社会的需要。尤其在十年浩劫中，积累了大批失学的青年，后遗症现在还在发作。目前，我国考进高等院校的学生升学率不到百分之四。其余的怎么办？

> 方毅副总理在一次报告中指出："我们需要千方百计试验和探讨改革的途径，创造多种多样的办学形式和办法，广开学路。"合肥联合大学就是在这一指示下创办的。它今天正式成立并开学了。

> 在这值得纪念的时日，我们饮水思源，必须感激党对我们的坚强领导与亲切关怀，必须感谢社会各界对我们的热情关心与大力支持。让我借此机会，代表联大的师生和家长，向安徽省委、省政府和合肥

---

① 贾宝余、远泽清：联办公助增华彩自费走读辟先河——杨承宗教授教育思想探析。见：《杨承宗教授九十五华诞纪念文集》。2006年，第17页。

市委、市政府的有关领导，致以衷心的谢意！向大力支持我们的社会各界，致以崇高的敬礼！合肥联大的倡办是很得人心的，使我们从筹办到开学上课，只花了不到两个月的时间，没有领导的关怀与社会的支持，这是不可能的。

现在，请让我简单谈谈合肥联大的办学方针、任务和设想。我校的办学方针是：联办公助，自费走读，综合优势，面向社会，促进教学、科研与生产相结合。我校的培养目标是：培养学生具有高度社会主义觉悟的、有坚实基础知识和较强动手能力的、身体健康的、具有竞争意识的各种建设人才。本校学制为四年，系科设置，根据国家需要和科学技术的发展趋势而灵活设置，有的专业将试行挂钩培养，基础课与专业课的安排和要求与全日制普通高等学校相同。本校目前设有理工、中文和英文三个系科，以后按需要陆续增设，逐步办成一所多系科的、社会所欢迎的新型联合大学。本校现在实行国家计划外招生，以招应届毕业生为主。按教育规律以经济方法管理学校。对德、智、体全面发展的优秀生设立奖学金，每年评定一次。对教师和干部，原则上实行聘请制，不设庞杂机构，只配极少数的必需的专职人员和高水平的教师。学校实行董事会领导下的校长负责制。校董事会由省、市有关部门，合肥地区七所高校的领导和社会知名人士、教育专家组成。学校经费，依靠学生缴纳的学杂费、社会支助和国家补助等渠道，欢迎国内社团、企业资助，也欢迎海外侨胞捐助。我校今年正式录取新生三百四十六人。今后将基建情况逐步扩大招生，设想中的规模拟为在校生五千人。

这里，我想对同学们提点希望。大家都知道，要办好一所学校，最重要的一条就是要树立优良的校风。我们的校风是，团结、紧张、严肃、活泼。同学们要团结友爱，互相帮助，共同进步。要德、智、体全面发展。你们除了紧张、勤奋地学习，艰苦朴素的作风外，一定还要争取做一个好公民。要讲礼貌，尊师爱友；要讲文明，讲卫生，遵守秩序。你们每天要乘公共汽车，你们是否排队上车、是否扶老携幼，一举一动天天被社会上的人们看在眼里，记在心里。希望你们作个好榜样，从而影响社会。你们既要严肃，又要活泼，因地制宜地开展多种文体活动，才能健康地成长。

同学们，你们是合肥联大的第一届学生，也是我校的第一批受惠者。你们比受"文革"之害的哥哥姐姐们都幸福。你们一定要珍惜这来之不易的学习机会，为祖国争光，为自己争气。我们学校初创，一定有许多困难和缺点，你们一定要以主人翁的态度同学校合作，决心把合肥联大这所新型大学办好。希望你们一定要树立优良校风，为后来的同学们作出好的榜样，一代一代地传下去。

我们大学是只有学生没有专职教师的大学。我们办这种少花钱多招生的新型大学的经验还没有。这要我们去创新，办出特色来。我们有过市领导的大力帮助和社会各界的支持，我坚信这样的大学是具有很强的生命力的。合肥联大的前途是无限光明，无限远大的！让我们大家携起手来，上下一致，同心同德，为着我国四化建设，为着祖国年轻的一代，办好合肥联大。让教育革新之花开满祖国大地。

办学新思路

合肥联大成立前，杨承宗曾潜心研究国外多种形式办走读大学的方针和方法。美国发展社区学院、苏联大办函授教育和夜大，英国、法国设立开放大学、短期技术大学……都一一进入他的思考领域，丰富了他的教育思想，进而促进了联大的办学实践。他研究发现，美国自二十世纪六十年代以后公办正规大学有不少已关门停办，而民办职业大学却以每年百分之十的增长率直线上升，势头正旺。因为这种大学投入小，可以用不多的经费，为社会培养大批创业人才。他认为，要创办适合中国国情的大学，一定要解放思想、深化改革，不能走过去办学的老路。围绕杨承宗提出的联办公助、自费走读、不包分配等几项内容，合肥联大的办学思路具有许多新颖独创之处。

合肥联大在国家计划外招生，主要面向合肥地区，学员从参加当年全国统一高考、成绩接近普通大学录取分数线、本人能在合肥市内解决住宿问题的考生中录取。在办学经费方面，合肥联大实行"学生缴费和社会集资为主，国家资助为辅"。理工学生每年缴纳学费五十元，文科四十元，这是自费的部分，多数家庭也能承受；安徽省、合肥市政府每年按每位学生一百元到一百五十元的标准给学校提供补助，这部分属于公助。据统计，当时安徽省一所普通大学培养一名大学生的平均费用是一千七百元，合肥联大的投入则不足为其十分之一。[①] 学校实行走读，对学生不包吃、不包住、不包医疗，甩掉了普通大学那些沉重的后勤包袱。为了方便学生往返家庭和学校，郑锐书记还从合肥市调配了当时市面奇缺的二百张"飞鸽"和"永久"牌自行车购车票证。[②]

合肥联大对毕业生不包分配，而通过招聘制、合同制、择优录取、自谋职业等多种"供需见面"的渠道，为用人单位输送"适销对路"的人才。学校根据社会当时的需要设置专业，充分发挥安徽省的人才资源优势，按照市场规律办学。本科学制四年，专科学制二三年，这些专业都根据安徽省经济、社会和技术发展的实际需要，灵活设置。办学宗旨是为地方经济建设培养应用型、职业型人才；在专业设置上，坚持常设专业与应变专业相结合的原则：对省、市长期需要的机械、化工、电子、建筑、经济管理、职教师资等专门人才，即列为常设专业，保持相对稳定；对少数虽属经济建设急需，但数量不大的即设置应变专业，这些专业的设置与每年招生人数的多寡，都在合肥市分管市领导的主持下，召集计划、人事、经济、劳动等部门的负责人进行充分论证，上报批准后实施，以减少人才培养的盲目性。[③] 除此以外，合肥联大还先后与省内税务、金融、电力、烟草等系统签订了代培协议，为学校扩大生源、优化毕业生就业岗位、提高知名度

---

① 贾荣书：桑榆未晚桃李芬芳——杨承宗教授创建合肥联合大学纪实。见：《杨承宗教授九十五华诞纪念文集》。2006 年，第 36 页。

② 贾志斌：杨承宗先生与合肥联大。见：《杨承宗教授九十五华诞纪念文集》。2006 年，第 29 页。

③ 贾宝余、远泽清：联办公助增华彩自费走读辟先河——杨承宗教授教育思想探析。见：《杨承宗教授九十五华诞纪念文集》。2006 年，第 17 页。

创造了条件。例如，1985 年合肥联大与省税务局签订了委托定向代培协议。协议规定：1985 年至 1995 年，学校每年面向全省税务系统定向招收一百名学生，实行有偿培养。省税务局一次性支援合肥联大基建费七十万元。协议执行期间，学校共培养了五百名具有大专学历的税务干部，为提高安徽省税务干部文化素质、推动税务干部结构转变做出了贡献。

联办公助是合肥联大办学思路的核心。安徽省政府在"关于正式批准成立合肥联合大学的批复"文中曾明确指出："合肥联大一定要坚持联合办学的道路，以中国科技大学为依托，同时合理利用合肥地区各高校师资、设备潜力，把学校办成一所多学科、多层次的全日制综合性走读大学。"[①] 在肥高校特别是中国科大，对合肥联大的建设发展给予了极大的支持。校党委书记杨海波在合肥联大成立伊始就讲："除去科大一如既往支持外，联大的生命力就在联合，一定要拉住合肥工业大学、安徽大学、安徽农学院等高校。"分管后勤的副校长卢岗峰比较熟悉合肥市的情况，他曾多次表态"科技大学的后勤就是联合大学的后勤"。创办的前三年里，合肥联大没有固定的教室、实验室，所有教学设备的使用，基本上是利用中国科大的空档，即中国科大学生上午上课、下午做实验，联大学生则相反，有时还利用中午或周日上课、做实验。

在师资建设方面，合肥联大采取的方法是"教师聘任制"。办学初期，任课教师全部依靠聘请校外优秀教师兼职，合肥地区八所院校的不少优秀教师和学者都曾到校授课。这种做法集名家之长、采众家之风，不仅给教学工作带来勃勃

图 9-6　1987 年 1 月 30 日《科技日报》刊发采访杨承宗的报道

---

① 《安徽省人民政府文件》皖政（1983）158 号。转引自《杨承宗教授九十五华诞纪念文集》。2006 年，第 52 页。

生机，也保证了较高的教学质量。中国科大数理基础雄厚，合肥工业大学在工科方面见长，安徽大学在中文、外语方面占优势，这些都为合肥联大所利用。

这种利用其他高校教师的"余热"在合肥联大"发电"的做法，是发挥其他高校潜力的方式之一，更是合肥联大办学之初师资配置方式的创举，也是当时历史条件下不同类型高校之间互动、互利机制的有益实践。一时间，新华社、《光明日报》《中国青年报》《安徽日报》等媒体报刊先后对合肥联大的教学、组织管理、锐意改革和学生们的学习生活情况进行了宣传报道。

在一片肯定与赞扬声中，有些人免不了头脑发热。杨承宗要求大家保持清醒，指出合肥联大不是比其他高校高明，恰恰相反，正因为有了中国科大、合肥工业大学、安徽大学……这些全国或省内重点大学的全力支持，联大才能做这些事，离开了他们的支持联大将寸步难行。他清楚地认识到，合肥联大短期内可以依靠各高校的有力支持保持正常运转，却难以长久持续。合肥联大是利用"余热发电"创办起来了，但给各高校教室和实验室日常分配使用带来的压力也与日俱增。不能本末倒置，为了利用"余热"而破坏发电设备。

杨承宗深知合肥联大若要长久发展，必须要有一块属于自己的根基，因此十分关心校舍建设。他不顾年迈，利用自己担任省人大常委会副主任的便利条件，积极与安徽省、合肥市的主要领导、有关部门反映情况，争取支持。1981 年 2 月 18 日，时任安徽省委书记张劲夫批示"联大办得不错，反映很好，这一新生事物要给予支持。拟转省计委、建委研究，尽可能给予照顾。"[①] 1982 年 9 月 7 日，经省政府批准，安徽省高教局为合肥联大申请获得世界银行贷款一百五十六万美元。1983 年 2 月，合肥市委书记郑锐主持召开会议，布置学校第一栋教学楼建设工作，并积极筹措资金、协调施工单位，限期完工。9 月 14 日，学校教学大楼落成并投入使用。教学楼总面积四千九百平方米，能同时容纳一千二百名学生上课。次日，学校正

---

① 杨承宗：合肥联合大学工作笔记，1981 年。手稿。

式从中国科大、太湖路小学迁至黄山路新校址办公和教学。[①] 至此，合肥联大开始走上独立自主办学的道路。

为了扩大合肥联大的影响力，同时增强学校的学术氛围，开阔师生的知识视野，杨承宗利用自己丰富的人脉资源，多次邀请国内外著名学者来校讲学访问，其中包括美国霍普金斯大学校长顾问钱致榕、国际著名物理学家任之恭、中国核物理先驱王淦昌等。看到我国高教事业这颗新种子生根发芽，学界同人激动万分之余，更是对杨承宗"德行合一""文技兼修"的境界感到由衷敬佩。兹录钱致榕致杨承宗信文如下：

承宗校长：

年底中在电话中谈到联合大学及为科大培养人才的事，很是高兴。只可惜你们日程太紧，没能促谈。

现代化的国家，需要现代化的人民。"四化"中正是最需要人才的时候，而中国高校及适龄年轻人中每年只有1%强能进大学，这是一个严重的问题。所以我对合肥联合大学的创立深深敬佩。在国内时，唯一苦恼的事是，每谈一问题，常看人强调它的困难与复杂，弄得动也动不了。现在你们排除一切成规，对准了问题硬干，在当前的条件下去解除当前的问题，而不是等以后想办法，这种精神我举双手赞成。当时在电话中曾答应做两件事：

一是请人去联合大学演讲。这次科学院在合肥的高能理论讲习班，我约好董年极、颜木茂二位教授和您联络去演讲，希望他们去了为年轻人打气，使他们不要有不如人的感觉。我总觉得对年轻人的一分鼓励就多一分成就。

二是筹经费。白手起家，经费一定很紧。我想愿意捐助这件大事的人一定会有的，这是为中国的前途投资啊！但是在中国没办过的事，手续上一定有曲折，需要摸索出一条路才行。所以随信奉上支票美金200元。不瞒您说，教书匠也捐不多，不过这是最近做一次演讲

---

① 贾志斌：杨承宗先生与合肥联大。见：《杨承宗教授九十五华诞纪念文集》。2006年，第30-31页。

的酬劳，移做联合大学学生的奖学金最合适了。谨藉此表示我对您、张省长及郑市长的作风的敬意。并从这儿看国外筹款用什么方式，怎么办？以后就好办些，您看好吗？

祝好！

致榕敬上

1981.7.2

1985年9月11日，安徽省副省长王厚宏率团访问联邦德国下萨克森州，并与州长阿尔布莱希特签订共建合肥联大协议，确定1986年至1990年德方向学校提供三百万马克仪器设备，一百万马克用于师资培训。按照杨承宗的想法，合肥联大利用这笔资助、省市配套拨款及世界银行项目贷款，建成了包括物理机械、化学生物、电工电子、计算机等几大类别的中心实验室。当时约有九成的合肥联大教职工聚集在中心实验室工作。学校初建时期，在财力、物力、人力都十分紧张的情况下，实现如此高度集中的资源布局自是需要很大的魄力和决心。杨承宗极力主张建设中心实验室，是希望通过这个平台，使年轻教师能够集中精力从事教学实验的准备、进口仪器设备验收、强化外语学习和出国培训等，进而建设一支合肥联大自己的高水平师资队伍。后来的实践证明了杨承宗的先见之明。建立中心实验室的决策为锻炼合肥联大的师资队伍，确立教学实验、科研体系和学科发展，打下了良好的基础。当年在中心实验室工作过的许多教师，后来都成为学校的重要教学骨干力量。①

1986年3月7日，联邦德国下萨克森州专家代表团一行十二人访问合肥联大。在3月12日植树节这天，杨承宗与德国朋友共同栽植了一株友谊松，他的"既要向先进科学技术学习，又要向现代科学发源地国家学习"的教育思想在合肥联大"落地生根"。

---

① 韦锡波：和杨承宗先生在一起的日子。见：《杨承宗教授九十五华诞纪念文集》。2006年，第42页。

图 9-7 1986 年杨承宗与联邦德国下萨克森州议代表团在中德友谊树前合影

呕心沥血为办学

或许很多人并不知道，年过古稀的杨承宗几乎是在双目失明的情况下来履行中国科大副校长、安徽省人大副主任的重任，进而创办了合肥联大。

杨承宗随校迁至合肥后，在很长一段时间内除了接受政治批判外，还要参加繁重的体力劳动。不知什么时候，右眼勉强成功黏上的视网膜又脱离了。右眼的失明加重了左眼的负担，原有的左眼隐性白内障进一步恶化。等到条件允许再次返回北京看病时，右眼视力是 0，左眼视力是 0.1，即使这个 0.1 也是靠记忆背出的。

八十年代初期，杨承宗多次艰难地从合肥坐火车，经蚌埠转车后到北京医治眼睛。北京此时已没有他的立足之地，只得挤住在二女儿家雷三代合住的家中。杨承宗一面寄希望于北京医院眼科医生早日对他的左眼施行白内障摘除手术，以恢复工作和生活的能力，一面还在女儿家中接待一批又一批前来向他请教的老同事、老部属。杨承宗急切地需要手术为他带来光明，但医学本身有其逻辑。正因为右眼几乎已经失明，医生对其左眼特别慎重，一定要等到左眼的白内障完全成熟、成功率最高时，才肯为他施行白内障摘除手术。杨承宗到北京都是由家雷陪着去医院就诊，她清楚地记得，至少连续四年，父亲每次都是满怀希望地赶到北京，却又不得不失落地返回合肥。直到1985年，在承受多年几乎双目失明的痛苦和无奈等待后，北京医院的眼科医生为杨承宗施行了左眼白内障摘除手术。手术成功了，左眼的视力重新恢复到0.7-0.8。当医生解开蒙着眼睛的纱布，杨承宗对陪伴在身边的家雷讲的第一句话是："重新看到一个五彩缤纷美丽明亮的世界。"[①]

多年来，杨承宗看到的都是灰蒙蒙的一片，但就是在如此灰蒙蒙的漫漫长夜中，他在承担中国科大副校长和安徽省人大副主任等多重职责的同时，又为合肥地区的中学毕业生们打造了一所接受高等教育的崭新殿堂，为合肥地区经济建设的大发展奠定了一个人才培养基地。以他为首的一批教育志士在创办合肥联大过程中倡导的公民教育思想及办学经验，成为中国高等教育体制改革的重要标杆，合肥联大更是被誉为中国高等教育改革的"小岗村"。继合肥联大之后，八十年代初北京、上海、南京等地也相继成立了类似的大学。各地新成立的大学有些干脆直接套用了"联大"的名字，如北京联合大学、南京金陵大学、武汉江汉大学、上海大学等。此后，全国在各省市纷纷成立所属地区的"联大"，这种新型的办学形式迅速得以推广，成为普通高等教育之外人才培养的重要补充渠道，为改革开放时代培养了大批各行业高素质的建设者。

2002年3月，经教育部批准，原合肥联合大学和合肥教育学院、合肥师范学校合并组建合肥学院。合肥学院现今已成为拥有工、经、管、文、理、教育、艺术等七大学科门类，在校生一万五千多人的综合性全日制省

---

① 杨家雷：我的父亲。见：《杨承宗教授九十五华诞纪念文集》。2006年，第137页。

属高校。

随着合肥联大步入发展的快车道，杨承宗更加深入地思考未来的办学道路。但是，令他意想不到的事情再次发生了。1988年的一天，安徽省和合肥市的三位领导来到杨承宗家中，劝说他从校长的位置退下来。杨承宗没有任何思想准备。合肥

图9-8　2010年时任合肥市委书记孙金龙（右）与安徽省副省长谢广祥共同为杨承宗铜像揭幕

联大成立不到十年，还有很多路要走，还要度过若干关键阶段才能成熟定型。杨承宗心中的宏愿被省、市领导的劝退突然阻截，他再也无法平静。当晚血压突然升高，从此患上了高血压病。杨承宗由此更加坚定了全面退休返回北京的意愿。

其实早在几年前，杨承宗由于身兼中国科大副校长、安徽省人大副主任、安徽省科协主席、合肥联合大学校长四项要职，力有不逮，就曾向校领导提出希望能逐步减免所任职务，与妻子返回北京安度晚年。为此，中国科大行文向中国科学院行管局提出为杨承宗分配住房的请求：

中国科学院行管局：

我校副校长、放射化学教授、安徽省人大副主任、省科协主席杨承宗同志，因年逾古稀，已向校领导正式提出要求减免所任工作，我校正在考虑中。

杨承宗同志患有严重眼疾，其爱人不适应合肥气候，患类风湿症，不能自由行走已达六年。他们原居住在中关村十三楼一〇五室，"文革"中随我校迁到合肥居住，现在他们要求迁回其子女较集中的北京居住，以度晚年。

杨承宗同志原任科学院原子能研究所（中关村部分）研究员，放射化学研究室（现称高能物理所五室）主任兼同位素应用研究室主

任，现值我院大力恢复核技术应用的研究工作，高能所五室多次表示欢迎杨回去继续参加该室放射化学的一部分应用研究，也正向院有关单位要求分配杨的宿舍。以便其在有生之年，为祖国建设竭尽余力。

杨承宗同志要求在北京分配宿舍一小套（两大间，一小间，厕所另外），地点仍在中关村或黄庄，因其在那里亲友较多。我们认为，杨承宗同志从原子能所调我校坚持工作已二十年，从落实知识分子政策及其夫妇的户口、家庭和实际健康情况考虑，杨承宗同志的要求合乎情理，请你局积极予以考虑，尽早分配宿舍为盼。

中国科学技术大学
一九八二年六月二十三日 ①

到 1990 年，住房的事情有了眉目。杨承宗后来回忆说：

> 王玉民同志当时是科学院京区党委书记。他是科技大学 59 级原子核工程系的学生，因此比较了解我们。在 1990 年的一次会议上，他说："我们科技大学有几位从北京来的老先生要安排一下。因为那时候说好的'老有所归'，现在他们退休了，应该在北京给他们'归'的地方。"于是他在中关村争取到了几个单元，其中有一个单元是十四楼三〇三号，因为那个时候这几个老科大的老教授当中，我的年纪最大，就分配给我了。②

遗憾的是，杨承宗的妻子赵随元未能陪伴他返回北京。

正如每一个成功的男人身后总有一个伟大的女人默默奉献，赵随元的一生是尽心尽力支持丈夫工作的一生。赵随元受过中等教育，内心一直很想参加工作。在"大跃进"年代的一段时期里，她曾短暂参加过工作。由于杨承宗工作太忙无暇看顾家庭，尽管工作能力和个人品质都颇得领导看重，赵随元还是忍痛辞去了自己热爱的工作。也正是为此，赵随元没有工

---

① 关于杨承宗退休事。合肥：中国科学技术大学档案馆：1982-WS-C-147-2。

② 杨承宗口述、边东子整理：《从居里实验室走来——杨承宗口述自传》2012 年，第 177 页。

资更没有享受公费医疗的资格。因为家庭经济拮据，她总是有病也不同家人说，更不去医院。三年困难时期，她的体重从九十多斤降到六十多斤，体质开始变差。到合肥之后，丈夫长期要到外地参加劳动改造，子女又不在身边，性格内向、年老体弱的赵随元无法适应这样的生活，最终卧病在床生活不能自理。由于当时农民不能离开农村到城市工作的硬性规定，城市保姆的来源稀少。整个家庭每天的繁重家务全靠陪伴在父母身边的家翔夫妇来支撑，有时甚至他们的小女儿也要帮忙。[①]

出任合肥联大创校校长之后，杨承宗日常生活的秩序更加无章。除了早饭能基本按时外，午晚餐往往是不定时地往后拖。晚上的一点点休息时间，还要与合肥联大的后生战友长谈商讨学校办学的各种事务，家中常常是热热闹闹直到深夜。在杨承宗听取工作汇报时，赵随元总是静静地靠坐在丈夫的书桌旁。到了夜间，妻子翻身和服侍的事情便由杨承宗一人来做。夫妻患难与共，情深意长。

1992年9月14日，整整瘫痪十六年的赵随元在睡梦中平静地离开了人世。在恩爱一生的妻子离世之后，杨承宗经历了健康状况最差的一年。1994年3月，八十三岁的杨承宗从中

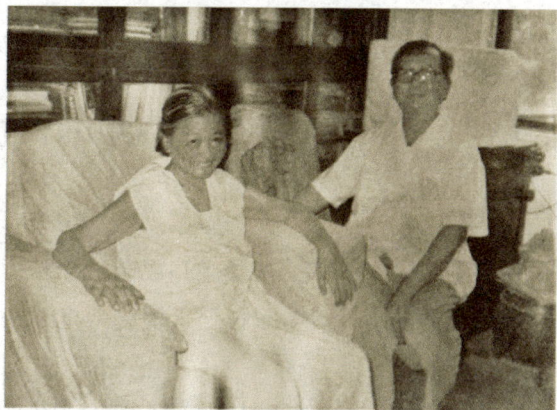

图9-9　1990年杨承宗与妻子赵随元在合肥家中

国科大正式退休。是年夏天，杨承宗离开工作、生活了二十五年的合肥，带着每月一千零八十三元的退休工资，回到子女相对集中的北京，住在中关村十四楼三〇三号，开始了晚年生活。

---

① 杨家雷：我的父亲。见：《杨承宗教授九十五华诞纪念文集》。2006年，第139页。

第十章
安享晚年

揭开当年的秘密

关于约里奥－居里先生请自己给毛泽东传话这段往事，杨承宗一直遵照钱三强的嘱咐，没有跟任何人提起。直到三十多年后，当年的秘密才被揭开。

1983 年 11 月，原子能所原党委书记处书记李毅为原子能所征集 "所史资料" 专程赴合肥拜访杨承宗。二人初识于 1955 年。彼时为了加强领导力量，李毅被委派至原子能所任副所长兼党总支书记。1960 年，恰是李毅第一个向杨承宗等原子能所中关村分部的研究人员传达了苏联专家撤走的消息。多年不见的老友，连续作了三个半日的长谈。杨承宗详细谈了他在法国巴黎的情况、离法回国的经过和在国内工作的经历与感受等。给李毅印象最深的有两件事：一是钱三强到华沙参加世界和平大会时，托人带给杨承宗几千美元，让他设法购买科研器材。约里奥－居里夫人命实验室的秘书在购买器材时提供帮助，还送给杨十克碳酸钡镭国际标准盐。再一件即约里奥－居里先生请杨承宗向毛泽东主席传话。关于杨李二人的这次谈话，杨承宗后来在"我们喜欢李毅同志"一文中写道：

> 这几句忠言，1951年我回到北京第一天，就告诉了钱三强同志，商定由钱先生设法转告毛主席；约定此事绝对保密，连自己家人都不告诉。因为有此约定，我有意忘怀此事，只是在老领导到了合肥重新忆起，谈谈而已。①

1984年，李毅和"所史办公室"的同志把征集的资料归纳整理，写成"原子能所三十事记要"（征求意见稿）。杨承宗谈的这两件事也被写了进去。"征求意见稿"在请钱三强审阅时，他对居里先生的谈话没有补充意见；对第一件事写了一份补充材料，较详细地提供：1949年北平解放初期，他去欧洲参加世界和平大会时，中央在外汇十分困难的情况下，为了关心科学事业，批给他外汇的经过；和他从华沙托人捎一些外汇给杨承宗购买科研器材的经过。② 这些材料被摘要收录进1987年出版的《当代中国的核工业》一书中，成为信史：

> 在国外，坚决反对美国核讹诈政策的世界和平人士，也希望中国掌握核武器。一九五一年十月，著名的国际和平战士、法国杰出的科学家约里奥－居里，得知中国放射化学家杨承宗准备离法回国参加祖国建设时，特地约见杨承宗，并对他说，你回国后，请转告毛泽东主席，你们要反对原子弹，你们必须要有原子弹。原子弹也不是那么可怕的。原子弹的原理也不是美国人发明的。约里奥－居里夫人还将亲手制作的10克含微量镭盐的标准源送给杨承宗，作为对中国人民开展核科学研究的一种支持。③

---

① 杨承宗：我们喜欢李毅同志，2002年2月12日。手稿。
② 李毅：庆祝杨承宗先生九十华诞。见:《杨承宗教授九十华诞纪念文集》。2000年，第45页。
③ 李觉等主编:《当代中国的核工业》。第4页。

这件事公之于众后引起了强烈反响。当年居里实验室一位助教的遗孀，得知她丈夫在世时曾在杨承宗购买原子能研究器材时提供过许多无法估量的帮助，助力中国原子弹的提早研制成功，从而奠定了世界和平格局于今日的故事，还特地从海外给杨承宗写信。而当年为两弹事业一同踏上秘密征程的战友，也对此事的来龙去脉颇感好奇。

退休后的杨承宗住在中关村十四楼三〇三室，何泽慧就住他楼下。一日，何泽慧和彭桓武一道来看望杨承宗，特别聊起此事。闲谈中，彭桓武问道："听说你回国之前，约里奥－居里先生曾经有几句话要你带给毛主席，这是怎么样一回事？"杨承宗就把当初约里奥－居里先生的原话告诉了他，并说："我回国后第一时间就跟钱公（钱三强）同志讲了，钱公说，这是大事，要我绝对保密，不要给外人讲，包括自己的妻子、孩子都不要讲。我说，你能见到毛主席，就由你来转告毛主席吧，钱公同意了。从此，我遵照钱公的嘱咐，再没有跟任何人提起过。"讲到这里，何泽慧插话说："这个三强，保密把我都保起来了。"杨承宗笑答："这可是你们夫妻间的事情，三强叫我保密的，所以我没有讲。"

事后，由于多年养成的保密习惯，杨承宗隐约有些担心，怎么这件事连何泽慧都不知道？钱三强已经在两年前去世，还有谁能说清这件事？直到与何泽慧的另一次聚会，杨承宗心里一块石头才落了地。他回忆说：

有一次，何公（指何泽慧）打电话给我，她说要我下楼，到她家去，说她们那里有客人。这一年正好赶上广东的荔枝大丰收，我的一个外甥女婿从广州特意用航空快递送来了荔枝，比唐明皇给杨贵妃快马加鞭送荔枝还要快。荔枝很好，很新鲜，我就带了一些下去。一进门，看到一屋子的人，还有何泽慧的姐姐何怡贞，热闹得很。我拿出荔枝说："这是刚从广州寄来的荔枝，你们尝尝，北京很难吃到这么好的荔枝。"没想到，她们也请我吃荔枝。原来是前一天，温家宝同志来看望何泽慧。越南总理送给温家宝同志一车皮的荔枝，他送来和大家分享。我一吃，比我带来的荔枝还要好！正在吃荔枝的时候，何怡贞说："我认识你。"是啊，我也认识她。她是葛庭燧的夫人，我和陆

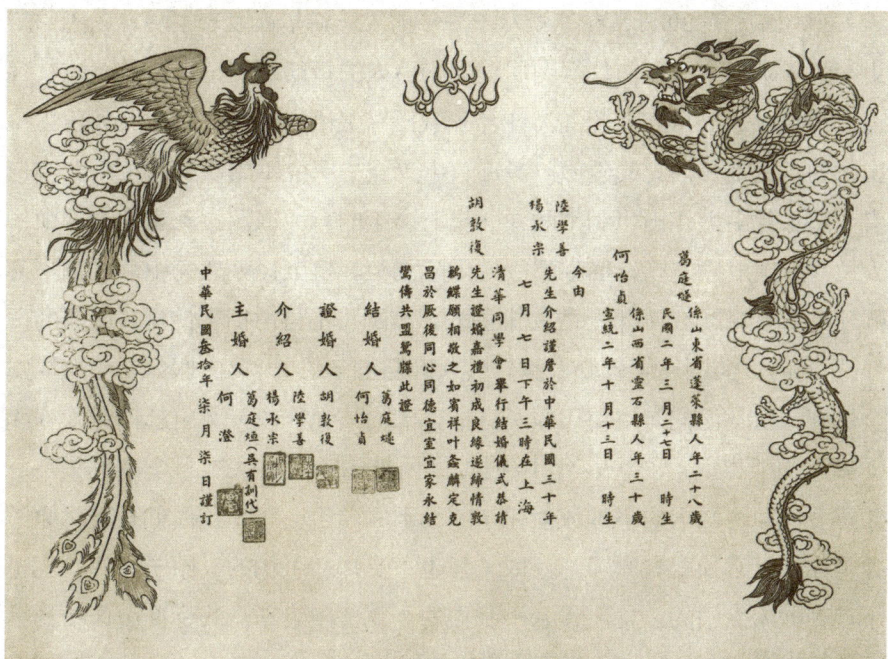

图 10-1　1941 年 7 月 7 日葛庭燧、何怡贞的结婚证书
（证婚人胡敦复，介绍人陆学善、杨承宗，主婚人吴有训、何澄）

学善还是他们的结婚介绍人。日本人占领上海后，我们逃难到苏州。何怡贞经常到我们家门口的一个菜市场买菜。我爱人老看见她，因此她们认识，见面打个招呼，嘻嘻哈哈的。

　　后来，一个什么机会，话题转到了保密问题。我就问何公，我和三强约定要严格保密的那个信息是谁传上去的？是三强见了谁吗？她说三强没有见谁，是去找了丁瓒，是丁瓒把约里奥－居里的话报告上去的。丁瓒当时是中国科学院党组成员、办公厅主任。这样一说，我就感到卸掉了重担。第一，确实是何公也被三强保密保的迷了，三强没有跟她讲，甚至到了去世的时候也没有讲。第二，她也在那里查，不晓得通过什么途径，才查到是丁瓒报告上去的。到这个时候，这件事总算是弄清楚了。①

---

① 杨承宗口述、边东子整理:《从居里实验室走来——杨承宗口述自传》。2012 年，第 180-182 页。

2001 年 6 月 29 日，在建党八十周年前夕，新华社发表了一篇题为"历史：中国研制原子弹曾经得到居里夫妇后人的帮助"的记者追述。该文写道："两弹一星"是二十世纪六十年代我国在最困难时期，顶住巨大压力搞出来的，这是我们党的骄傲。最近，中央党史研究室副研究员王素莉向记者介绍了党中央作出研制"两弹一星"决策的有关情况。王素莉说，中华人民共和国成立之初，面临严峻的国际局势。抗美援朝战争中，美国国务卿杜勒斯曾叫嚣："如果不能安排停战，美国将不再承担不使用核武器的责任。"同时，美国还同蒋介石签订《共同防御条约》，提出假如台湾海峡安全受到威胁，他们有权使用原子弹。美国的核讹诈政策，引起世界爱好和平人士的强烈反对。1951 年 10 月，居里夫妇的后人法国科学家约里奥 – 居里委托即将回国的中国放射化学家杨承宗转告毛泽东：你们要反对原子弹，你们就必须要有原子弹。原子弹也不是那么可怕的。原子弹的原理也不是美国人发明的。她还将亲手制作的十克含微量镭盐的标准源送给杨承宗，作为对中国开展核科学研究的支持。①

图 10–2　1994 年杨承宗与何泽慧在中关村家中

---

①　http://news.sina.com.cn/c/289792.html。

此后多家媒体进行了转载，约里奥 – 居里先生请杨承宗传话一事从此广为流传。杨承宗后来回忆说：

> 为约里奥 – 居里先生传话的事情被公开后，我心里也轻松了不少。我把约里奥 – 居里的忠言传给了三强，三强也是老老实实地传上去了。我们两个人都是忠于事实的，而且我们两个人几十年来都是审慎于口。我是忠实执行了三强的嘱咐，三强也忠实执行我们的保密约定，直到他去世，何先生也不知道。我呢，我夫人去世之前，她只能猜想，我没有给她说过。现在看来，保密容易，解密难，倒也很有意思。①

重返居里实验室

杨承宗晚年非常喜欢老居里夫人的一句名言——"科学家的天职叫我们应当继续奋斗，彻底揭示自然界的奥秘，掌握这些奥秘，以便能在将来造福人类。我要把人生变成科学的梦，然后再把梦变成现实。"能在有生之年再次回到自己为之魂牵梦绕的居里实验室看一看，这是杨承宗的一个心愿。

当年回国之时，法国处于西方阵营还不承认中华人民共和国，杨承宗和居里实验室的朋友们只能在新年时分互寄贺卡。1964 年 1 月，中法正式建交，彼时杨承宗正率领五所科技人员为祖国炼铀，由于工作的保密性，朋友间的通讯只能暂时中断。但大家依然惦念着对方。终于，在登上"马赛号"轮船离开法国三十八年之后，应实验室主任莫妮卡·帕杰丝的邀请，杨承宗在 1989 年访问巴黎，重返自己曾经学习工作了五年的居里实验室。

---

① 杨承宗口述、边东子整理：《从居里实验室走来——杨承宗口述自传》。2012 年，第 183 页。

图 10-3　1954 年居里实验室工作人员集体签字寄给杨承宗的贺卡
（其中右下角是约里奥－居里夫人的签名）

老朋友们为杨承宗的到来举行了一次盛大的欢迎聚会。在聚会上，杨承宗向大家展示了他珍藏了近四十年的约里奥－居里夫人赠与的实验室大门钥匙。那是在他回国前夕的一天，约里奥－居里夫人看见杨承宗在实验室整理东西，就走过来亲切地同他说："杨啊，实验室的钥匙就不要交还了，回去留个纪念，居里实验室的大门永远向你敞开着！"回国后，杨承宗一直把钥匙珍藏在身边。

手捧着这把珍贵的钥匙，杨承宗用法文念了一首诗给大家听。多年后他还能轻轻吟诵：

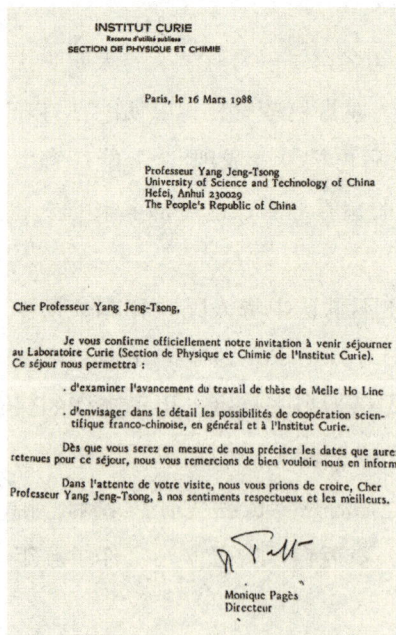

图 10-4　杨承宗 1989 年访问居里实验室的邀请信

我有个钥匙很别样。

它不小，放入衣袋有些勉强。

它不大，只开一道门，别无用场。

但它确实很大，它让我迈进放射化学的心脏。

从此，我结识了许多科学巨擘，也领略了众多技术名匠。

它深情地引导我迈进科学殿堂，到处给我希望和阳光。

我把本领奉献给远方的亲娘，我把喜讯传递给法国的同行。

伴随钥匙的珍藏，忘不了游子在异国他乡。

是神圣的科学给了我无穷力量！

帕杰丝当场提出想要留下这把钥匙，她认为这把珍贵的钥匙陈列在居里博物馆将更有意义。杨承宗当时没舍得给。回国后细细地思考了一番，杨承宗觉得帕杰丝的想法也有道理，这毕竟是一段历史，它见证了中法科学家之间的友谊。于是，杨承宗嘱托不久要去法国做学术访问的中国科大彭定坤和孟广耀教授，让他们将钥匙转送给帕杰丝夫人。现在，这把钥匙珍藏在巴黎居里博物馆。

图 10-5　1989 年杨承宗向友人展示居里实验室大门的钥匙

2001 年，媒体公开报导约里奥－居里先生向毛主席传话的事情后，杨承宗觉得应当把这件事向居里实验室的老朋友说明一下。恰巧这时巴黎居里实验室老同事联谊会准备举办"约里奥－居里先生诞生一百周年纪念"征文活动，杨承宗就写了一篇文章"回忆与纪念"，寄给当年送他上船的布歇士先生的助教陈悟真，委托他在巴黎举行的纪念约里奥－居里先生诞辰一百周年大会上宣读了这篇文章。杨承宗在文章中写道："我应当把这个情况正式告诉约里奥－居里先生和约里奥－居里夫人实验室的老同事，我感谢你们，我以前从你们那里得到许多东西，现在我已经完成了国家交给我的任务，我要正式向你们表示感谢。"

作为一位从居里实验室走来的中国科学家，杨承宗一直抱有浓浓的居里情怀。他在家中收藏了各种版本的居里家族的书籍，谈起居里夫人总是滔滔不绝。有段时间里，主管科教文化的时任副总理李岚清要求重新放映一批名人名星名剧的电影，杨承宗得以购得几张《居里夫人》的 VCD 光盘。他特地找出保存在手边的三十年代公映此片时的宣传海报，经过核对证实是原版后，专门去影像店购买了一百盘。凡是来家中看望他的人，他都赠送一盘。他要向更多的人宣传居里家族、居里精神，让大家学习。①

由于居里实验室的非凡声望，几任法国驻华大使都对杨承宗十分敬重。杨承宗九十岁寿辰时，法国大使毛磊（Pierre Morel）寄来亲笔贺信，赞扬他对核科学技术发展及促进中法友谊和联络所作的贡献。7 月 14 日是法国国庆日，每年的国庆招待会杨承宗都是必请的嘉宾。2002 年的法国国庆日正赶上新老大使交接，即将离任的老大使毛磊向出席招待会的来宾介

图 10-6　2000 年法国国庆招待会上杨承宗（左一）与法国驻华大使毛磊夫妇合影

---

① 朱培基：敬祝恩师杨承宗先生九十华诞。见：《杨承宗教授九十华诞纪念文集》。2000 年，第 56 页。

绍的第一人是文化部部长孙家正，第二个就是"中国的放射化学之父——杨承宗老先生"。散会后新大使蓝峰（J. Lafon）与杨承宗祝酒时开玩笑说："你不是中国放射化学之父，你是中国放射化学之祖父！"[①]

放不下的放射化学

改革开放后，中国放射化学的研究重心逐步由国防科研转到核能的和平利用与民用核技术的开发领域。虽然难以与二十世纪六七十年代的辉煌时期相媲美，放射化学研究者通过种种努力，还是在放射性药物化学、中子活化分析、高放废液的处理等领域取得了杰出成果。这些工作为公众健康、环境保护等国民经济中的多个方面作出了贡献。

不幸的是，二十世纪八十年代中期和九十年代初国际社会发生的两件大事，阻断了中国放射化学继续前行的脚步。第一件事是发生于 1986 年 4 月 26 日凌晨的切尔诺贝利核电事故。事故导致三十一人当场死亡，并造成了严重的放射性泄漏。这起有史以来最大的核电事故发生后，人们对核电的安全性产生了强烈质疑，不少国家因公众反对而停止建造或关闭核电站，甚至全盘否定核电。第二件事是 1991 年苏联的解体。苏联解体意味着延续了几十年的冷战结束，核武器的战略威慑意义直线下降。[②] 由此，核科学技术在世界范围内进入了低迷期，放射化学也不例外。

这种情况很快蔓延至国内。一方面，国家自改革开放以来对核科技领域的投资逐年下降。在 1991 年秦山核电站首次并网发电后兴起的核电热潮中，决策部门又过于偏重反应堆的安全性，忽视与放射化学密切相关的核燃料循环后段（包括乏燃料的中间存储、后处理、放射性废物的处置等）。核电事业发展的不均衡直接导致了放射化学研究机构基本上陷于无事可做的境地。另一方面，出于对放射性的畏惧，将放射化学作为第一志愿报考

① 杨家翔、远泽清访谈，北京，2011 年 11 月 30 日。资料存于采集工程数据库。

② 祝汉民：我国放射化学百年历程。《科学时报》，2009-02-06：A2 版。

的学生少之又少，同时毕业生又不易找工作，高校的放射化学专业处境日益艰难。

在此前后，教育部于 1997 年、1998 年分别对本科专业和研究生学科目录进行了调整。放射化学专业的地位被进一步边缘化。中国高等教育的涉核专业在创建初期是较为系统和完整的，理学分为核物理和放射化学，工学主要有核反应堆工程、核动力装置、同位素分离、核材料、核化工、铀矿冶等。这样的学科体系延续了近四十年。在 1990 年的研究生学科目录中，放射化学与无机化学、分析化学、有机化学、物理化学等传统化学学科一样，仍属化学类下的二级学科。各大学和科研机构设立的博士、硕士学位点也以放射化学命名。但在上述专业、学科目录调整中，放射化学被降为三级学科。本科专业归属于应用化学专业，研究生专业则为无机化学二级学科下的一个方向。与放射化学密切相关的铀矿冶相关学科更是被拆分合并入"矿产普查与勘探""水文学及水资源""采矿工程"等学科中。[①] 三级学科的定位已大大限制了本就不景气的本科招生，而将放射化学专业分归于不同学科专业的设置更是直接影响了各层次（本、硕、博）生源的数量和质量，难以保障放射化学专业人才培养的系统性。

受此影响，北京大学于 2001 年 5 月宣布取消技术物理系编制，下设的物理专业与校内其他物理类专业一起成立物理学院，应用化学专业则划归化学与分子工程学院，环境化学专业划归环境学院。兰州大学与北京大学相仿，将原现代物理系的核物理专业并入物理学院，改称应用物理专业（原子核物理方向）；放射化学专业并入化学化工学院，改称应用化学（Ⅱ）（放射化学）专业。复旦大学则是取消了放射化学专业。1997 年 9 月，复旦大学撤销了原子核科学系的建制，在该系原应用化学教研室的基础上引进了一些化学、生物及环境工程方面的人才，于 1998 年 6 月建立了环境科学与工程系。

---

① 《普通高等学校本科专业目录（1998 年颁布）》《授予博士、硕士学位和培养研究生的学科、专业目录（1997 年颁布）》，详见中国学位与研究生教育信息网：http://www.chinadegrees.cn/。

经历了一番艰难的调整之后，设立放射化学专业的高校数量急剧下降。到二十世纪末，全国仅剩北京大学、兰州大学、四川大学三所高校维持着放射化学本科生的培养工作。研究生培养除这三所院校外，还有清华大学和北京师范大学。

从创建初期的辉煌，到二十世纪末濒临消亡的最低谷；从放射化学到应用化学；从与核物理共系到二者分家，分别进入物理学院和化学学院，高等院校的放射化学专业这种由盛而衰的曲折历程，很大程度上反映了不同时期内国家和社会对于这门学科需求的变化。

一般来讲，国家和社会需求是人才培养的根本动力。中国核工业在二十世纪五十年代的起步阶段中，迫切需要大批放射化学的专门人才。短期培训班和大学的正规专业教育是这些人才的主要输送渠道。放射化学在当时是一种与研制原子弹直接相关的带有几分神秘色彩的专业，毕业生有专门的分配渠道，供不应求。因此，放射化学专业的学生在入学后便专注于专业理论的学习和技能方面的训练，毕业时也愿意服从分配到祖国需要的地方去，并以能够从事核事业为荣。"与放化结缘，为己立身，为国建业或将无悔"是这一时期放射化学青年学子的普遍心态。

进入二十世纪八十年代以后，情况已经完全不同。国家此时已拥有了较为完整的核武器系统，核试验也更多是交由计算机模拟仿真来完成，对核科技高层次人才的需求日渐饱和。同时，中国核电事业的发展布局过于强调反应堆的安全性，对于核燃料循环问题不够重视。九十年代初期兴起的首次核电热潮并未给放射化学提供什么太好的机会。众所周知，核电作为高效、清洁和安全的绿色能源，从可持续性和环境保护的角度看，有两个关键问题必须解决：一是反应堆的安全性，二是核燃料循环过程中的清洁和绿色。国家核领域的决策和管理部门长期偏重前者，导致核燃料循环特别是乏燃料后处理领域，无论是科学研究和工程建设水平，还是相关学科（放射化学与核化工等）建设和人才培养能力，与反应堆设计、建造和运行领域的相应综合能力差距非常大。[1] 在这种状况之下，放射化学专业

---

① 中国科学院：《中国学科发展战略·放射化学》。北京：科学出版社，2013年，第420页。

毕业生的就业形势自然十分艰巨。

另外，放射化学专业此时很难招到高水平的新生。改革开放以来，中国社会文化发生了巨大变化。过去强调的集体主义精神全面瓦解，自我意识、个人权利的观念在广大青年学子的心中生根发芽。[①] 他们没有热情投身核事业，也不愿意到偏远地域去，因为在那里工作往往意味着艰苦和危险。据统计，自二十世纪九十年代起几乎没有清华大学、北京大学等知名高校的毕业生到中西部的核科技单位工作。1999 年，中国工程物理研究院具有硕士及以上学历的科技人员仅占全院员工的百分之五。[②] 北京大学技术物理系放射化学专业的录取分数线在这段时期总是较低，而且经常要从化学系未予录取的新生中调剂一部分，以此补足招生计划名额的缺口。[③]

针对高校放射化学专业的处境和未来发展不佳的客观形势，在师友为

图 10-7　原安徽省省长王郁昭（左一坐者）、原二机部部长刘杰（右一）等在杨承宗九十诞辰庆贺会现场

---

　　① 许纪霖：大我的消解——现代中国个人主义思潮的变迁。《中国社会科学辑刊》，2009（1）：1-21。

　　② 中国科学院：《中国学科发展战略·放射化学》。2013 年，第 422 页。

　　③ 沈兴海：北京大学放射化学应用化学 50 年（1955-2005）——回顾与展望。2006 年，第 10 页。

其举行的"九十华诞庆贺会"上，杨承宗动情地说："有些年轻学生不愿或是不敢报考放射化学专业，谈'放射'色变，唯恐避之不及。我想首先要教育学生相信科学，而科学是有规律的，按照科学规律办事就不会出问题。我搞了一辈子放

图10-8 1998年中国科大四十周年校庆与放射化学专业师生团聚

射化学，吃了不知多少放射线，今年九十岁了，不是也很健康吗？你们在座的人，也有不少人一直从事放化研究，不是也活得很好吗？这就是最好的证明。"他开玩笑说："如果需要，我愿意担当高校招考放射化学的形象大使。"

杨承宗一生钟情于放射化学事业，执著耕耘，矢志不渝。1998年，他为中国科大四十周年校庆的题词是："宇宙自古多射线，放射化学万万年"。他认为放射化学的研究领域大有可为，现在远远没有开发出来。

2003年，国家突遇SARS病毒灾害，社会上一时风声鹤唳，杨承宗心急如焚，他翻阅资料，画图设计，希望能够找出一种放射化学的方法消灭SARS病毒。杨承宗长期关注中药研究，他认为中药的一大弱点是缺乏数据支撑，缺乏定量定性分析，以至于外国人不认可。如果推动中医药走向世界，于人于己都是一笔宝贵的财富。2010年，杨承宗计划给中国科学院院长路甬祥和卫生部部长陈竺写报告，建议开展"应用放射性示踪原子的方法测定中药结构成分"研究。他甚至有了初步的构思和设想。这样一个重大课题涉及多学科多行业，无疑能涌现一大批成果，现在国家有钱有人，这件事该做了。但终因人老体衰、精力不支而没有进展，成为晚年的一大憾事。①

---

① 杨家翔、远泽清访谈，北京，2011年11月30日。资料存于采集工程数据库。

百 岁 诞 辰

2010 年 9 月 5 日，是杨承宗的百岁寿辰。为了给老人举办一次盛大的庆贺会，杨承宗的同事、好友、学生从 8 月份就开始筹备张罗。

9 月 2 日下午，北京中关村杨承宗家中发生了感人一幕。九十六岁的原二机部部长刘杰从折叠椅上站起来，缓缓地向百岁长者杨承宗走去，弯下身，把自己的脸与长者的脸贴在了一起。一位是杰出的老领导，一位是著名的科学家，当他们的脸贴在一起时，心也贴在了一起。杨承宗显然比谁都高兴，说："我感觉到了生命的幸福。"

这天，刘杰部长携夫人李宝光专程来到中关村，提前给杨承宗祝贺百岁寿辰。同行的还有原二机部办公厅主任李鹰翔（刘杰原秘书）、政策研究室张文青等。

两位高寿老人头脑都非常清楚，思维敏捷，声音洪亮，谈笑风生。回忆起当年的往事，连具体日期都说得明白。杨承宗对刘杰说："当时你派我到五所去。离子交换刚好是我在居里实验室做博士论文的题目，我一生中最学有所用的地方就是在五所。""居里实验室的分离塔直径只有一厘米，到了二七二厂，塔高七米，直径三米，我都可以在里面游泳了。"刘部长伸出两个大拇指，连连夸杨承宗有大学问，功德无量。杨承宗说："一生中工作上碰到一个知己很难得，刘杰同志是了解我的，是我的伯乐。没有这样一个好领导，我的作用就发挥不出来。"

图 10-9　2010 年 9 月 2 日刘杰向杨承宗祝寿

图 10-10　1988 年杨承宗与刘杰出席五所三十周年庆活动

　　的确，刘杰是杨承宗工作中的知己，事业上的伯乐。当年他慧眼识珠，在苏联撤援的危难之际对杨承宗委以重任，不但为中国铀工业选择了一位最合适的学术领路人，也成就了杨承宗一生最辉煌的科研岁月。而关于杨承宗为中国核事业所作的贡献，也没有人比刘杰更加明了。在 1988 年10 月举行的五所成立三十周年庆贺会上，刘杰就曾当众表示："杨先生不单是对五所，对整个二机部都是有重大贡献的。"①

　　为庆祝杨承宗教授百岁华诞，刘杰部长送上了自己和夫人手书的四个遒劲有力的大字：寿比南山。祝福之意，跃然满纸。

　　杨承宗拿出中国科大出版社出版的记录着自己百年经历的图集和中国邮政邮品设计制作中心制作的"庆贺杨承宗先生百岁华诞"纪念邮册，恭敬地送到刘杰手中，并指着自己写在封面上的字一字一顿地念道："杨承宗谨上。"敬重之心，溢于言表。②

---

　　①　祝振鑫：记我的恩师杨承宗先生几件事。见：《杨承宗教授九十华诞纪念文集》。2000 年，第 106 页。

　　②　云峰：特殊的百岁寿礼。《中国核工业报》，2010-9-8：1。

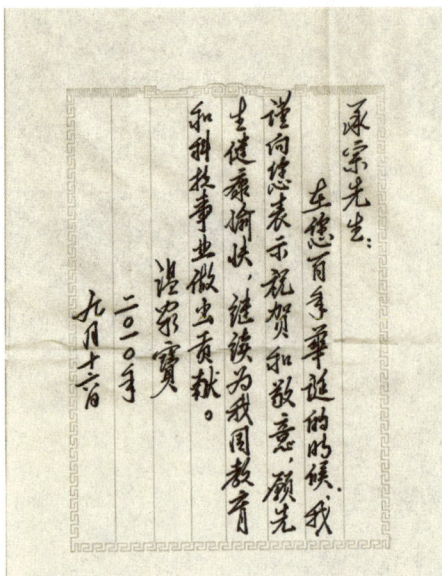

图 10-11　2010 年 9 月 16 日温家宝总理亲笔书写的贺信

没过多久，更加令人振奋的消息传来，温家宝总理亲笔为杨承宗写了贺信。

原来，2010 年 9 月成立了以中国科大人为主的"庆贺杨承宗先生百岁华诞暨从事学术活动八十周年纪念座谈会"筹备小组，经过多方准备后基本就绪。这时小组有人提出温家宝总理非常亲民、非常关心教育和教师，能否请他光临。大家决定试试看，就发了一封邀请函从邮局快递给温总理。邀请函于 9 月 14 日发出，熟料 15 日下午温总理办公室就来电话询问核实，并说温总理为杨先生写了贺信，让筹备组派人来取。温总理的贺信，是由刘清亮教授和杨文芹老师去中南海取回的。①

9 月 16 日下午，"杨承宗先生百岁华诞暨从事学术活动八十年纪念座谈会"在北京市文津酒店二楼艺术厅隆重举行。是日群贤毕至，花团锦簇。包括何泽慧、吴文俊、徐光宪、郭慕荪、王方定等资深院士在内的近四百名科教界专家学者和杨承宗曾工作过的单位的代表，以及杨承宗的学生，欢聚一堂。

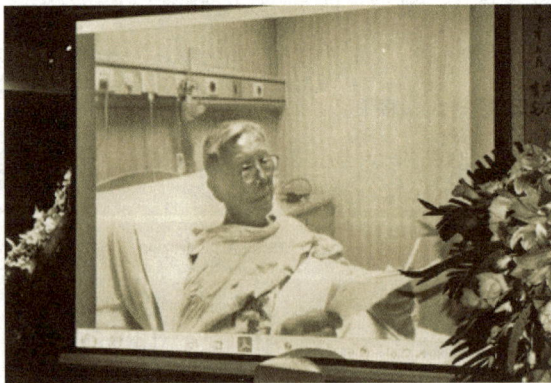

图 10-12　2010 年 9 月 16 日杨承宗通过视频向到场的领导师友表达谢意

① 杨家翔、远泽清访谈，北京，2011 年 11 月 30 日。资料存于采集工程数据库。

座谈会由首都师范大学李虎侯教授主持。

杨承宗在北京医院通过视频向大家表达谢意，并委托长子家成宣读了他的书面发言：

尊敬的各位领导、同事们、朋友们：

我一直在盼望着这个会的召开。

今天到会的很多人是我多年不见的老同事、老朋友，有不少人是专程从国外、京外赶来参加这个会的，我非常感动。

但是很对不起大家，由于我的疏忽，我的泌尿系统感染的老毛病又发作了，现在在医院里无法和大家见面，非常非常的抱歉！

我让我的子女为我做一个书面发言。

今天，我进入了百岁老人的行列。回顾我走过的岁月，我经历了百年的社会大变迁，饱受军阀混战、外强凌辱，目睹百姓生灵涂炭，为此我立志一生科学救国。

我首先要感谢我的启蒙老师郑大章先生，他不只教我放射化学，并且身体力行，教我爱国的民族气节。可惜郑大章老师英年早逝，这对我国放射化学的发展是一个重大的损失。

我要感谢严济慈先生，是他把我推荐到居里实验室工作，我因此有机会认识约里奥－居里先生和居里夫人。

我要感谢法国的许许多多教师、同事和朋友们。是他们，使我打开了眼界，掌握了为祖国服务的本领。

中国科学院原子能所是我回国后的第一个工作单位，在那里，新中国的第一代放化工作者大批成长，以后成为各单位的骨干。我在那里工作了十年。

感谢当时二机部刘杰部长的亲点，我在五所兼职了九年时间。那是我年富力强的时代。我的聪明才智、知识技能都得到充分的发挥。我和全所的同志们一起为我国第一颗原子弹的成功试爆做出贡献。

从1958年中国科大建校到现在，我一直是科大人，我以中国科大为荣。我与科大师生不离不弃地度过了最困难的下迁的时光，又一起为科大的两次创业努力拼搏，共同奋斗。我在科大搬迁到安徽后又在科大工作服务了二十五年。

合肥联合大学是我在七十岁时开始的最后一个新的兼职岗位和心爱之作。现在它已经更名为合肥学院。看到这个在改革中诞生的新事物茁壮成长，办学实力日益增强，为安徽省、合肥市输送许许多多的专业人才，我感到很欣慰。我在合肥联合大学当了十年校长。

在我所有工作过的地方，我都得到领导们和同事们的大力支持和关心。许多人都是不计名、不计利，默默地做了大量的工作。成绩是同事们、朋友们一起努力做出来的。

几十年过去了，当初的小伙子们、小姑娘们都变成老年人了。我在此向你们道谢，深深地感谢你们当年的无私奉献和对我的帮助。

借此机会，

我祝愿年轻的朋友们事业有成、家庭美满！

祝愿年长的朋友们健康和长寿！

祝愿我们的祖国越来越繁荣昌盛！

谢谢大家！

杨承宗

2010 年 9 月 16 日

中国科大时任党委书记许武、校长侯建国出席了会议。许武在会上宣读了中国科学院的贺信。侯建国在致辞中代表中国科大全体师生向杨承宗先生百岁诞辰表示了热烈祝贺。

作为在中国科大一路成长、亲历学校二次创业的"科大人"，侯建国深情地说，杨承宗先生是科大二次创业的元勋，与科大相伴相守、不离不弃，为科大的重新崛起做出了杰出的贡献。1970 年科大南迁，当时杨老已年近六十，但仍携家带口和学校一起迁到合肥。那是科大最艰难的岁月，杨老不畏艰辛，始终坚持学术研究，培养年轻人才。"文革"结束后，杨老于 1978 年至 1984 年担任科大副校长，为八十年代初学校的快速发展立下了汗马功劳。侯建国进而强调指出，杨老不仅在科研和教学上是我们的榜样，在为人处事上也堪称楷模。在一百年的岁月里，杨老对祖国的忠诚、对科研的执着、对教育的热爱、对名利的淡泊，以及宽广坦荡的胸襟和乐观豁达的精神境界，都值得我们永远学习。①

生命的归宿

2011年元旦春节期间，杨承宗收到许多贺信与贺卡，他一一给予回复，字体遒劲有力：

去秋值我百岁生辰，蒙各方领导师友，诸多同事同学撰文纪念，馈赠礼物，更或不顾高龄路遥，亲临集会相庆。思我何德何能，敢受诸此盛情，长使我心融融，不尽拳拳谢意。

敬祝身体健康，新年如意，春节愉快，阖府吉祥。

杨承宗再拜
2011年元月

百岁老人一生所持的是宽容大度、默默奉献的君子风范。他的同事、学生有的成为院士，有的佩戴上共和国的勋章。由于种种原因，他既不是院士，也没有被授予相应的荣誉，但他是"没有勋章的功臣"。

历史没有忘记，也不能忘记。

中国科学院原党组书记张劲夫在回忆文章"请历史记住他们"中指出：当时科学院搞原子能的有两个姓杨的科学家：一个杨承宗，从法国留学回来的；一个杨澄中，从英国留学回来的。为了区别，我们叫他们"法杨"、"英杨"。"法杨"是搞放射化学的，当时放射化学很关键。我们最重要的措施是把杨承宗等一批科学家调到原子能所原子能反应堆那里去。②

---

① 《杨承宗先生百岁华诞庆贺活动》。合肥：中国科学技术大学、合肥学院，2010年，第4页。
② 张劲夫：请历史记住他们。《人民日报》，1999-5-6：1。

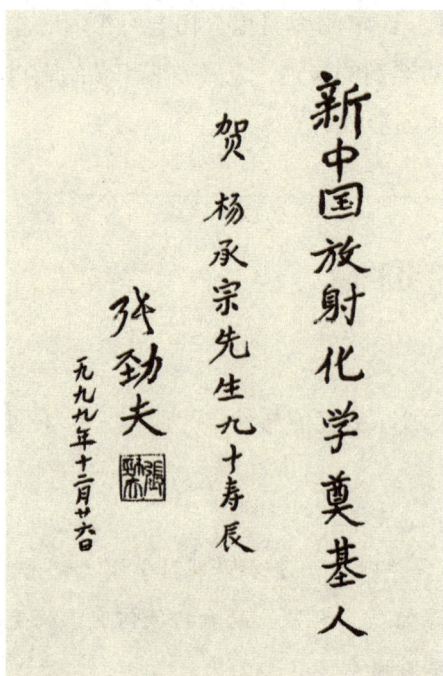

图 10-13 张劲夫题词

张劲夫为其题词：新中国放射化学奠基人。

刘杰为其题词：杨承宗传约里奥－居里忠言，为培养放射化学奠基，为发展核弹原料胜利攻关，并为核事业培养了众多英才骨干，功德无量。

2011 年 3 月 18 日杨承宗因发烧住院，5 月中旬病势日渐严重，但他依然放不下他当做毕生事业来经营的放射化学。在学生刘清亮、王庚辰、王玉琦、杜连卿前来看望时，杨承宗对他们断断续续地说："我最放心不下的就是放射性同位素。第一是同位素的宣传，第二是同位素的推广，第三是同位素碳 14 的应用，这对国计民生极其重要。"

在病危期间，杨承宗表示要捐献遗体，供医学和放射化学研究使用，

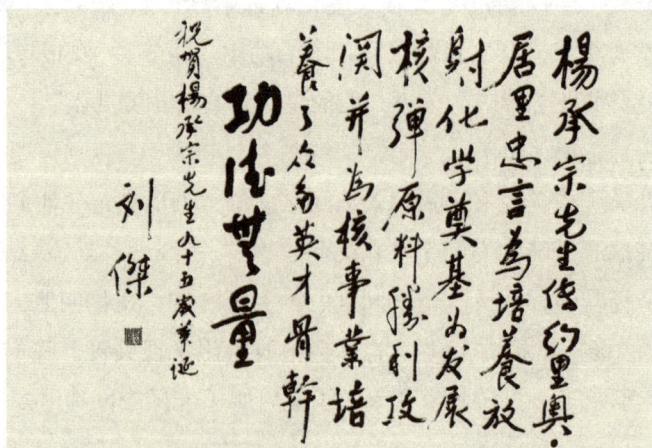

图 10-14 刘杰题词

为祖国医学发展作最后一点贡献。他说："我搞了一辈子放射化学研究，还能健康活到一百岁，肯定有值得研究的地方。"在他去世后，子女们商定只捐献他的器官，来实现他的愿望。①

2011年5月27日上午8时45分，新中国放射化学奠基人、中国科学技术大学原副校长、原合肥联合大学首任校长杨承宗在北京医院安详地踏上生命的归途，结束了他伟大而又平凡的百年人生。

杨承宗的功劳，用他的学生、中国科学院院士王方定的话说："不但是中国放射化学的奠基人，更是中国核燃料化学的创始人。先生为我国核燃料化学的建立、发展和培养人才所付出的辛勤劳动、所做出的卓越贡献，无论怎样评价，都不为高。"他的人格，用他的同事李虎侯教授的话说："先生心态之淡泊而明志，不要说在当今社会，就算是历史上的先贤也属难能可贵。"②

"心底无私天地宽"，杨承宗的一生，正如众人为其所撰墓碑的碑文："放化英才，杨公培栽。核弹燃料，杨公炼造。伟功弗居，不慕荣利，夫唯不争，乃得永生。"

---

① 杨家翔、远泽清访谈，北京，2011年11月30日。资料存于采集工程数据库。
② 原春琳："没有勋章的功臣"自称"不拔尖人才"。《中国青年报》，2010-9-17：1。

结 语

作为我国核事业的开道先驱之一，杨承宗在中国当代科学史上的重要性主要体现在两方面：一是对于核燃料工业的创建做出了奠基性的贡献；二是在放射化学学科建立、发展、调整、转型的不同阶段中发挥了重要作用。基于此，笔者结合放射化学在我国建立和发展的过程、机制和特征等方面，来探讨杨承宗的学术工作及其相关影响因素。

一、生逢其时

杨承宗的成就是与中华人民共和国成立之初国防建设的需要紧密结合在一起的。二十世纪五十年代初期，刚刚成立的新中国面临着极为严峻的国际形势。以美国为首的西方列强除了对华实施全面的经济技术封锁，还在朝鲜半岛燃起战火，严重地威胁到新中国的国家安全。美国在朝鲜战争中曾多次或明或暗地对中国威胁使用核武器。面对美国的核讹诈，要保卫祖国安全、维护世界和平，中国就必须要建设强大的国防，拥有自己的核武器。与此同时，世界核科学技术的飞速发展，也增加了中国创建核事业的紧迫感。继美国之后，苏联于 1949 年、1953 年，英国于 1952 年、1957 年，先后成功试爆了第一颗原子弹和氢弹。苏联还在 1954 年建成了世界上第一座核电站，为人类和平利用核能开辟了新纪元。法国、日本等国家也都相继开展了核科学技术的研究工作。于是，中央高层逐步把发展核科学技术、研制核武器、建设核工业提上国家发展的议事日程。而要创建核事业，首先要解决的就是铀、钚核燃料的制备问题。国家对核燃料的刚性需求，也就成为放射化学迅速发展的根本动因。

为早日建立起核燃料工业，需要相应的放射化学研究机构作为后盾以解决来自工业生产中的各种实际问题，需要大量训练有素的高层次专业人才充实扩大研究队伍。铀钚生产线中的各种工艺问题为相关研究机构提出了研究任务与科研方向，甚至成为一些研究机构成立的直接原因。杨承宗任职的二机部五所，其创建初衷即是为铀矿冶厂矿研究设计适宜的水冶、纯化工艺流程。而对于专业人才的急需，就要求高等院校迅速创建放射化学这一新型专业。杨承宗从居里实验室学成回国，恰好解决了国内高校放射化学教师队伍紧缺的燃眉之急，他几乎凭借一己之力支撑起第一代放射化学高层次人才的培养重任。

从 1951 年为"进一步开展核物理实验和建造反应堆创造条件"而被列为中国科学院近代物理所（原子能所前身）第一个五年计划的主要任务，到 1956 年被写入影响深远的《十二年规划》，确立学科地位。可以说，正是放射化学自身所具有的强大实用性、在创建核燃料工业中的不可或缺性，使它得以于短时期内集中全国最优秀的资源，在体制的保障下飞速发展，顺利解决了核燃料制备过程中一系列的工艺技术难题，从而成为"任务带学科"的典范。得此风云际会，杨承宗也在为原子弹炼铀的过程中，谱写了人生最夺目的一段华章。

二、从"核心"到"边缘"

在"任务带学科"模式的有力推动下，放射化学的发展不仅满足了国家重大战略需求，其研究水平也由建国初期的籍籍无名，跃入当时的国际先进行列。然而，科研力量长期跟着国防任务走，对学科基础建设着力不够，放射化学在快速发展的同时，却始终没有成为一门真正独立的学科。

长久以来，放射化学主要是立足于原子弹研制的需求。这就给外界留下一个比较刻板的印象，即放射化学就是制备核燃料的工具。据毕业于中国科大 64 级放射化学专业的陈文明先生回忆，该专业教研室的党支部书记在向学生传达首枚原子弹成功爆炸的消息时，就直截了当地宣称"你们已经没有用武之地了"。[①] 这种话语虽然可视为一种调侃，但是形象地道出了放射化学的真实处境。改革开放初期，核原料的制备工艺已经基本成熟，核武器的理论设计和改进更多的是核物理学家的事情，国防建设对放射化学的需求日渐减小。"原子弹爆炸成功，放射化学已经过关，可以慢慢来"是此时比较流行的一种看法。

杨承宗清醒地认识到，放射化学未来的发展显然更多地需要通过学科交叉来产生新的推动力。而要实现这一目标，首先需从过于依附核事业发展的境况中独立出来，健全学科建设。1978 年前后，杨承宗和一批志同道合者在筹备专业学会时，坚持主张学会应该隶属中国化学会、挂靠单位设立在高能所等等举措，其实都是在尝试淡化放射化学身上"核"的色彩。他们希望放射化学以化学分支学科的"身份"，在不久的将来能够与环境、地质、医学等其他热门学科建立起比较密切的学术联系，或者是渗透到这些学科之中，进而扩大经费渠道。但是一些产业部门的学者对此并不认同，他们主张放射化学还是应该继续以完成核工业部门的各项任务为主。学术界内部对于学科定位和未来发展方向的分歧以及后来在学会首届理事长选举中发生的人事纠葛，使得这种努力尝试遗憾地过早中断。由于中国科大不再设置放射化学专业，杨承宗个人的学术生涯随之基本结束，而转入到行政领导岗位，为中国科大乃至高等教育事业的发展贡献力量。

在管理岗位上，杨承宗同样展现出优秀的科学领导和组织才能。特别是他在 1980 年创办合肥联合大学这一敢为天下先的惊世之举。如果说是过人的才智和长期在高等教育事业里的探索，在思想层面赋予了杨承宗领先世人的灵感，那么凭借巨大的个人魅力，在古稀之年率领一批志同道合者，闯出一条适应市场需求的中国高等教育改革之路，则是杨承宗德行合一，且具领导才干的充分体现。

尽管如此，在他内心深处，还是更乐于做一位纯粹的放射化学家，而

---

① 陈文明访谈，合肥，2014 年 10 月 28 日。资料存于笔者处。

非教育家或行政领导者。当放射化学专业停办，他曾写出诸如"搞'核扩散'的难道不会搞'核集中'？……你怕放射性，放射性就偏钻到你的肚子里……"等颇失风度的激愤之词；当有机会重拾科研，他也率真坦言"对原子能利用的科学技术未能忘情，愿利用寒暑假为五所、为我国可能将临的原子能应用事业第二次高潮做一些事。"要知杨承宗一生明恕而行、要之以礼，严于律己、谆谆教人，恐怕也只有面对钟爱一生、难以割舍的放射化学时，才会脱略行迹，放浪形骸，流露出喜怒爱憎的真性情。

三、笑对人生

2007 年仲夏，在笔者两度访谈杨承宗的过程中，当他谈起某段有趣的经历时，时常会发出朗朗笑声。实际上，他一直是笑对人生的，特别是当遇到不顺或不公的情况时，他总是一笑了之。

回顾杨承宗深刻隽永的一生，或阴错阳差，或造化弄人，终至未能达到其应有的高度，令人感慨。

1952 年，面临朝鲜战场美国数次核讹诈的严峻形势，钱三强和王淦昌被中央军委派往朝鲜前线协助研究，杨在京待命。后战争进入谈判阶段，杨未去成。倘若此项由军委高层直接授意的任务顺利成行，凭此渊源，他日成就自是不可限量。此为其一。

1966 年 5 月 30 日，二机部召集会议，决定五所与石家庄一机构合并为二机部第二研究设计院，任命杨承宗为院长。隔二日《人民日报》发表社论"横扫一切牛鬼蛇神"，"文革"风暴发起，万事俱休。此为其二。

1961 年 3 月 27 日，杨承宗的人事关系正式从原子能所转入中国科大；一周之后的 4 月 4 日，二机部部长刘杰找杨谈话，又将其借调至五所担任副所长，负责科技领导工作。人事关系从部内调至部外，本人却折回部内工作，追根溯源，1973 年后杨承宗因放射化学专业停办无事可做的苦闷，1980 年学部委员增选过程中二机部想推而不能、中国科大能推而不力的尴尬，竟皆起因于这阴错阳差的一周！此为其三。

凡此种种，除命数使然之外，再无他解。然历史研究，总应于偶然之中寻找必然。杨承宗个人受到的不公待遇，一定程度上折射出的是中国核事业在授奖和宣传方面存在的偏差。

众所周知，核物理与放射化学原本是原子能科学的两大基础学科，但是在我国，放射化学相对于核物理始终处于"配合"的从属地位。每每回首中国核武器研制的辉煌历史，人们总是把太多的目光聚焦在核物理及其相关领军科学家身上，而核燃料的制备工作及其科学家多数时间则是被遗忘在历史的角落里，相关工作既没有获得授奖，领军人物也没有得到授勋。1999 年当选"两弹一星元勋"的核科学家中，全部为核物理学家，即为典型之例。曾任二机部副部长、核工业部科技委主任、核安全局局长的核化工专家姜圣阶，在一次显然是有感而发的讲话中指出："现在核工业部请了两个奖，一个是原子弹技术突破和武器化，一个是氢弹技术突破和武器化，都是国家特等奖（指 1985 年国家科技进步特等奖，作者注），但这两个奖都是物理的，化学化工方面根本没有份，只好做无名英雄了……没有核燃料你原子弹就做不出来，原子弹技术现在以色列有，甚至利比亚也有，很多国家都有，但它做不出来，为什么，没有燃料。要燃料就必须有化学化工。"①

世路如今已惯，此心到处悠然。对于荣誉得失，杨承宗始终秉持"干惊天动地事，做隐姓埋名人"之风骨，从不萦怀。是以寿高而明智，深受后学爱戴。

---

① 《新清华》，1986-11-04：3 版。

附录一　杨承宗年表

1911 年

9 月 5 日（农历七月十三）出生于江苏省吴江县八坼镇。父杨蔼如，母张氏。兄弟姐妹八人，按齿序依次为：承芬（女）、承祖、承容、承芳（女）、承宗、承基、承宣、承业。

1915 年

是年，随二姐杨承芳进入本乡学堂。

1919 年

秋，入读同川高等小学。

1923 年

秋，就读上海南洋中学，继而转入上海大同大学附中。

1925 年

3 月，在上海参加孙中山追悼会。

1929 年

正月，与赵随元完婚。

7 月，大同大学附中毕业，入大同大学学习。

1930 年

3 月，长女家粹出生。

1932 年

7 月，毕业于上海大同大学理科，入上海爱国女学任教。

1933 年

秋，受聘为暨南大学物理系助教。

10 月，长子家成出生。

1934 年

9 月，进入国立北平研究院镭学研究所，师从郑大章（1904—1943）学习放射化学。

1935 年

是年，在郑大章指导下，独立制成盖革计数器，用其测量了铀同位素的分子比值。

1936 年

是年秋冬，国立北平研究院镭学研究所改名为中法大学镭学研究所迁至上海法租界福开森路 395 号。被严济慈所长派至上海，筹建新实验室。

1937 年

是年春夏，赴北平参加中华教育文化基金会公费留法考试，成功通过选拔，但因抗战爆发而未能成行。

1940 年

3 月，与郑大章合作在 *J. Phys. Radium.* 杂志上发表论文 On the determination of the branching ratio of the actinium series relative to the uraniumradium series by a direct counting method。

1941 年

10 月，在美国 *Physical Review* 杂志发表论文 The scattering of β −rays。

1942 年

4 月，二女家雷出生。

1944 年

7 月，镭学所被汪伪政府教育部长褚民谊（1884—1946）派人接管。返回苏州老家研修物理和法语。

1945 年

1 月，三女家翔出生。

9 月，奉命从苏州返沪参与接收镭学研究所。

1946 年

是年初，镭学所所长严济慈给居里实验室主任伊蕾娜·约里奥－居里（1897—1956）写信，推荐杨到居里实验室工作。

4 月 2 日，收到约里奥－居里夫人的回信："欢迎杨的到来。"

1947 年

是年春节，乘坐客轮"香波利翁号"前往巴黎。四十多天后，进入居里实验室学习工作，任法国国家科学研究中心助理研究员。

1949 年

是年夏，担任巴黎留法中国学生会副总干事长。

10 月 7 日，参加中国留学生及华侨庆祝中华人民共和国成立大会。

12 月，为 11 月 4 日巴黎中国大使馆发生的行凶事件受法国大理院传唤，出庭为起义的原国民党政府驻法国外交人员作证。

1950 年

是年，发表三篇论文，分别为：Séparation，paréchange ionique，de traces d'actinium 227 d'une quantite pondérable de lanthane、Sur la radioionographie étude de la spécificite des échangeurs d'ions séparation lanthaneyttrium 和 La séparation de protactinium du tantale paréchange des ions。

1951 年

6 月 5 日，收到法国国家科学研究中心主任签发的续聘意向书，续聘两年，年薪为 555350 法郎另加补贴。

6 月 15 日，博士论文《离子交换法分离放射性元素的研究》顺利通过答辩，获法国巴黎大学理学院科学博士学位，论文被定为"最优秀"级。

10 月，受到时任世界保卫和平理事会主席的让·弗雷德里克·约里奥－居里（1890—1958）先生约见，要其传话："你回去转告毛泽东，你们要保卫世界和平，要反对原子弹，就要有自己的原子弹。原子弹不是那么可怕的，原子弹的原理也不是美国人发明的。你们有自己的科学家，钱（三强）呀、你呀、钱的夫人（何泽慧）呀、汪（汪德昭）呀。"

是年底，回国加入中国科学院近代物理研究所，任副研究员，每月工资为一千斤小米。

1952 年

11 月，幼子家建出生。

是年底，近代物理所将原来七个研究组调整为四个大组（相当于研究室），任第二研究大组放射化学组组长。

1953 年

是年，成功修复北京协和医院被日军破坏的医用提氚设备，为近代物理所开展中子物理实验方面的研究工作提供了有利条件。

1955 年

9 月，受聘北京大学兼职教授。

是年，设计并指导建成新中国第一个放射化学实验室。

1956 年

3 月，赴苏联参加物理化学会议。

4 月 23 日，在苏联参加讨论修订《和平利用原子能科学远景规划》（草案）。独立完成放射化学、辐射化学及放射性同位素应用部分。

是年夏，物理所开办放射性同位素应用讲习班，担任第一期讲习班班长。

9 月 12 日，受聘清华大学工程物理系兼职教授。

是年底，任物理所放射化学研究室（五室）主任，兼任同位素与射线应用研究室（八室）主任。

1957 年

4 月，与张青莲、刘允斌出席全苏同位素和射线研究技术会议。

8 月 26 日，受聘国务院科学规划委员会原子能组成员、防化组组员。

12 月，跟随二机部代表团赴苏联谈判原子能科学规划，参观苏联原子能科学研究设计机构。

1958 年

7 月 28 日，参加中国科学技术大学筹备处在北京召开的第一次系主任会议，中国科学院副秘书长杜润生、郁文出席。会议确定了 13 个系主任、副主任人选。任放射化学与辐射化学系主任。

9 月 15 日，受聘中国科学院原子核科学委员会委员，同位素应用委员会副主任委员。

9 月 20 日，中国科学技术大学在北京成立。正式担任放射化学与辐射化学系主任，并承担无机化学的教学工作。

1959 年

10 月 1 日，受邀参加中华人民共和国成立十周年庆典活动。

1960 年

4 月 4 日，参加中国科学院副秘书长杜润生组织召开的中国科学技术大学兼职系主任会议，并做如下发言：将放射化学与辐射化学系改为原子能化学系，这个名字大了一些，但还庸一些。系意将来能设放射化学、放射化学工艺学、辐射化学三个专业，目前先设两个。

1961 年

3 月 27 日，人事关系从原子能所迁入中国科学技术大学。

4 月 4 日，奉二机部部长刘杰之命担任二机部五所业务副所长，顶替撤走的苏联专家。

7 月 17 日，在人民大会堂参加聂荣臻元帅报告会，在主席台就座。

7 月 26 日，受北京市科协邀请做题为"近代化学与科学技术"的报告。

1962 年

12 月 8 日，二机部下文，担任的五所副所长职务获正式任命。

1963 年

7 月 14 日，参加中国科学技术大学首届毕业生典礼。

1964 年

是年，领导二机部五所全体科技人员艰苦奋斗、齐力攻关，提前完成了第一颗原子弹铀原料的前处理试验任务。

12 月，当选为第三届全国人民代表大会代表。

1966 年

5 月 30 日，二机部召集决定五所与石家庄一家机构合并为二机部第二研究设计院，被任命为设计院院长。隔二日《人民日报》发表社论"横扫一切牛鬼蛇神"，"文革"旋即开始，此事后无下文。

1968 年

是年夏，与中国科学技术大学 6432 班同学一起接受"工农兵再教育"，在京原铁路良各庄车站工地劳动。

1969 年

12 月初，中国科学技术大学开始南迁安徽省安庆市。

12 月 30 日，正式离开五所，之后随学校南迁。

1970 年

1 月下旬，中国科学技术大学陆续迁至合肥。

7—8 月间，在马鞍山南山铁矿接受劳动改造。

1973 年

是年，学校决定撤销放射化学专业和放射化学教研室，仅保留辐射化学专业，将放射化学教研室更名为辐射化学教研室。

12 月，主持近代化学系与七机部 42 所科研合作研讨会，会后成立了 4203 研究小组。

1975 年

1 月，当选为第四届全国人民代表大会代表。

1977 年

8 月 5—12 日，在北京参加中国科学技术大学工作会议。

10 月，参加在北京召开的全国基础科学学科规划会议。期间主持制订

《放射化学学科规划》初稿。

1978 年

2 月，当选为第五届全国人大代表。

3 月 18—31 日，参加全国科学大会。在二机部五所主持完成的三个科研项目："由矿石浸出液直接制取核纯三碳酸铀酰铵""核纯铀化合物的研制""铀和铀化合物中微量杂质的分析方法"获全国科学大会奖。

8 月 23 日，给中国科学技术大学党委写报告"关于恢复中国科技大学放射化学专业的建议"。

10 月 21—23 日，在兰州主持放射化学学科规划修订会议。

11 月 20 日，被任命为中国科学技术大学副校长。

12 月 23 日，受聘国家科学技术委员会化学学科组组员。

1979 年

4 月 20 日，在中国科学技术大学参与接待来校访问的诺贝尔物理学奖获得者李政道教授。

4 月 27—30 日，在北京参加中国化学会工作会议。会议讨论决定成立化学教育工作委员会和分析化学、物理化学、核化学与放射化学三个专业委员会。被选举为新成立的中国化学会核化学与放射化学专业委员会主任。

6 月 3 日，兼任中国科学技术大学仪器委员会主任。25 日，在中国科学技术大学参与接待来校访问的美籍华裔物理学家袁家骝教授。

9 月，被中国科学技术大学推荐为中国科学院学部委员候选人。

9 月 21—27 日，在成都参加全国首次核化学与放射化学论文报告会。

11 月，任首届中国计量学会电离辐射计量委员会主任委员，将 1951 年约里奥－居里夫人赠与的 10 克碳酸钡镭标准样品捐赠给中国计量科学研究院。

12 月，当选为安徽省第五届人大常委会副主任。

1980 年

3 月 15—23 日，在北京参加中国科协第二次全国代表大会，并当选为中国科协第二届全国委员会委员。

6 月，在安徽省高教局召开教育改革会议上正式提出建立自费走读的新型的大学——合肥联合大学的设想。

6 月 23 日，光明日报记者胡羊首次独家报道其关于收自费大学生的主张。

7 月 23 日，出席中国科学院在北京召开的中国科学技术大学第二次工作会议。

8 月 28 日，参加中国人民政治协商会议第五届全国委员会第三次会议。

10 月 11 日，合肥联合大学正式成立，任首任校长。16 日，主持会议，协调合肥联合大学如何使用中国科学技术大学的图书馆、实验室、教室以及兼职教师的聘请及酬劳问题。28—30 日，与马西林、钱临照共同会见来校访问的由法国"大学联席会议"主席、巴黎高等学院院长拉菲特率领的法国工程师学院院长代表团一行。

11 月 16 日，主持会议讨论合肥联合大学的章程、课程设置、教学管理及学生思想教育问题。

12 月 1 日，随钱三强赴美考察。

12 月 22—26 日，安徽省科学技术协会第三次代表大会召开，当选为安徽省科学技术协会主席。

是年，担任《中国科学技术大学学报》第二任主编，任期至 1985 年。

1981 年

1 月 27 日，参加合肥联合大学第二次董事会，讨论合肥联合大学的基建、财务、招生及干部管理问题。

4 月 22 日，中国科学技术大学决定成立学位评定委员会，任副主席。

5 月 25 日，在中国科学技术大学参与接待来校访问的美国马里兰州代表团。

7 月 7 日，参加中国科学技术大学校长办公会议，全面听取合肥联合大学工作汇报并帮助解决办学的相关问题。

7 月 25 日，中国科学院外事局来函通知，建议担任澳大利亚化学物理研究所主办的《放射效应》与《放射效应通讯》杂志顾问。

8 月 31 日，中国科学技术大学呈报中国科学院教育局、教育部高教二司《关于申请增补博士授予单位专业点的报告》，与赵贵文、李芯、黄茂光被推荐为博士生导师。

10 月 24 日，参加中国科学院在合肥主持召开的"合肥同步辐射装置预研制及物理设计审定会"。

11 月 16 日，邀请美籍著名物理学家任之恭教授在合肥联合大学作"关于中国培养大批人才"的演讲。

1982 年

1 月 8 日，主持会议讨论合肥联合大学专业设置、教学质量及学风问题。

5 月 4 日，参加中国科学院在合肥主持召开的"合肥电子同步辐射实验室计划任务书审定会"。

6 月 12 日，与杨海波、钱临照、马西林一同会见来校访问的著名物理学家吴健雄、袁家骝夫妇。

9 月 20—27 日，在南京参加中国化学会召开的"庆祝中国化学会建会五十周年学术报告会"和"中国化学会第四次全国会员代表大会"。当选为第 21 届理事会理事。

10 月 12 日，向来合肥联合大学考察工作的教育部政策研究室主任郝克明介绍学校的创建、宗旨、办学性质等情况。

11 月 30 日，撰写文章"我所认识的郭老"，纪念缅怀郭沫若同志诞辰90 周年。

1983 年

4 月 27 日，当选为第六届全国人民代表大会代表。

4 月 29 日，经安徽省六届人大一次会议，连任安徽省第六届人大常委会副主任。

6 月 15 日，与五届全国人大常委会副委员长兼秘书长杨尚昆等 20 位六届全国人大代表一同看望叶剑英同志。30 日，致信加拿大多伦多大学校长 James Ham 并题小诗一首："桃李盈门、硕果累陈、功德无垠、造福后人。"

9 月 17 日，在安徽屯溪市参加第二次全国核化学与放射化学学术讨论会，作为理事长致开幕词。

11 月，在合肥接待专程来中国科学技术大学征集"所史资料"的原子能所原党委书记处书记李毅。长谈中，向李毅谈起约里奥－居里先生要其向毛泽东主席带话一事，李毅回北京与钱三强核对后将此事写入所史。

1984 年

4 月 11 日，在北京出席中国核学会第二次代表大会并当选为主席团成员和常务理事。

5 月 5 日，指导安装的六万居里钴源实验室通过验收。

7 月 20 日，为首届合肥联合大学毕业生题词："希望同学们参加工作以后，在实事求是的基础上大胆改革，在大胆改革的风格中实事求是。"

11 月 20 日，陪同全国人大常委会副委员长严济慈、国家教委副主任杨海波考察合肥联合大学。

是年，主持创建的中国科学技术大学放射化学专业被国务院学位办批准为博士学位授予点，被遴选为放射化学博士生导师。

是年，不再担任中国科学技术大学副校长职务。

1986 年

5 月 5 日，在合肥联合大学接待世界银行项目调研组，考察世行贷款的可行性。

6 月 6 日，率合肥联合大学代表团出访联邦德国并签订了《会谈联合纪要》，确定了五个重点共建专业。

7 月 19 日，在合肥联合大学 82 级学生毕业典礼上作主题报告。

9 月 1—5 日，在北京参加中国核学会和中国化学会共同组织主办的国际核化学与放射化学会议，与姜圣阶、西博格教授（因病未到）共同担任大会主席。全国人大常委会副委员长严济慈和中国科学院院长卢嘉锡分别出席开幕式和闭幕式并发表讲话。

12月6日，被安徽省科协聘为省科协名誉主席并表彰从事科技工作50年。

12月19日，主持会议，讨论合肥联合大学"专业技术职务评审聘任实施办法"。

1987 年

3月9日，随安徽省人大代表团考察淮南、阜南、界首、亳州的科研机构和厂矿。

4月8日，在北京参加第六届全国人大五次会议期间，与众多代表一起受到邓小平接见。

5月，在中国科学技术大学会见来校访问讲学的1986年诺贝尔化学奖得主李远哲教授。

9月，在合肥联合大学接见西德下萨克森州议会议长布朗克率领的州议会代表团一行。

10月26日，在合肥参加中国第一次热释光和电子自旋共振断定年代学术讨论会。

1988 年

3月，当选为第七届全国人民代表大会代表。

8月，会见访问合肥联合大学的西德下萨克森州州长恩斯特·阿尔布莱希特博士。

9月，与刘达、严济慈、郁文等人一起参加中国科学技术大学建校三十周年庆祝活动。

10月，在北京参加二机部五所建所三十周年庆祝活动，并题词："你们是取得理想变成现实的成功科学家"。

1989 年

是年，应居里实验室主任帕杰丝教授邀请赴巴黎访问，重回居里实验室。

1 月 5—12 日，中国化学会第五届全国化学冬令营在中国科学技术大学举行，期间与营员们亲切交流。

4 月 9—12 日，在上海参加第三届全国核化学与放射化学学术讨论会。会上由于年事已高主动辞去核化学与放射化学学会理事长一职。

5 月 10—12 日，参加在北京师范大学举办的"冷核聚变学术交流与对策研讨会"。

8 月，出席中国核学会在合肥组织的"原子核科技夏令营"开幕式并致辞。

1 月 30 日，被中国有色金属学会聘为第二届国际湿法冶金会议国际顾问委员会委员。

6 月 25 日，在合肥出席中国科学院青年学者学术讨论会开幕式。这是中国科学院首次邀请在国外的青年学者回国参加学术会议。

9 月，接待法国巴黎南大学代表团访问中国科大。

12 月 26 日，参加合肥国家同步辐射加速器工程验收典礼。

10 月，在长沙参加第二届国际湿法冶金会议。

9 月 14 日，向中国质谱学会仪器与无机专业第七次学术年会写信说明无法参加会议并致以书面发言。

11 月，在西安参加第四届全国核化学与放射化学学术会议。

12 月，因在《中国大百科全书》编纂出版中的工作被新闻出版署授予荣誉证书奖章。在《中国大百科全书》化学编委会中，任分支学科核化学与放射化学主编。

12 月 31 日，《质谱学报》1993 年第 4 期以"杨承宗教授在我会仪器与无机质谱专业第七次学术年会上的书面讲话"为题全文发表。

1994 年

3 月，从中国科学技术大学正式退休。

9 月，在蓬莱参加全国核化工学术交流会。

10 月 19 日，出席由中国核学会、北京大学技术物理系和中国核学会核化学与放射化学学会在北京大学组织举办的"纪念约里奥－居里夫妇发现人工放射性六十周年大会"，并作报告。

是年，从合肥搬回北京，居住在中关村科学院宿舍十四楼三〇三号。

1995 年

是年秋，法国驻华使馆参赞肃亚夫妇到家中看望。

1996 年

3 月，法国巴黎南大学 J. Belloni 教授受聘为中国科学技术大学名誉教授，作为特邀嘉宾参加受聘仪式。

7 月，应国防科工委之邀，与汪家鼎、陈佳洱、何泽慧、汪德熙等核科学家在新疆马兰核基地关闭前，专程前往参观，在"爆心"纪念碑前留影。

1997 年

5 月，在北京参加第五届全国核化学与放射化学学术会议。

7 月 14 日，受时任法国驻华大使毛磊（Pierre Morel）先生邀请参加法国国庆招待会。此后每年法国国庆日都被邀请参加。

9 月 16 日，在山东长岛参加中国质谱学会无机仪器专业第九届年会。

1998 年

1 月，与马大猷、王大珩、郁文、何泽慧等在浙江东阳市参加严济慈先生纪念馆开放典礼。

5 月 4 日，作为特邀代表参加北京大学百年校庆活动。出席在北京大学举办的"面向二十一世纪化学"研讨会并讲话。

6 月，参加锕系元素化学和工艺研究室建室（现属中国原子能科学研究院放射化学研究所）四十周年活动，并在大会上发言。

8 月，为中国科学技术大学四十周年校庆题词"宇宙自古多射线，放射化学万万年"。

1999 年

3 月 31 日，被聘为"核工业铀提取冶金重点实验室"学术委员会名誉主任。

12 月 26 日，在中关村家中举行"第四届彭桓武基金会赠款"聚会，与朱培基、施贵勤获得基金会赠款。参加聚会的有彭桓武、朱培基、施贵勤、何泽慧、黄祖洽、李毅等人。

2000 年

8 月，与二百多位老同事及弟子共同庆祝九十寿诞。法国驻华大使毛磊来信祝贺。

9 月，为合肥联合大学创办二十周年题词"改革中诞生，开放中成长，探索中前进，创新中兴旺"。

12 月 9 日，在北京人民大会堂浙江厅出席严济慈先生诞辰一百周年座谈会。

是年，撰写"回忆与纪念"，委托法国友人在巴黎举行的纪念 F. J. Curie 先生诞辰一百周年大会上宣读。

2001 年

7 月 1 日，参加中国科学院京区老科技工作者庆祝建党八十周年活动并讲话。

9 月 4 日，获中国质谱学会赠"中国质谱学事业奠基人"牌匾。

10 月 18 日，获"何梁何利基金科学与技术进步奖——化学奖"。

是年，所写文章"回忆与纪念"正式刊登在《纪念 F. J. Curie 先生诞生一百周年纪念文集》中。

2002 年

6 月 4 日，在北京参加赵忠尧先生诞辰一百周年纪念大会。

9 月 10 日，全国人大常委会副委员长、中国科学院院长路甬祥到家中看望。

2007 年

是年，应复旦大学秦启宗教授之邀为"复旦大学核科学教育网"撰写发刊词。

2008 年

2 月 1 日，中国科学院党组成员、中国科学技术大学党委书记郭传杰到家中看望。

6 月 22 日，在人民大会堂参加中国科学院"坚持科教结合，培育创新人才"五十周年报告会。

9 月 9 日，被中国科学技术大学授予"孺子牛·特殊贡献奖"。为中国科学技术大学五十周年校庆题词"祝愿中国科学技术大学持续创新，培养第一生产力作者永无止境"。

2009 年

10 月，中国科学院副院长詹文龙到家中看望。

2010 年

6 月 18 日，中国科学院原副秘书长王玉民邀请老科大人李佩、王炽昌、任知恕、王文涛等提前为其庆祝百岁寿诞。

9 月 2 日，原二机部部长刘杰携夫人李宝光到家中看望，赠送亲笔寿联"寿比南山"。

9 月 16 日，"杨承宗教授百岁华诞暨从事学术活动八十年纪念座谈会"

在北京文津酒店举行，近四百名门生故友参加。温家宝总理发来亲笔贺信。

10 月 11 日，"杨承宗校长全身铜像落成揭幕仪式"在合肥学院举行，安徽省委常委、合肥市委书记孙金龙，安徽省副省长谢广祥，安徽省委教育工委常务副书记张荣国等人出席揭幕仪式，孙金龙与谢广祥为铜像揭幕。

2011 年

1 月 1 日，为《杨承宗先生百岁华诞庆贺活动》图册写跋。

1 月 27 日，中国科学院党组副书记方新到家中看望。

3 月，因发烧住院。

5 月 27 日，在北京医院辞世。

附录二　杨承宗主要论著目录

一、论文

[1] Tcheng Datchang, Yang Jengtsong. Determination de la quantite de radon contenue dans les eaux des sources de wen tchun de la montagne de l'ouest. Nat Academy of Peiping, 1935, 6（2）: 35.

[2] Tcheng Datchang, Yang Jengtsong. On the determination of the branching ratio of the actinium series relative to the uraniumradium series by a direct counting method. J Phys Radium, 1940, 8（1）: 231; Chinese J of Phys Review, 1940, 4（1）: 77.

[3] Tcheng Datchang, Yang Jengtsong. 1941.The scattering of β−rays. Phys Review, 60: 160; Chinese J of Phys, 1947, 7: 29.

[4] M. Haïssinsky, Yang Jengtsong. Sur la stabllité de quelques complexes organiques des élémemts des quatrième èt cinquième groupes du système périodique. I . Oxalates, citrates et tartrates de Ti, Zr et Th. Anal Chim Acta, 1949, 3: 422−427.

[5] M. Haïssinsky, Yang Jengtsong. Sur la stabllité de quelques complexes organiques des élémemts des quatrième èt cinquième groupes du système périodique. II . Oxalates,

citrates et tartrates de Nb, Ta et Pa. Anal Chim Acta, 1950, 4: 328-332.

[6] Yang Jengtsong, M. Haïssinsky. Séparation chromatographique de l'actinium de lanthane. Bull. Soc. Chim. France. 1949, 5 (16): 546; Anal Chim Acta, 1950, 4: 59.

[7] Yang Jengtsong. Séparation, par échange ionique, de traces d'actinium 227 d'une quantite pondérable de lanthane. J Chim Phys, 1950 (47): 805.

[8] Yang Jengtsong. Sur la radioionographie étude de la spécificite des échangeurs d'ions séparation Lanthane-Yttrium. Anal Chim Acta, 1950, 4: 59-67.

[9] Yang Jengtsong. La séparation de protactinium du tantale par échange des ions. Compt Rend, 1950 (231): 1059, Présentée par M. Frédéric Joliot.

[10] Yang Jengtsong. Contribution a l'étude de la séparation des radio-éléments par échange d'ions: application de la méthode a la séparation des radio-éléments. These, 1951, Université de Paris, Enrégistrê au Ministère de l'Education Nationale Francaise N. 5034.

[11] 杨承宗. 同位素及其在化学上的应用 [J]. 化学通报, 1955 (04): 200-207.

[12] 杨承宗. 堆置浸出法的发展 [A] // 中国科学院原子核科学委员会编辑委员会. 铀矿石堆置浸出法汇编 [R]. 1963: 1-13.

[13] 杨承宗. 我国放射化学的发轫和发展 [J]. 化学通报, 1982 (09): 28-30.

二、著作

[14] 赵忠尧, 何泽慧, 杨承宗. 原子能的原理和应用. 北京: 科学出版社, 1956.

[15] А.И. 布洛茨基著. 同位素化学. 杨承宗, 郭挺章译. 北京: 科学出版社, 1956.

[16] (荷兰) E. H. P. 柯德芬克. 铀化学.《核原料》编辑部《铀化学》翻译组译, 杨承宗校对. 北京: 原子能出版社, 1977.

参考文献

一、著作、资料集

［1］（清）徐崧，张大纯，纂辑. 百城烟水［M］. 南京：江苏古籍出版社，1999.

［2］杨宗兴. 同里：湖山佳处足徜徉［M］. 北京：中国林业出版社，2005.

［3］（苏）А．К．拉弗鲁希娜. 核化学的成就［M］. 吕小敏译. 北京：科学出版社，1962.

［4］（苏）Н．涅斯米扬诺夫. 放射化学［M］. 何建玉、魏连生、赵月民译. 北京：原子能出版社，1985.

［5］祝霖，主编. 高等学校试用教材：放射化学［M］. 北京：原子能出版社，1985.

［6］严济慈. 严济慈：法兰西情书——爱国·爱家·爱人［M］. 北京：解放军出版社，2002.

［7］杨承宗，口述. 从居里实验室走来——杨承宗口述自传［M］. 边东子，整理. 长沙：湖南教育出版社，2012.

［8］赵良庆，主编. 杨承宗教授九十五华诞纪念文集［M］. 合肥：安徽大学出版社，2006.

［9］朱清时，主编. 杨承宗教授九十华诞纪念文集［M］. 合肥：中国科学技术大学出版社，2000.

［10］葛能全，编著. 钱三强年谱［M］. 济南：山东友谊出版社，2002.

［11］杨长利，主编. 法国核能概况与核燃料循环后段［M］. 北京：中国原子能出版社，2015.

［12］《铀水冶基础知识》编写组，编写. 铀水冶基础知识［M］. 北京：原子能出版社，1978.

［13］全国政协暨北京、上海、天津、福建政协文史资料委员会，编. 建国初留学生归国记事［M］. 北京：中国文史出版社，1999.

［14］刘戟锋，刘艳琼，谢海燕. 两弹一星工程与大科学［M］. 济南：山东教育出版社，2004.

［15］中国原子能科学研究院，编. 中国原子能科学研究院简史（1950-2010）［M］. 北京：原子能出版社，2010.

［16］《中国化学五十年》编辑委员会，编. 中国化学五十年 1932-1982［M］. 北京：科学出版社，1985.

［17］中国原子能科学研究院，编. 铺路石——李毅回忆文选［M］. 北京：原子能出版社，1997.

［18］沈志华. 无奈的选择——冷战与中苏同盟的命运（1945-1959）［M］. 北京：社会科学文献出版社，2013.

［19］沈志华，主编. 中苏关系史纲——1917-1991 年中苏关系若干问题再探讨［M］. 北京：社会科学文献出版社，2011.

［20］李觉，等，主编. 当代中国的核工业［M］. 北京：中国社会科学出版社，1990.

［21］沈兴海. 北京大学放射化学应用化学 50 年（1955-2005）——回顾与展望［M］. 北京：化学工业出版社，2006.

［22］朱清时，主编. 中国科学技术大学编年史稿［M］. 合肥：中国科学技术大学出版社，2008.

［23］辛厚文，主编. 中国科学技术大学化学与材料科学五十年［M］. 合肥：中国科学技术大学出版社，2008.

［24］核工业北京化工冶金研究院院史（1958-2007）［R］. 北京：核工业北京化工冶金研究院，未刊稿，2008.

［25］杨伯和. 铀矿加工工艺学［M］. 北京：原子能出版社，2002.

［26］中国科学院长春应用化学研究所所志编辑委员会，编. 中国科学院长春应用

化学研究所所志［M］. 中国科学院长春应用化学研究所，未刊稿，2008.

［27］大辞海编委会. 大辞海·数理化力学卷［M］. 上海：上海辞书出版社，2005.

［28］（美）G. 弗里德兰德，J. 肯尼迪. 高等学校教学参考书：核化学与放射化学［M］. 冯锡璋，等，译. 北京：原子能出版社，1988.

［29］中国化学会. 中国化学会史［M］. 上海：上海交通大学出版社，2008.

［30］合肥联合大学大事记（1980—1999）［R］. 合肥：合肥联合大学，未刊稿，2000.

［31］中国科学院. 中国学科发展战略·放射化学［M］. 北京：科学出版社，2013.

［32］杨承宗先生百岁华诞庆贺活动［R］. 合肥：中国科学技术大学、合肥学院，未刊稿，2010.

二、论文

［1］顾宁先，黄婷. 回忆大同大学［J］. 史林，2004（S1）：109-112.

［2］刘缉之. 忆中国镭学创始人郑大章博士［J］. 江淮文史，1995（02）：114-115.

［3］李艳平. 郑大章在巴黎大学镭研究所［J］. 科学文化评论，2011，8（02）：30-35.

［4］郭保章. 中国放射化学的奠基人郑大章［J］. 中国科技史料，1997（03）：32-35.

［5］刘晓. 赵承嘏与北平研究院药物研究所［J］. 中国科学：生命科学，2016，46（07）：890-896.

［6］张逄，胡化凯. 北平研究院镭学研究所的研究工作（1932—1948年）［J］. 中国科技史杂志，2006（4）：318-329.

［7］钱三强. 我和居里实验室［J］. 天津科技，2004（02）：61-62.

［8］凌其翰. 我在巴黎通电起义始末［J］. 炎黄春秋，1993（11）：91-94.

［9］梁东元. 新中国的核研究是这样起步的［J］. 今日科苑，2007（09）：82-84.

［10］郑春开. 核科学家摇篮——北京大学技术物理系的创建、发展和历史演变（1955—2001年）［J］. 物理，2003（10）：645-653.

［11］夏润身. 我国铀矿资源及其水冶工艺技术［J］. 铀矿冶，1997（04）：221–226.

［12］刘培，张志辉. 中国第一颗原子弹所用二氧化铀的制备——北京铀矿选冶研究所二氧化铀的生产历程［J］. 中国科技史杂志. 2015，36（1）：42–52.

［13］邓佐卿. 我国天然铀纯化技术研究的发展与现状［J］. 铀矿冶，1998（4）：231–238.

［14］杨承宗. 堆置浸出法的发展［A］// 中国科学院原子核科学委员会编辑委员会. 铀矿石堆置浸出法汇编［R］. 1963. 1–13

［15］李明，全爱国. 铀矿堆浸在我国的试验研究与发展［J］. 铀矿冶，1990（04）：8–12，31.

［16］陈新祥，王忠. "光辉历程五十年"风雨磨砺铸辉煌——核工业七四三矿发展纪实［J］. 中国经济信息，1999（13）：77.

［17］李大明. 国际核化学与放射化学学术讨论会在京举行［J］. 核化学与放射化学，1986（04）：256.

［18］近代化学系. 我校钴–60强辐射实验室初步建成投入使用［J］. 中国科学技术大学学报，1984（03）：395.

［19］丁兆君，柯资能. 中国科学技术大学南迁合肥的背景与动因浅析［J］. 科学文化评论，2015，12（01）：69–83.

［20］王扬宗. 从学部委员到院士制度［J］. 科学文化评论，2015，12（03）：69–84.

［21］萧兴寿. 核工业部推荐院士的前前后后［J］. 中国核工业，2015（05）：60–61.

［22］李雪，张刚. 海上依稀大同梦——上海大同大学［J］. 科学中国人，2009（05）：30–35.

［23］许纪霖. 大我的消解——现代中国个人主义思潮的变迁［J］. 中国社会科学辑刊，2009（1）：1–21.

三、报刊

［1］大家来办原子能科学［N］. 人民日报，1958-09-28：2.

［2］新中国放射化学奠基人杨承宗评价自己一生只做了两件事——为原子弹炼铀

为中科大办专业［N］. 科学时报，2010-09-20：A1.

［3］冯大诚. 乐只君子 邦家之光——纪念杨承宗先生［N］. 科学时报：2011-11-24：A6.

［4］温新红. 杨承宗：创办新中国第一所自费大学［N］. 科学时报：2006-8-29：B3.

［5］胡羊. 中国科学技术大学副校长杨承宗主张招收一些自费大学生［N］. 光明日报：1980-6-21：2.

［6］祝汉民. 我国放射化学百年历程［N］. 科学日报，2009-02-06：A2.

［7］云峰. 特殊的百岁寿礼［N］. 中国核工业报：2010-9-8：1.

［8］张劲夫. 请历史记住他们［N］. 人民日报：1999-5-6：1.

［9］原春琳. "没有勋章的功臣"自称"不拔尖人才"［N］. 中国青年报：2010-9-17：1.

［10］新清华［N］. 1986-11-04：3.

后　记

　　2007 年暑期，我们在"中国科大口述校史项目"的支持下，对一些建校元老展开了口述访谈。作为中国科大创办人之一，并在学校工作了近四十年的老科大人，杨承宗先生自然是我们的重点访谈对象。那时先生虽已年届九十七岁高龄，但身体硬朗，精神矍铄。第一次同先生见面，我们印象最深刻的便是他那爽朗而富有感染力的笑声。他用略带乡音的言语，将一段一段动人的往事向我们娓娓道来，如数家珍。那些访谈内容和录制的视频现已成为十分珍贵的资料。后来中国科协"老科学家学术成长资料采集工程"把杨承宗先生列为采集对象，我们有幸承担了这个项目。在翻阅了大量有关杨先生的材料后，我们才知道，原来在那阵阵笑声背后的是一种豁达随遇而安的境界，一种心底无私天地宽的胸襟。这种感觉相信读者朋友在读到传记中的相关情节时，当自能体悟。

　　在项目执行的那两年，由于采集小组组长和其中一位组员均身兼十分繁重的行政事务，我们虽然尽力开展工作，如期完成了采集目标，也按项目结题要求提交了研究报告，但是我们深知尚未达到作为传记书稿出版的要求。在之后的几年间，我们秉持对杨先生负责的态度，一面多方收集资料，一面对书稿反复打磨和扩充，终成定稿。

　　2019 年 8 月，当从采集工程学术指导组处得知我们的书稿达到了出版要求时，我们长出一口气。现在，书稿即将付梓，在先生诞辰一百一十周年临近的日子里，希望能以我们用心写出的这些文字来寄托对先生的敬意和思念。

我们这部书稿能够顺利撰写完成，离不开许多前辈专家和学术同仁的帮助。他们或者向我们提供资料，或者与我们讨论问题，或者为我们解答疑难。他们是：杨先生的女儿杨家翔女士和女婿远泽清先生。在整个采集过程中，从杨先生资料的收集整理，到整部传记的反复修订，无不饱含他们二人的辛劳工作！特别是他们对书稿出版的延误给予了极大的包容和理解。没有他们的帮助和支持，我们无法完成本书的撰写和出版。

中国科学技术大学档案馆的丁毅信研究馆员、方黑虎副馆长和丁兆君副研究馆员，他们为我们查阅相关档案文献提供了许多帮助。

国家自然科学基金委张志尧、中国原子能科学研究院林漳基，核工业北京化工冶金研究院岑运骅、夏德长、郑群英、汪淑慧、刘开禄、聂国麟、刘虎生、祝振鑫、殷晋尧和张锐，中国科学院高能物理研究所杨绍晋，中国核工业集团公司萧兴寿，中国科学技术大学国毓智、陈文明、林铭章等诸位先生。他们不仅欣然接受了我们的访谈，还提供了他们个人保存的一手文献材料。

采集工程学术指导组的樊洪业先生、张藜教授、王扬宗教授、罗兴波教授和吕瑞花老师等，在本项目的立项、中期检查和结题验收等工作中，为我们提出了诸多宝贵建议，指导和帮助我们顺利完成采集工作。

中国科学技术出版社的许慧副总编和余君编辑为本书的出版做了许多工作。

在书稿付梓之际，谨向以上诸位致以由衷的谢意！

老科学家学术成长资料采集工程丛书
已出版（110种）

《卷舒开合任天真：何泽慧传》

《从红壤到黄土：朱显谟传》

《山水人生：陈梦熊传》

《做一辈子研究生：林为干传》

《剑指苍穹：陈士橹传》

《情系山河：张光斗传》

《金霉素·牛棚·生物固氮：沈善炯传》

《胸怀大气：陶诗言传》

《本然化成：谢毓元传》

《一个共产党员的数学人生：谷超豪传》

《含章可贞：秦含章传》

《精业济群：彭司勋传》

《肝胆相照：吴孟超传》

《新青胜蓝惟所盼：陆婉珍传》

《核动力道路上的垦荒牛：彭士禄传》

《探赜索隐　止于至善：蔡启瑞传》

《碧空丹心：李敏华传》

《仁术宏愿：盛志勇传》

《踏遍青山矿业新：裴荣富传》

《求索军事医学之路：程天民传》

《一心向学：陈清如传》

《许身为国最难忘：陈能宽》

《此生情怀寄树草：张宏达传》

《梦里麦田是金黄：庄巧生传》

《大音希声：应崇福传》

《寻找地层深处的光：田在艺传》

《举重若重：徐光宪传》

《魂牵心系原子梦：钱三强传》

《往事皆烟：朱尊权传》

《智者乐水：林秉南传》

《远望情怀：许学彦传》

《没有盲区的天空：王越传》

《行有则　知无涯：罗沛霖传》

《为了孩子的明天：张金哲传》

《梦想成真：张树政传》

《情系梁菽：卢良恕传》

《笺草释木六十年：王文采传》

《妙手生花：张涤生传》

《硅芯筑梦：王守武传》

《云卷云舒：黄士松传》

《让核技术接地气：陈子元传》

《论文写在大地上：徐锦堂传》

《铃记：张兴铃传》

《寻找沃土：赵其国传》

《钢锁苍龙　霸贯九州：方秦汉传》

《一丝一世界：郁铭芳传》

《宏才大略：严东生传》

《我的气象生涯：陈学溶百岁自述》

《赤子丹心 中华之光：王大珩传》

《根深方叶茂：唐有祺传》

《大爱化作田间行：余松烈传》

《格致桃李伴公卿：沈克琦传》

《躬行出真知：王守觉传》

《草原之子：李博传》

《虚怀若谷：黄维垣传》

《乐在图书山水间：常印佛传》

《碧水丹心：刘建康传》

《我的教育人生：申泮文百岁自述》

《阡陌舞者：曾德超传》

《妙手握奇珠：张丽珠传》

《追求卓越：郭慕孙传》

《走向奥维耶多：谢学锦传》

《绚丽多彩的光谱人生：黄本立传》

《宏才大略 科学人生：严东生传》

《航空报国 杏坛追梦：范绪箕传》

《聚变情怀终不改：李正武传》

《真善合美：蒋锡夔传》

《治水殆与禹同功：文伏波传》

《用生命谱写蓝色梦想：张炳炎传》

《远古生命的守望者：李星学传》

《探究河口 巡研海岸：陈吉余传》

《胰岛素探秘者：张友尚传》

《一个人与一个系科：于同隐传》

《究脑穷源探细胞：陈宜张传》

《星剑光芒射斗牛：赵伊君传》

《蓝天事业的垦荒人：屠基达传》

《善度事理的世纪师者：袁文伯传》

《"齿"生无悔：王翰章传》

《慢病毒疫苗的开拓者：沈荣显传》

《殚思求火种　深情寄木铎：黄祖洽传》

《合成之美：戴立信传》

《誓言无声铸重器：黄旭华传》

《水运人生：刘济舟传》

《在断了 A 弦的琴上奏出多复变
　　最强音：陆启铿传》

《弄潮儿向涛头立：张乾二传》

《化作春泥：吴浩青传》

《低温王国拓荒人：洪朝生传》

《苍穹大业赤子心：梁思礼传》

《仁者医心：陈灏珠传》

《神乎其经：池志强传》

《种质资源总是情：董玉琛传》

《当油气遇见光明：翟光明传》

《微纳世界中国芯：李志坚传》

《至纯至强之光：高伯龙传》

《材料人生：涂铭旌传》

《一爆惊世建荣功：王方定传》

《轮轨丹心：沈志云传》

《继承与创新：五二三任务与青蒿素研发》

《淡泊致远　求真务实：郑维敏传》

《情系化学　返璞归真：徐晓白传》

《经纬乾坤：叶叔华传》

《山石磊落自成岩：王德滋传》

《但求深精新：陆熙炎传》

《聚焦星空：潘君骅传》

《寻梦衣被天下：梅自强传》

《海潮逐浪镜水周回：童秉纲口述
　人生》

《采数学之美为吾美：周毓麟传》

《神经药理学王国的"夸父"：
　金国章传》

《情系生物膜：杨福愉传》

《敬事而信：熊远著传》